rowohlt
BERLIN

Hans-Joachim Noack
Wolfram Bickerich

HELMUT KOHL

Die Biographie

Rowohlt · Berlin

1. Auflage Januar 2010

Lektorat Jens Dehning
Register Enrico Wagner
Satz aus der Times Ten PostScript, InDesign
Gesamtherstellung CPI – Clausen & Bosse, Leck
Printed in Germany
ISBN 978 3 87134 657 6

Inhaltsverzeichnis

«Dann wird er über die Ufer treten ...»: ein Vorwort

Er ist der Kanzler der Einheit. Seine Amtszeit währte länger als die jedes anderen deutschen Regierungschefs. Er überstand vier Bundestagswahlen siegreich, war sechzehn Jahre lang fast unangefochten in Partei und Parlament.

Anfangs als Tollpatsch belächelt, wegen seiner Redeschwäche geschmäht, strebte der Mann aus der Pfalz beharrlich an die Spitze. Sein ganzes Leben widmete er der Politik, unermüdlich rackerte er sich ab auf der Ochsentour nach oben – von Hinterzimmern über Vorzimmer in Chefzimmer, von Weinfesten über Bierzelte, Rathäuser, Parteitage bis in die höchsten Ämter. Er hatte wenig Flausen im Kopf und keine Utopie einer neuen Gesellschaft. Die Macht war sein Ziel.

Noch zu Beginn seiner Kanzlerschaft galt er als der «am meisten unterschätzte Politiker»: ein auffällig heimatliebender, dem Pathos zugeneigter Biedermann, den man seiner Statur wegen «Schwarzer Riese» nannte, der aber eher die etwas zu groß geratene Verkörperung des deutschen Kleinbürgers war. Er wirkte nicht eisig überheblich wie sein Vorgänger Helmut Schmidt, nicht entrückt grüblerisch wie der Visionär Willy Brandt, nicht rechthaberisch auftrumpfend wie der Männerfreund Franz Josef Strauß, nicht professoral belehrend wie der hartnäckige Widersacher Richard von Weizsäcker. Sein damaliger geistlicher Beistand Pater Basilius Streithofen charakterisierte ihn so: «Der Kanzler besitzt die Tugend des Maßes. Sie hält die von der Klugheit geforderte richtige Mitte ein, zwischen dem Zuviel und dem Zuwenig.»

Aber dann, gegen Ende seiner Amtszeit, das er ungebührlich lange verzögerte, verlor er jedes Maß: Die Einheit war erreicht, ein Ehrenplatz im Haus der Geschichte gesichert, da nahm er für sich ein ganz eigenes Recht in Anspruch, vorbei an lästigen Regeln oder gar Gesetzen. Das in westlichen Demokratien fein gewirkte System von *Checks and Balances*, die oft mühsame Suche nach einem Kompromiss zwischen den Parteien und Lagern, war ihm fremd. Denn wem schuldete er Rechenschaft – außer dem Wähler? Die sogenannte veröffentlichte Meinung interessierte ihn im Grunde nicht; für sie hielt er einen Standardsatz bereit: «Wer mich kennt, weiß, dass ich nicht das mache, was die Medien von mir fordern.»

Stattdessen tat er ein Leben lang – vor allem, als das Karriereziel erreicht war – das, was sein Instinkt für richtig hielt. Und die Mehrheit der Deutschen ließ sich davon zunehmend beeindrucken. Im Gegenzug verlangte er ihr möglichst wenig ab.

Geduldig erfand und festigte der vor Selbstvertrauen strotzende Christdemokrat ein eigenes, nach ihm benanntes System der Machterhaltung, das freilich nur überdauern konnte, weil er in seinem Herrschaftswillen konkurrenzlos blieb: Widersacher wurden kaltgestellt, auf unwichtige Posten abgeschoben oder, wie Norbert Blüm, als Hofnarren geduldet. Schon die Abfolge der von ihm installierten Parteimanager von Kurt Biedenkopf bis zu Peter Hintze glich einer öffentlichen Demontage dieses Amtes – vom General steil abwärts zum Sekretär.

Überhaupt sah er in einsamen, überraschenden Personalentscheidungen den höchsten Ausweis seiner Macht. Dabei war er vor Irrtümern natürlich nicht gefeit: Sein erster Kanzleramtschef Waldemar Schreckenberger – ein Schulkamerad – war eine glatte Fehlbesetzung. Ein weiterer Freund aus Jugendtagen, Hermann Jung, vom Kanzler zeitweilig mit der Verwaltung und

Koordination der Geheimdienste beauftragt, verschloss und vergaß wichtige Akten in seinem Tresor.

Andererseits besaß er ein herausragendes Gespür für politische Talente, die er förderte, solange sie ihm nützlich erschienen; man denke in der frühen Zeit an Heiner Geißler, Roman Herzog oder Bernhard Vogel, und später an Angela Merkel, das von Kohl so genannte «Mädchen».

Zugleich zeigte er das typische Verhalten eines Patriarchen: Mögliche Nachfolger wie Wolfgang Schäuble wurden kleiner gemacht, als es ihrer wahren Bedeutung entsprach. Auch das gehört zu den Grundvoraussetzungen eines jeden Staatsmannes: Ohne die Fähigkeit, seine Kombattanten und ihre Erwartungen zu enttäuschen, wäre er nicht geworden, was er ist.

War Helmut Kohl ein großer Kanzler?

Jacob Burckhardt, der Urvater der deutschen Geschichtsschreibung, hat die «historische Größe» eines Staatsmanns von seiner «Einzigkeit» oder «Unersetzlichkeit» abhängig gemacht. «Der große Mann ist ein solcher, ohne welchen die Welt uns unvollständig schiene, weil bestimmte große Leistungen nur durch ihn innerhalb seiner Zeit und Umgebung möglich waren und sonst undenkbar sind.» Das trifft unter deutschen Kanzlern ohne Zweifel auf Otto von Bismarck und Konrad Adenauer zu. Den Gründervater der Bundesrepublik erwählte sich Helmut Kohl schon früh zum Vorbild – so früh, dass er noch drei Jahrzehnte brauchte, sein Vorbild endlich zu beerben.

Der promovierte Historiker Kohl schätzt seine eigene Bedeutung gewiss geringer ein, als es die Maßstäbe Burckhardts vorgeben, auch wenn ihm Bescheidenheit von jeher fremd gewesen ist: Er hatte das Glück, er nennt es «Fortune», in einer Zeit zu amtieren, die als kurze Epoche «einzig» war.

Wie unterschiedlich dabei die großen Leistungen der an der Wiedervereinigung beteiligten Staatsmänner in ihren jeweiligen Ländern bewertet werden, zeigt sich am Beispiel Michail Gorbatschows. In der Bundesrepublik hoch dekoriert, gilt er daheim nur als Mann des Übergangs.

Die persönliche Begegnung mit dem russischen Reformator fernab aller Berater, Minister oder Protokollbeauftragten rechnet Kohl zu den Höhepunkten seiner sechzehnjährigen Regentschaft. Später beschreibt er einen Schlüsselmoment im Verhältnis zu Gorbatschow: Es ist Mitternacht am 15. Juni 1989 – und die beiden stehen im Park des Bonner Bundeskanzleramts vor einem Mäuerchen in Sichtweite des Rheins, als dem Gastgeber spontan das Herz aufgeht: «Schauen Sie sich den Fluss an, der an uns vorbeiströmt. Er symbolisiert die Geschichte; sie ist nichts Statisches. Sie können diesen Fluss stauen, technisch ist das möglich. Doch dann wird er über die Ufer treten und sich auf andere Weise den Weg zum Meer bahnen. So ist es auch mit der deutschen Einheit. Sie können ihr Zustandekommen zu verhindern suchen. Dann erleben wir beide sie vielleicht nicht mehr. Aber so sicher, wie der Rhein zum Meer fließt, so sicher wird die deutsche Einheit kommen – und auch die europäische Einheit.»

Mag sein, dass Kohl diese in seinen «Erinnerungen» festgehaltene Szene mit zu viel Symbolik befrachtet oder auch leicht übertreibt (Gorbatschow erwähnt in seinen Memoiren weder den nächtlichen Spaziergang noch den Gedankenaustausch), aber so sieht der Deutsche die Geschichte: In ihrer Stetigkeit ist sie für ihn ein mächtiger Strom, dem der Einzelne nichts entgegenzusetzen vermag.

Der Kanzler der Einheit hat noch andere Prädikate verdient. So schwach seine innenpolitischen Leistungen ausfielen – in Wahrheit kümmerte er sich nicht um die überfällige Reform der Gesellschaft –, so unvergleichlich stark war sein Engagement in der Außenpolitik.

Spätere Generationen werden Kohl als den Architekten des vereinten Kontinents würdigen; an diesem Ehrentitel hat er zeitlebens hart gearbeitet. Die europäische Einigung zäh vorangetrieben zu haben, war die fast noch größere Leistung, als nach dem Mauerfall den Zipfel vom Mantel der Geschichte zu erhaschen – die Einheit, heute wissen wir es aus dem tristen Erbe der DDR-Akten, wäre ohnehin auf die Deutschen zugekommen, der Zusammenschluss Europas vermutlich noch immer nicht so weit gediehen. Mit Recht wurde der Altkanzler zum «Ehrenbürger Europas» ernannt. In den USA galt er als «Staatsmann des Jahrzehnts». Sein Büro, das in Berlin in einer repräsentativen Dépendance des Bundestages Unter den Linden liegt, hat schon längst vor der Zählung der Ehrendoktorhüte, Ehrentitel, Ehrenspangen kapituliert.

Allerdings ist der Kreis derjenigen, die sich in seinem Ruhm zu sonnen wünschen, kleiner geworden, seit er im Zuge der Spendenaffäre gezwungen wurde, den Ehrenvorsitz seiner Partei aufzugeben, der er ein Vierteljahrhundert lang vorstand.

Darf ein Regierungschef bewusst Gesetze umgehen, die er mit seiner eigenen Unterschrift gutgeheißen hat? Darf er als spendensammelndes Parteioberhaupt für sich selbst eigene Regeln aufstellen, die mit dem geltenden Recht kollidieren? Wiegt ein von ihm selbst verfertigtes «Ehrenwort» schwerer als staatliche Normen? Darf er eine mit seiner Hilfe eigens geschaffene Behörde verklagen, weil diese die Rechtslage zu seinen Ungunsten interpretiert?

Vor der von Kohl immer wieder beschworenen «Geschichte» ist das sture Beharren auf einem vermeintlichen Schweigegelübde eine lässliche Sünde; freilich eine, die lange haftenbleibt und erst langsam vor anderen Erinnerungen an seine Amtszeit zu verblassen scheint.

Inzwischen dominiert er sogar die Rangliste der Persönlichkeiten, die Deutschland seit 1949 «am meisten geprägt» haben: In einer Erhebung nennen vierzig Prozent der Befragten den Namen Kohl, mit Abstand folgt sein politisches Vorbild Konrad Adenauer – und dann erst kommen Helmut Schmidt und Willy

Brandt. Kohls politischer Niedergang im vergangenen Jahrzehnt, den er selbst unbeirrt einem letztlich verzeihlichen Fehler zuschreibt, war offensichtlich kein Denkmalsturz.

Mit dem Eingeständnis dieses «Fehlers», so gab er immer wieder zu Protokoll, habe er größeren Makel von seiner Person fernhalten wollen: Er sei eben nicht bestechlich gewesen – jedenfalls nicht in dem Sinne, dass er sich für staatliches Handeln von anonymen Nutznießern bezahlen ließ; und tatsächlich konnte ihm – trotz intensiver Bemühungen der Aufklärer in Justiz, Parlament, Publizistik – ein solches Verhalten nie nachgewiesen werden. Nach allem, was man über ihn herausgefunden hat, war er keineswegs korrupt.

Als langjähriger Vorsitzender wusste Kohl jedoch um die Schwierigkeiten und die klammen Kassen einer Organisation, deren Gedeihen den meisten seiner Wähler gleichgültig ist – er war ein Parteisoldat, wie es ihn nur selten gab. Die CDU empfand er als sein Zuhause. Wer nicht dazugehörte, war ein «Soz», also ein Outcast. Er schuf aus einem Kanzlerwahlverein eine moderne Volkspartei, die er zunächst zum Widerspruch gegen die Altvorderen aufstachelte, dann aber unter seiner Führung nur allzu gerne wieder in den alten Trott der Ergebenheit zurückfallen ließ. Sie emanzipierte sich erst, als Angela Merkel den Übervater mit einem kalten Schlag verdrängte.

Immer wieder beschreiben Biographen diesen Kanzler als «überdurchschnittlichen Durchschnittsbürger» – eine Kraftnatur aus der pfälzischen Weinstube im deutschen Nachkriegsidyll. Aber als es darauf ankam, erwies er sich doch als Staatsmann.

Mit der von Kohl häufig im Munde geführten «Wegweisung» war es dagegen nicht so weit her. Für die Gestaltung von Gegenwart und Zukunft galten ihm stets die Maximen seines großen Vorbilds als Richtschnur: «Konrad Adenauer», so betonte er nicht nur in seiner ersten Regierungserklärung, sondern hielt sich auch später stets daran, «führte vor über 30 Jahren die Deutschen in die Gemeinschaft der freien Völker des Westens und baute darauf die Außenpolitik der Bundesrepublik Deutschland. Auf dieses Erbe dürfen wir aufbauen, und aus diesem Erbe ziehen wir auch die Kraft, das für heute Notwendige zu tun.»

Im Rückblick erstaunlich: Helmut Kohl wollte die Bürger der Achtziger zurück in die vermeintlich goldenen Fünfziger führen. Es herrschte Gemütlichkeit, wie der Kanzler sie sogar im Umgang mit seinen Staatsgästen vorlebte – (möglichst) mit Schlappen an den Füßen, Vivaldi im Ohr, einem von Gattin Hannelore nach eigenem Rezept gefüllten Saumagen im Ofen und ausreichend Pfälzer Wein im Keller. Der stets mäkelnde «Spiegel» bezeichnete dieses vom «Mann aus Oggersheim» mit Hingabe gepflegte Idyll als «Atomenergie mit Familiensoße».

Aber seine Wähler mochten ihn dafür – oder für seine Strickjacken, die er nicht allein in historischen Momenten überstreifte und die ihm besser standen als der Frack oder gar der Stresemann. Eine von ihnen schmückt jetzt das von ihm gegründete Deutsche Historische Museum in Bonn.

Der Philosoph Jürgen Habermas nannte Kohl wegen dieser unbekümmerten Attitüde «die verkörperte Entwarnung». Trotz seiner massigen Erscheinung war bei ihm nie ein Anflug von persönlicher und militaristischer Großmannssucht zu spüren – wie sich spätestens bei seinem Auftritt mit François Mitterrand in Verdun zeigt. Das machte seine Gespräche mit anderen Mächtigen über die Einheit Deutschlands und die Einigung Europas so glaubwürdig. «Kohl ist weder gefährlich noch einschüchternd», applaudierte Habermas. «Er ist repräsentativ ohne Repräsentation.» Und als habe er die späteren Wirrungen und Irrungen erahnt, fügte der Vordenker der deutschen Intellektuellen 1994 ein als Tadel getarntes Lob hinzu: «So könnte uns einzig sein unschätzbarer Vorzug, so gar nicht zum Vorbild zu taugen, zum Nachteil gereichen.»

Von klein auf zu einer «praktischen Vernunft» erzogen, die sich «aus Pflichtbewusstsein und Fröhlichkeit des Herzens speist»: Helmut Kohl als achtjähriger Schüler in seinem Geburtsort Ludwigshafen-Friesenheim.

Kapitel 1

«PFÄLZER KRISCHER»: JUGEND UND LEHRJAHRE

Als Anfang der achtziger Jahre zweiundvierzig mehr oder minder bedeutende Bundesbürger gebeten werden, in einem Sammelband ihre Kindheit und Jugend zu reflektieren, macht der prominenteste von ihnen gerne mit. Helmut Kohl, gerade zum Kanzler gewählt, schildert akribisch seine Herkunft, ein zuweilen fast sentimentaler Text. Später, als Elder Statesman, verdichtet er den Extrakt daraus zum ersten Schlüsselsatz seiner Memoiren: «Ich bin ein klassisches Beispiel dafür», schreibt der am 3. April 1930 in der pfälzischen Industriestadt Ludwigshafen geborene einstige Regierungschef, «welchen Einfluss das Elternhaus hat.»

Ihm, so bekräftigt er auch bei anderen Gelegenheiten, verdanke er die entscheidenden Anstöße, die fortan sein inneres Koordinatensystem bestimmen. Eigenschaften wie die oft demonstrativ zur Schau gestellte Bodenständigkeit oder sein pralles Ego, die sich anhand einer «bürgerlichen Werteskala» entwickeln, sind das Resultat frühester Prägungen. Obenan stehen Gewissenhaftigkeit, Fleiß und Gottvertrauen.

Der Vater Hans Kohl, ein aus dem Fränkischen in die damals bayerische Kurpfalz übergesiedelter Steuersekretär, und die liebevoll um sein Wohl bemühte Mutter Cäcilie, so entsinnt sich der letztgeborene Sohn, machen nicht viele Worte. Für die geistig-moralische Grundorientierung gilt in der streng katholischen Familie die Kirche als höchste Instanz – und was an Erziehungsmethoden «heute problematisiert, psychologisiert und im Übermaß analysiert» werde, notiert der Autor als Kanzler, sei daheim «schlicht vorgelebt» worden.

Immerhin ist man dort so «stockschwarz», dass ihn manche der frommen Riten bis in die Gegenwart begleiten. Wie in den dreißiger Jahren der hungrige «Helle» über jedem frischangeschnittenen Laib Brot das Kreuz schlägt, tut das mit gleicher Selbstverständlichkeit noch der erwachsene Staatsmann.

Bei den Kohls – einem «typischen, kleinen Beamtenhaushalt» – herrschen praktische Vernunft und ein Realitätssinn, der sich «aus Pflichtbewusstsein und Fröhlichkeit des Herzens speist». Sie sind sparsam, ohne das Feiern zu vergessen, und bekennen sich trotz fester Weltanschauung stets zur Toleranz. So ruft die patente Mama «je nach Bedarf und Zuständigkeit» ihre Schutzheiligen an, hört die sonntags per Volksempfänger ausgestrahlten Predigten der leichteren Verständlichkeit wegen aber lieber bei den Protestanten. Und als Helmut später nicht nur eine aus Sachsen stammende – in der Pfalz so genannte Hereingeschneite –, sondern obendrein noch evangelische Frau heiratet, macht ihm niemand einen Vorwurf.

Mit den acht und vier Jahre älteren Geschwistern Hildegard und Walter verbringt der kleine Helmut Josef Michael eine zunächst ausgesprochen glückliche Kindheit. Weil der Vater in der stürmischen Umbruchphase der Weimarer Republik um seinen Job bei der Ludwigshafener Finanzbehörde nicht zu fürchten braucht und der Opa mütterlicherseits der Familie 1932 ein im Stadtteil Friesenheim gelegenes Haus mitsamt prächtigem Nutzgarten vererbt, fällt auf seine ersten Jahre kaum ein Schatten.

Für zwei Portionen Fleisch pro Woche oder die vom Jüngsten heißbegehrten Süßspeisen reicht es da immer, und unter den vierzig gepflegten Obstbäumen darf er sich im Garten, der damals noch an freie Felder grenzt, nach Belieben austoben. Wie die Schwester zu erzählen weiß, bildet sich bei dem quicken Junior schon früh ein gewisses Geltungsbedürfnis heraus: Einmal habe sich der zu Faxen neigende Helmut ein Bettlaken um die Schultern geschlungen und als Mitra einen Kaffeewärmer auf den Kopf gesetzt, um dann seinen Spielkameraden zu befehlen, ihm «die Schleppe zu tragen».

Auch sonst entfaltet der selbstbewusste Bub beträchtliche Aktivitäten. Die ihm täglich übertragene Aufgabe, das in Scharen vorhandene Kleinvieh zu versorgen, bringt ihn rasch auf andere nützliche Ideen: Er handelt mit Stallhasen, die er vorher prämierten Rammlern zugeführt hat, oder fängt in den Nebengewässern des Rheins Flusskrebse, um sie anschließend zu verhökern. Der Versuch, sogar eine Seidenraupenzucht aufzubauen, bleibt allerdings erfolglos.

Aber die schönen Zeiten ändern sich. Wie dem Sohn nach der Machtübernahme der Nazis im Lauf der Jahre langsam bewusst wird, stehen die patriotisch gesinnten Eltern dem ausufernden völkischen Größenwahn kritisch gegenüber – und was ein Krieg im Leben der Menschen anrichtet, erfährt er auf schmerzliche Weise schon bald am eigenen Leib.

Die erste Bombe, ein Blindgänger, schlägt bereits Anfang Mai 1940 im Vorgarten seines Hauses am Hohenzollernring 89 ein, und von da an haben die knapp 150000 Einwohner der prosperierenden Chemie-Metropole Ludwigshafen unter insgesamt mehr als 120 Luftangriffen zu leiden. Helmut Kohl ist gerade mal zwölf Jahre alt, als er mit den Schülerlöschtrupps, die überall zur Trümmerbeseitigung verpflichtet werden, zwangsläufig auch Tote bergen muss. Da habe er, wie sich noch der alte Mann erinnert, «aufgehört, ein Kind im normalen Sinne zu sein».

Doch der schlimmste Schock folgt erst in der Schlussphase des Infernos. Bevor er selbst in einem Wehrertüchtigungslager in der Nähe des Berchtesgadener Obersalzbergs landet, um als Pimpf die letzte Bastion des «Führers» mit dem Einsatz von Nebelwerfern abzuschirmen, stirbt an der Front der Bruder. Die Familie trifft dieser Schicksalsschlag umso härter, als sich der Vater mitschuldig fühlt. Schon in der kaiserlichen Armee als «Tapferkeitsoffizier» kämpfend und im Zweiten Weltkrieg abermals eingezogen, hatte er den an soldatischem Heldentum kaum interessierten Jungen zu einer Karriere beim Militär überredet, was ihn nun in Seelenqualen stürzt.

Und dennoch – darauf legt der Bundeskanzler a. D. im Rückblick großen Wert – sei das Elternhaus «intakt» geblieben. Da man bei aller Vaterlandsliebe nie auch nur ansatzweise in ein «nationalistisches Fahrwasser» geriet, ging der Kompass, so versichert er seinen Lesern, «in keinem Augenblick verloren».

Die Familie nimmt demütig hin, was ihr von höheren Mächten zugedacht worden ist, und vor allem der überlebende Sohn entwickelt dabei ungeahnte Kräfte. Bei Kriegsende schlägt er sich zu Fuß mehrere hundert Kilometer nach Hause durch und verbringt den Sommer 1945 auf einem Bauernhof in Franken, um dort an der Pflugschar oder im Kuhstall schwere körperliche Arbeiten zu verrichten. Er will sein Geld künftig als Landwirt verdienen, aber dieser Kindertraum verflüchtigt sich bald. Schon im Herbst kehrt er nach Ludwigshafen in die mittlerweile wieder geöffnete Oberrealschule zurück.

«Helle», der vorher zu den eher Schwächeren seines Jahrgangs zählt, mausert sich. Als Streber mag der inzwischen hochaufgeschossene Teenager zwar nur ungern gelten, umso mehr aber als eine «Art Leitwolf», der an seiner Schule die Strippen zu ziehen beginnt. Mit Freunden und von ihm selbst beschafften Baumaterialien setzt er auf eigene Faust nicht nur das in den Feuerstürmen erheblich beschädigte Unterrichtszimmer instand, er macht auch sonst gezielt von sich reden. Nach hitzigen Wortgefechten mit jenen Lehrern, die zum Teil noch in der alten martialischen Paukermanier fortfahren, wird er prompt zum Klassensprecher gewählt.

Als der Staatsmann längst in den politischen Olymp aufgerückt ist, loben Zeitzeugen, schon der junge Kohl habe einen bemerkenswerten Corpsgeist bewiesen. Nach ihren Schilderungen steigert ein von ihm formulierter «Ehrenkodex», der die leistungsstarken Schüler verpflichtet, ihre schwächeren Kameraden abschreiben zu lassen – und sich in Verhaltensweisen einzuüben, die den eigenen, noch etwas vagen Vorstellungen von Demokratie entsprechen –, enorm seine Beliebtheit. Dass er sie häufig nutzt, um seinen Führungswillen zu untermauern, fällt zunächst nur kritischen Geistern auf.

In den Jahren des Hungers und Mangels begründet vor allem ein beachtliches Organisationstalent seinen Ruf. Um die Klasse mit Schülerinnen des Ludwigshafener Mädchen-Gymnasiums zusammenzubringen, beschwatzt er als Rudelführer die Wirtsleute des Gasthauses «Zum Weinberg», über die damals noch üblichen Prüderien hinwegzusehen und einen gemeinsamen Tanztee-Abend zu erlauben. Bei dieser Gelegenheit lernt er die aus Leipzig geflüchtete und mit ihren Eltern im nahen Mutterstadt wohnende Hannelore kennen – seine spätere Ehefrau.

In der Rückschau beschreibt der Pensionär Helmut Kohl die darauffolgende Zeit als die «vielleicht unbeschwerteste» seines Lebens. Als es funkt, ist er achtzehn und sie fünfzehn, und die beiden gelten sofort als unzertrennliches Paar. Seines kräftigen Haarwuchses wegen nennt sie ihn etwas spöttisch «mein schwarzer Italiener», während er die modebewusste Blondine als erfrischend «kesse Person» empfindet. Am liebsten schwimmt man im Rhein hinter Lastkähnen her, bricht zu langen Fahrradtouren auf oder tuckert, als er das nötige Geld beisammenhat, auf einer gebrauchten «Lambretta» durch die heimische Gegend.

Helmut Kohls zweite und kaum minder große Leidenschaft gehört da schon ganz der Politik. Was im geteilten Deutschland und in der Welt vor sich geht, interessiert ihn viel mehr als die Schule, die er infolge der kriegsbedingten Unterbrechungen erst als Zwanzigjähriger mit einem eher glanzlosen Ergebnis abschließt. Lapidar redet er das Abitur zum «reinen Akt der Pflichterfüllung» herunter, der für ihn «zum Weiterkommen einfach notwendig war».

Nach dem jähen Ende der vom NS-Staat fanatisch beförderten Großmachtphantasien beflügelt ihn – wie viele seiner Kameraden – allem voran der Gedanke an einen in Frieden und Freiheit vereinigten Kontinent. In einer von Jungintellektuellen in Ludwigshafen zu diesem Zweck gegründeten «Arbeitsgemeinschaft» erprobt er mit Erfolg, was im Lauf der Jahre konsequent zum Bestandteil seines berühmt-berüchtigten «Systems» verfeinert wird: Eine als fester Block anrückende Friesenheimer «Ortsgruppe», die bei den Vorstandswahlen kaltschnäuzig durchmarschiert, verhilft ihm in der Vereinsführung auf Anhieb zum ersehnten Stellvertreterposten.

Was macht es da schon, dass dem Club rasch die Puste ausgeht. Als es einige Mitglieder aus der Südpfalz an die Grenze zieht, um dort zum Erschrecken des französischen Besatzungsregimes die Schlagbäume abzuräumen, ist es mit dem Spaß gleich vorbei. Weil sie aber belegt, um wie viel zupackender als andere er seinen stets europafreundlichen Avantgardismus pflegte, erzählt noch der Kanzler Kohl diese Episode in stets bester Laune. Von der Möglichkeit, sein Selbstwertgefühl auf politischem Terrain auszuleben, mag er danach jedenfalls nicht mehr lassen, und die beiden Männer, die ihm zunächst einmal Pate stehen, könnten unterschiedlicher kaum sein.

Zu dem einen wird er von seinem Friesenheimer Gemeindepfarrer in die zwölf Kilometer entfernte Arbeitersiedlung Limburgerhof geschickt, wo ein engagierter Dekan namens Johannes Fink an jedem Sonntag junge Leute um sich schart. Er will sie für eine auf christliche Prinzipien gegründete Gesellschaftsordnung gewinnen und erkennt sofort die große Begabung seines neuen Eleven. Der wiederum sieht in dem ebenso fachlich profunden wie didaktisch geschickten Geistlichen einen «Lehrmeister erster Güte».

Dabei gibt es zur selben Zeit noch einen zweiten Mentor, der ihm mächtig imponiert. Er heißt Otto Stamfort und bringt ihm im Gymnasium Mathematik und Physik bei – ein Jude und überzeugter Marxist, der das «Dritte Reich» als Exilant überdauert hat. Auch bei ihm trifft sich ein kleiner Kreis, um über Politik, Philosophie und die dunkelsten Kapitel der deutschen Vergangenheit zu diskutieren. Kohl wird ihm selbst dann noch brieflich verbunden bleiben, als er 1948 in die sowjetisch besetzte Zone wechselt und in Thüringen als Staatssekretär das Kultusministerium leitet.

Aber die Entscheidung darüber, welche Richtung er in Zukunft einschlagen soll, ist da längst gefallen. Sosehr sich der Schüler bald mit möglichst provokant formulierten Thesen zum Rebellen stilisiert, gibt es an seiner grundsätzlichen Einstellung «nicht den Hauch des Zweifels». Nach dem Vorbild des Vaters, der in der Weimarer Republik stets dem katholischen «Zentrum» die Stange hielt, sieht sich der erdverwachsene Spross «auf der Basis des schwarzen Milieus», in dem er groß geworden ist, eindeutig als Konservativer.

Und wie sich der Senior nach dem Krieg rasch den in Ludwigshafen 1946 aus der Taufe gehobenen Christdemokraten anschließt, kann es auch der Sohn kaum abwarten. Sein Mitgliedsbuch unter der Nummer 00246 bestätigt dem Neuling, der vorher den Kreisverband der Jungen Union mitbegründet hat, eine spektakulär frühe Aufnahme. Nur das exakte Datum bleibt seltsamerweise umstritten. Er selbst behauptet, ihm sei schon als Sechzehnjähriger «das Glück» zuteilgeworden, in die CDU eintreten zu dürfen. Bei den geltenden Statuten hätte er allerdings mindestens achtzehn sein müssen – eine Klippe, die er vermutlich umschifft, indem er sich heimlich über die Nachwuchsorganisation in die Mutterpartei einschleusen lässt.

Dass der leicht entflammbare «Helle» vom Start weg als besonders ruppiger «Pfälzer Krischer» auf sich aufmerksam macht, liegt zum Teil auch an den Verhältnissen in seiner Heimatstadt. In Ludwigshafen, das von der SPD dominiert wird, hat der übersteigerte Konflikt zwischen den bürgerlichen und linken Kräften Tradition – für einen Troubleshooter wie Kohl genau das richtige heiße Pflaster. Noch nach Jahrzehnten erklärt der Altkanzler die dortigen Spitzengenossen grimmig zum «Inbegriff doktrinären Denkens» – und bereits im Vorfeld der ersten, auf den Mai 1947 anberaumten rheinland-pfälzischen Landtagswahl geht er als fleißiger Plakatkleber im Wettbewerb mit den verhassten «Roten» keiner Keilerei aus dem Weg. Andererseits steckt in ihm zu viel politisches Talent, als dass es ihm dauerhaft Vergnügen bereiten könnte, in seiner Union nur den Frontkämpfer zu spielen. Um seinen Horizont zu erweitern, nimmt er in den damals scharf voneinander abgegrenzten Besatzungszonen einige Mühen in Kauf. Anstatt daheim für den Unterricht zu pauken, verlangt es ihn immer drängender danach, auf Kundgebungen den Koryphäen der konkurrierenden Parteien zuzuhören, wobei ihn der charismatische SPD-Chef Kurt Schumacher ebenso beeindruckt wie der Vorsitzende der Liberalen, das künftige Staatsoberhaupt Theodor Heuss. Die Begegnung mit dem Größten der Großen folgt dann im August 1949.

Im südpfälzischen Landau gibt sich kurz vor der ersten Bundestagswahl der Präsident des Parlamentarischen Rates, Konrad Adenauer, die Ehre, und der neunzehnjährige Primaner, der mit Freunden in einem Lautsprecherwagen für die nötige Propaganda sorgt, darf dem Stargast gleichsam als Herold vorauseilen. Er wird den Tag schon deshalb nie vergessen, weil es die Versammelten wieder wagen, die nach Kriegsende von den Alliierten verbotene Nationalhymne anzustimmen.

Mit dem späteren Gründervater der Republik verbindet Helmut Kohl sofort das euphorische Gefühl einer «geistigen Verwandtschaft», und so eindeutig er bis dahin die Parteifreunde Karl Arnold und Jakob Kaiser als christdemokratische Kanzlerkandidaten bevorzugt, fasziniert ihn nun der «Alte von Rhöndorf». Nach dessen Einzug ins Bonner Palais Schaumburg überprüft der politisch gelehrige Abiturient prompt, was an seinen bisherigen Positionen obsolet geworden sein könnte, und erlaubt sich gelenkig ein paar Korrekturen. Insbesondere lässt er die im jugendlichen Überschwang erhobene Forderung nach dem Verzicht auf Wiederbewaffnung fallen; der unbeirrbar in die westliche Staatengemeinschaft strebende 74-jährige Patriarch hat seine «volle Sympathie».

Weil der Lauf der Geschichte «das so wollte», wird sich Kohl in den folgenden Jahren immer wieder rechtfertigen, sei eine enge «Großvater-Enkel-Beziehung» auch eine Notwendigkeit gewesen. Früher und schärfer als andere erkennt er, wie sehr es der in zwei blutigen Kriegen grässlich dezimierten mittleren Generation an geeignetem Personal mangelt – die Gremien sind kaum noch in der Lage, ihre langsam vergreisende Führungsschicht aus der Weimarer Zeit zu ersetzen.

Die daraus resultierenden Vorteile macht er sich Schritt für Schritt zunutze. Niemand kann ihn davon abhalten, seinen unbändigen Ehrgeiz zu befriedigen. Bereits in der Tanzstunde stellt er sich seiner Freundin als künftiger Mainzer Ministerpräsident vor – und er ist gerade mal dreiundzwanzig, als er nach einem ausgeklügelten Plan überfallartig zur ersten Kampfabstimmung antritt und gewinnt. Statt des in Würden ergrauten Landauer Oberbürgermeisters Alois Krämer, der auf seine Meriten vertraut hat, sitzt nun plötzlich ein zu scharfer Polemik neigender Youngster aus Ludwigshafen im einflussreichen christdemokratischen Bezirksverband Pfalz am Vorstandstisch.

DIE «GROSSVÄTER» SIND GEWARNT

Sooft sich Helmut Kohl damals wie in späteren Jahrzehnten zu seiner Herkunft äußert, gerät er unvermittelt ins Schwärmen. Seine Landsleute, pflegt er dann häufig mit schnalzender Zunge weit auszuholen, seien ein «ganz besonderer Menschenschlag», und der Grund für diese Unverwechselbarkeit liege zweifellos in ihrer Geschichte. Wer schon von den Römern den Anbau des Weinstocks erlernt oder seit dem Mittelalter im Dom zu Speyer die deutschen Kaiser zur Ruhe gebettet habe, müsse sich von keinem mangelnde Identität vorwerfen lassen. Und natürlich vergisst er dabei nie das anno 1832 auf dem Hambacher Schloss gefeierte «Hochamt der Demokraten».

Neben dem Tod des Bruders und den Schrecken des Krieges, die sich nie wiederholen sollen, ist es ebendieses Verständnis von Historie und Heimat, das ihn zum Politiker werden lässt. «Elementar», doziert er leicht theatralisch – und reiht sich damit in die Galerie großer Namen wie des bekennenden Rheinländers Konrad Adenauer oder des Schwaben Theodor Heuss ein –, wirke allein «die Verbundenheit mit den Wurzeln». Nur daraus sei ihm die Kraft zum Dienst am Vaterland und hernach an Europa erwachsen.

In den ausgehenden vierziger Jahren jedoch steht es gerade in Rheinland-Pfalz mit solchem der Scholle verpflichteten Selbst- und Sendungsbewusstsein nicht zum Besten. Der von den Franzosen kontrollierte deutsche Südweststaat ist ein willkürlich aus ehemals bayerischen, preußischen und hessischen Provinzen zusammengestoppeltes Konglomerat, das noch lange um seine Daseinsberechtigung ringt. Bis Ende der Sechziger liegen sich Repräsentanten aller Parteien darüber in den Haaren, ob das ungeliebte «Land aus der Retorte» wieder zerlegt und in ein vernünftigeres Verbundsystem integriert werden soll.

Auf den Konferenzen der CDU, die ihre anfänglich nur

knappe Mehrheit in der Region zwischen Rhein, Mosel und Saar von Wahl zu Wahl ausbaut, nimmt sich der sonst redselige Kohl auffällig zurück. Er scheint dem letztlich fruchtlosen Streit über die Sinnfälligkeit einer territorialen Neugliederung wenig abgewinnen zu können, und außerdem gibt es für ihn ja auch einen praktischen Grund: Wer in dieser Region an die Spitze vorstoßen will, sollte sie tunlichst nicht in Frage stellen.

Also arbeiten sich andere daran ab, dass zum Beispiel die rechtsrheinischen Vororte der neuen Hauptstadt Mainz dem hessischen Wiesbaden zugeschlagen worden sind – für den bei aller Emphase pragmatischen Pfälzer ist das ein untergeordnetes Problem. Er fühlt sich wohl in seinem kleinen Reich, zu dem er sich spätestens dann uneingeschränkt bekennt, als die Deutschen im Sommer 1954 bei der Fußball-Weltmeisterschaft triumphieren. Schließlich stammt die Hälfte der «Helden von Bern», die den noch immer kriegsgebeutelten Bundesbürgern zu neuem Stolz verhelfen, vom Kaiserslauterer Betzenberg. Neben dem Kanzler sind jetzt Sepp Herberger und der aufopferungsvolle Kapitän der Nationalmannschaft, Fritz Walter, seine Leitbilder.

Darüber hinaus denkt er schon lieber in deutlich «größeren Kategorien». Mitte der fünfziger Jahre hat sich das von Frankreich abgetrennte Saargebiet zu entscheiden, ob es sich in Zukunft mit einem Sonderstatus zufriedengeben oder in die Bonner Republik «heimkehren» möchte, wie der Patriot Kohl es heiß ersehnt. Subversiv versorgt er die Freunde jenseits der Grenze mit entsprechendem Propagandamaterial und darf sich nach dem Wahltag zu den Siegern zählen.

Es ist für ihn ein besonders bewegter Zeitabschnitt. Seit 1950 studiert der ruhelose Christdemokrat zunächst in Frankfurt, wo er sich sowohl in die juristisch-staatswissenschaftliche als auch in die philosophisch-ökonomische Fakultät einschreibt. Doch weil sich die zertrümmerte Mainmetropole damals von Ludwigshafen aus mit der Bahn noch ziemlich schwer erreichen lässt, steigt er bereits zum Wintersemester 1951/52 auf die näher gelegene Uni Heidelberg um. Statt Jura ist dort Geschichte sein Hauptfach, während er im Nebenfach Politik belegt.

Nach dem Sprung in den pfälzischen CDU-Vorstand gehört er im politischen Betrieb zu den Leuten mit Zukunft – in der Arbeitswelt dagegen heuert Kohl beim heimischen Chemiekonzern BASF auf der untersten Stufe an. Da er für seinen Lebensunterhalt weitgehend selbst sorgen muss, lernt er in der Knochenmühle einer Steinschleiferei immerhin drei lange Jahre, was es heißt, im Akkord und auf Stechkarte zu malochen. Der Selbstversuch an der «Basis» wird von da an nicht nur seine Biographie schmücken, sondern ihm im Kampf um den «kleinen Mann» einen beträchtlichen Zuwachs an Glaubwürdigkeit verschaffen.

Denn die braucht er, um seinen hochfliegenden Plänen den nötigen Nachdruck zu verleihen. Die Union, die in der Frühphase des Bonner Teilstaats noch fast ausschließlich dem konfessionell gebundenen Bürgertum zugewandt ist, soll sich nach seiner Vorstellung in eine «moderne Volkspartei» umgestalten und dabei die unterschiedlichsten Schichten vereinen. Keine Macht ohne Besetzung der «Mitte» – und diese Mitte, das haben ihm bereits der aufgeklärt-liberale Priester Johannes Fink wie auch dessen sozialistisches Pendant Otto Stamfort eingeschärft, erfordert zwingend die Partnerschaft mit den «ganz normalen Leuten».

Solche im Kern wenig sensationellen Bekundungen genügen schon, ihm in der CDU den Ruf eines linken Querkopfs einzutragen, und so zieht er, wie er es selbst empfindet, als «seltsamer Verschnitt aus Student und Politiker» durchs Land. Dass er rhetorisch allenfalls Durchschnitt ist und sich häufig in schwerverständlichen Schlingsätzen verheddert, schadet ihm nicht. Was ihm als Redner fehlt, gleicht der zu stattlichen 1,93 Metern emporgewachsene Jungstar mit einer enormen körperlichen Präsenz aus, die ihn bisweilen zum Übermut verführt.

Komplexe sind ihm aber nicht allein seiner Statur wegen

fremd. Helmut Kohl hat eine Botschaft, und die lässt sich am effektvollsten in der Pose des Anklägers verkünden. Die CDU, lautet sein mal pathetisch, mal mit triefendem Spott vorgetragenes Credo, sei an ihren Anfängen gemessen allzu schnell «verkrustet». Auf Kongressen oder wo immer sich sonst die Gelegenheit dazu bietet, attackiert er deshalb vorzugsweise die «Honoratioren», deren Selbstgefälligkeit der Partei jeden Elan austreibe. Am liebsten geißelt der Katholik ihre Nähe zum Klerus, dem er ein Beharren auf überkommenes Gedankengut vorwirft.

Die Absicht ist leicht zu erkennen: Je schwärzer der Hintergrund, vor dem der junge Raufbold mit der dicken Hornbrille und ewig kokelnden Pfeife agiert, desto leuchtender er selbst, der sich ja nicht nur verbal einiges zutraut. Im frischen Alter von fünfundzwanzig besitzt er – wie er danach selbst süffisant anmerkt – spontan die «Unverfrorenheit», bei der Wahl zum stellvertretenden Landesvorsitz einem leibhaftigen Bonner Promi die Stirn zu bieten. Da ihm gegen den in Neuwied lebenden Familienminister Franz-Josef Wuermeling nur eine einzige Stimme zum Sieg fehlt, findet er sich zum Ausgleich in der erweiterten Führungsspitze der rheinland-pfälzischen CDU wieder.

Und die «Großväter» sind gewarnt. Allen voran der noch im neunzehnten Jahrhundert geborene und seit 1947 in Mainz amtierende Regierungschef Peter Altmeier sieht in Kohl plötzlich den Mann, der sich stark genug zu fühlen scheint, sogar an seinem Stuhl zu sägen. Doch die neue Lichtgestalt übt sich erst mal in Zurückhaltung. Der Student, der sich aufgemacht hat, seine Couleur das Fürchten zu lehren, widmet sich in der Folgezeit ganz seiner Promotion, in der er praktischerweise die «Politische Entwicklung in der Pfalz und das Wiedererstehen der Parteien nach 1945» abhandelt. In Ludwigshafen laufen indessen sämtliche Personalfragen über seinen Schreibtisch.

Die Dissertation wird derweil von seiner Verlobten Hannelore Renner in eine Reiseschreibmaschine getippt, die drei Jahrzehnte später kurzfristig Weltberühmtheit erlangt. In den Wirren der Wende entsteht auf ihr jenes «Zehn-Punkte-Programm», mit dem der Kanzler Kohl die untergehende DDR konföderativ an den westdeutschen Teilstaat binden will. In diesem Sommer 1958 ist es ein nicht ganz so schwergewichtiges Dokument.

Die von ihrem zukünftigen Mann verabschiedete und knapp mit «cum laude» dekorierte Arbeit bezieht ihren Wert in erster Linie daraus, dass sie dem Dr. phil. zu einem neuen Image verhilft. Kaum ein zweiter Politiker verschmilzt den akademischen Grad so sehr mit seinem Namen, und der Erfolg gibt ihm recht. Neben seiner vornehmlich auf das Praktische ausgerichteten Qualität, die die Rheinland-Pfälzer längst anerkennen, verleiht ihm der Titel zusätzlich das Flair des Intellektuellen.

Die Voraussetzungen, das Volk im Parlament zu vertreten, sind für Kohl damit erfüllt.

Kapitel 2

«RAUS AUS DER GARTENLAUBE»: AUFSTIEG IN MAINZ

Schon als Pennäler scheint es dem christdemokratischen Musterschüler Helmut Kohl zu gefallen, seine ausufernden Reden mit allerlei Spruchweisheiten zu garnieren. Mal zitiert er seinen Lieblingsschriftsteller, den in Rheinhessen geborenen Carl Zuckmayer, dessen pralle Heroen, etwa der «Schinderhannes», ihm imponieren – oder er bedient sich bei Karl May, wenn es um Männertreue geht, wie Old Shatterhand und Winnetou sie vorleben. Weil er sich den Zuhörern als kenntnisreicher, aber zugleich unverbildeter Zeitgenosse empfehlen möchte, bevorzugt er die schlichten Aphorismen, die den gesunden Menschenverstand spiegeln.

Selbst was am Ende ein «großer Baum» werden wolle, müsse zunächst einmal «klein wachsen», heißt zum Beispiel eine der Bauernregeln, die er bereits als junger Knecht der Natur abgeschaut hat – und natürlich gilt die ebenso im politischen Geschäft.

Die wohlfeile Wahrheit führt zu einem Verhaltensmuster, dem er noch lange anhängen wird: Da er weder wie der Vater eine Beamtenlaufbahn einschlagen noch in der freien Wirtschaft reüssieren will, bleibt ihm in seinem Metier bloß das, was man in einer politischen Organisation die «Ochsentour» nennt: Ein solides lokal- und kommunalpolitisches Fundament ist für ihn dabei der Schlüssel zur Verwirklichung aller Träume. Nur wer von der Pike auf sein Handwerk erlernt, weiß der bodenständige Pfälzer, kann auf dieser Basis nach Höherem streben.

«Die Partei» und insbesondere die sorgfältige Pflege ihrer Wurzeln, analysiert der Unionsexperte Alexander Gauland in einem Essay, sei für den späteren Bundeskanzler «von Anfang an Berufung, Beruf und Heimat» gewesen – er ist nach seiner Einschätzung der «erste klassische», in keinem anderen gesellschaftlichen Milieu verankerte Berufspolitiker, und Kohl sieht das offenbar ähnlich. «Um das Abenteuer des Lebens leben zu können», wie er sich im Lauf der Jahrzehnte etwas schwülstig auszudrücken beliebt, braucht er den Kitzel des Spiels mit der Macht.

Zum ersten Mal fasziniert ihn die Möglichkeit, praktisch vor der Haustür um Menschen und Mehrheiten zu werben, als es das Bundesland Rheinland-Pfalz noch gar nicht gibt. Im September 1946 dürfen die Ludwigshafener frei über ihr Stadtparlament entscheiden, und der von seinen Eltern ins Wahllokal mitgenommene Helmut findet das an sich wenig dramatische Procedere hochspannend. Er bleibt als Zuschauer dabei, bis um Mitternacht die letzten Stimmen ausgezählt sind, und studiert in den Tagen danach die Resultate, wie sich seine Altersgenossen in Fußball-Tabellen vertiefen.

Im Kreise Gleichgesinnter die angeblich bornierten «Roten» zu befehden, um Schritt für Schritt selbst ins Zentrum des Geschehens zu rücken, lässt ihn von da an nicht mehr los. Eifrig büffelt er in der «politischen Sonntagsschule» beim Dekan Johannes Fink die Essentials des künftigen, demokratisch organisierten Gemeinwesens, die Ideen der katholischen Soziallehre und in diesem Kontext vor allem das Subsidiaritätsprinzip. Das gesteht auch den vor Ort tätigen Funktionären beträchtliche Mitspracherechte zu – ein Gebot, das zur Selbstverantwortung

Mit kaum zwanzig geht der leicht entflammbare «Helle» bei Wahlkämpfen in der «roten Hochburg» Ludwigshafen keiner Keilerei aus dem Weg und schwingt sich in seiner pfälzischen CDU zum Rudelführer auf.

verpflichtet und aus dem Kohl mehr und mehr persönliche Ansprüche ableitet.

Die reale Chance, bereits mit fünfundzwanzig für den Landtag zu kandidieren, lässt der kühl berechnende Youngster andererseits verstreichen. Er möchte zunächst seine privaten Verhältnisse ordnen, aber er trifft doch Vorkehrungen, seine Anwartschaft zu sichern: Aus dem pfälzischen Dunstkreis gelangen ausnahmslos treue Gefolgsleute auf die Bewerberliste, und bei der Bundestagswahl 1957, die der Union die absolute Mehrheit beschert (ein in der Geschichte der Bundesrepublik einmaliger Vorgang), übernimmt er in Ludwigshafen als Cheforganisator der Christdemokraten vollends die Regie. Zum Zuge kommt nur noch, wem der rigide Helmut Kohl den Zuschlag erteilt.

Erscheint es ihm nützlich, hievt er die Kombattanten – etwa Ende der Fünfziger den CDU-Kreisvorsitzenden und engen Jugendfreund Egon Augustin – bisweilen als kurzfristig benötigte Platzhalter auf vakante Posten, um sie dann kaltschnäuzig wieder zu verdrängen. Denn mit Menschen wie in einem Verschiebebahnhof umzugehen, übt schon früh großen Reiz auf ihn aus. «Gewissermaßen als Nebeneffekt dieser zentralen Rolle, die personalpolitische Entscheidungen in meinem Denken immer gehabt haben», schreibt er lakonisch zu seiner Rechtfertigung, entsteht so das vielzitierte und von ihm selbst stolz im Munde geführte Kohl'sche «System». Für Ideen Verbündete zu finden und mit deren Hilfe auf eindeutig demokratische Weise legitimierte Ziele durchzusetzen, hält er seinen Kritikern entgegen, sei gewiss kein anrüchiges Verfahren.

Und er bekennt sich umso freimütiger zu diesem «einzigartigen Erfolgsmodell», als seine frappierende Fähigkeit, die eigenen zu anderer Leute Interessen zu machen, auch außerhalb der Partei bald Früchte trägt. Nach dem Abschluss des Studiums bietet ihm ein Freund den ersten Fulltimejob als Direktionsassistent in einer Eisengießerei an, und ein Jahr später wechselt er in die Führungsetage des einflussreichen rheinland-pfälzischen Landesverbandes der Chemischen Industrie. Als Referent des Vorsitzenden knüpft der ehemalige Steinschleifer von da ab fleißig Kontakte zu den wirtschaftlichen Granden der Gesellschaft.

So kann er sich bei seinem Bemühen, endlich ins Mainzer Parlament einzuziehen, auf ein mehr als ordentliches Zubrot stützen, und der Rest ist praktisch Formsache. Schließlich geht der in seiner Vaterstadt wie ein «bunter Hund» bekannte «Doktor Kohl» bei der Landtagswahl im Frühling 1959 nicht nur als Kreisparteichef ins Rennen – eine Funktion, die ihm von vornherein einen sicheren Listenplatz garantiert –, er gilt zudem als besonderer Kandidat. Auf dem Gipfel der von einigem Getöse begleiteten Kampagne gelingt es ihm, den Schutzpatron Konrad Adenauer nach Ludwigshafen zu lotsen, der damals im Zenit seiner Popularität steht. Und bei dieser mit 10000 Besuchern größten politischen Kundgebung seit Kriegsende hat er sogar die Chuzpe, für die Show auch noch Eintrittsgeld zu verlangen.

So verwundert es kaum, dass sich danach im Landtag ausgerechnet der jüngste aller nach Mainz entsandten Volksvertreter prompt mit weiteren unkonventionellen Aktionen ins Gerede bringt. Auf einer vom Fraktionschef Wilhelm Boden ausgelegten «Wunschliste» trägt er sich lässig unter dem Stichwort «Haushalts- und Finanzausschuss» ein – in der Parlamentarier-Riege der regierenden Christdemokraten sind das die begehrtesten Posten, bisher nur verdienten Oldtimern vorbehalten. Und als der merklich irritierte Landesvater Peter Altmeier zunächst an ein Missverständnis glaubt, bekräftigt der neue Kollege seine Ambitionen.

Alte Gewohnheiten oder Privilegien sind dem gerade mal neunundzwanzigjährigen Draufgänger ziemlich schnuppe. Er erkennt schnell, dass erschreckend viele der konservativen Abgeordneten schon im Rentenalter oder beklagenswert kriegsversehrt sind, und diesen Zustand will er möglichst bald ändern. Immerhin steht er ja nicht mehr allein auf weiter Flur. Aus den Bezirken Koblenz und Trier haben die wichtigsten Protagonisten der von ihm gebildeten «innerparteilich-oppositionellen Brückenköpfe» ebenfalls den Sprung in den Landtag geschafft.

Ist es die Furcht vor dieser Clique von «Kohlisten», der den amtierenden Ministerpräsidenten zum Einlenken bewegt? Der betagte, «Fischpitter» genannte ehemalige Kaufmann thront seit einer kleinen Ewigkeit in der Manier eines Monarchen über den Niederungen seiner Provinz – und jetzt kriegt ein aufmüpfiger Jungstar seinen Willen! Dass der Novize im Plenarsaal gleichsam zur Strafe die letzte Bank drücken und sich wochenlang noch mit Sonderaufgaben wie der Bearbeitung von Wasser- und Abfallbeseitigungsrichtlinien herumschlagen muss, raubt ihm allenfalls vorübergehend den Nerv.

Dabei hat er durchaus Startschwierigkeiten. Zu Beginn des Jahres 1960 misslingt ihm die Jungfernrede so gründlich, dass sich sogar seine Anhänger peinlich berührt zeigen, während die Altvorderen frohlocken. Seiner Funktion gemäß soll Helmut Kohl den Etat erläutern, aber in einem inhaltlich wie rhetorisch missratenen Potpourri politischer Gemeinplätze warnt er hauptsächlich vor den Gefahren des Rechtsradikalismus und ergeht sich in einem pathetisch formulierten historischen Exkurs. Der vermeintliche Supermann scheint an seine Grenzen gestoßen zu sein.

Und im Herbst kommt es noch ärger. Um in Ludwigshafen endlich der SPD den Garaus zu machen, schlägt er sich dort bei der Kommunalwahl ungeniert als Spitzenkandidat vor und überhebt sich gewaltig. Der Zugewinn zweier Mandate ändert nichts daran, dass die Sozialdemokraten ihre Hochburg locker verteidigen – für den wütend anrennenden Herausforderer eine besonders schmerzliche Erfahrung. Die fixe Idee, in seiner Geburtsstadt die seit dem Kriegsende zementierten Kräfteverhältnisse zugunsten der Union umzukehren, bleibt ein unerfüllter Traum.

Andererseits offenbart er in solchen Momenten schon damals seine eigentlichen Stärken. Der kaum zu erschütternde Glaube an sich selbst und insbesondere das, was er für seine Mission hält, kompensiert im Handumdrehen alle Enttäuschungen. Ohne an personelle Alternativen überhaupt zu denken, küren ihn die Parteifreunde vor Ort zum ersten Mann ihrer Stadtratsfraktion, und er legt sich gleich leidenschaftlich ins Zeug. Sein ausgefuchstes Talent, die Mechanismen der Macht zu durchschauen und dem politischen Gegner notfalls mit leicht fragwürdigen Geschäftsordnungstricks zu Leibe zu rücken, spricht sich rasch bis ins Mainzer Parlament herum.

So darf Kohl zum Abschluss dieses Jahres eine insgesamt positive Bilanz ziehen. Er hat im Sommer geheiratet und in Ludwigshafens aufstrebendem Neubaugebiet Gartenstadt ein Eigenheim errichtet, und über die «demokratiefeindliche Ämterfülle», die er als jugendlicher Scharfrichter den in der Union versammelten «Exzellenzen und Eminenzen» vorwarf, verfügt er nun ungerührt selbst. Neben den Jobs zu Hause ist der omnipräsente Abgeordnete in seiner Partei Kreisvorsitzender und Vorständler im Bezirk Pfalz – und auf Landesebene inzwischen schon bis ins Präsidium vorgedrungen.

Aber nach eigenem Verständnis ist er noch keineswegs der «große Baum». Mag der Historiker und Lokalpatriot seine Heimat auch emphatisch zum Zentrum des ehemaligen Römischen Reiches Deutscher Nation verklären – das Spielfeld ist ihm zu klein. Die damals verbreitete Annahme, er wolle im Grunde nichts lieber, als in seiner Vaterstadt Oberbürgermeister zu werden, nennt der Altkanzler in seiner Rückschau amüsiert «ein von den Sozis genährtes Gerücht». So bereitwillig und manchmal vernarrt er im politischen Unterholz rackert, so entschieden verfolgt er in Wahrheit «ganz andere Pläne».

Er hat sich in den Kopf gesetzt, sein als chronisch antiquiert empfundenes Bundesland grundlegend zu modernisieren – eine angesichts der verharschten Strukturen gewaltige Aufgabe, die von einem durchgreifenden Generationswechsel begleitet werden soll. Denn mit dem angestammten Personal unter Führung des autoritär regierenden Peter Altmeier, das wird ihm bald klar, ist kein Staat mehr zu machen.

Insbesondere erscheint ihm die auf Anpassung an die Exekutive ausgerichtete Arbeitsweise der Abgeordneten dringend reformbedürftig. Dass sich die christdemokratischen Volksvertreter von ihren Sitzen erheben müssen, wenn der auf Respektbekundungen erpichte «MP» das Fraktionszimmer betritt, hält Helmut Kohl für symptomatisch, weshalb er den «in Riten erstarrten parlamentarischen Dienstleistungsbetrieb» zu einer «Art Clearingstelle» umzubauen gedenkt. Und wie sich rasch zeigen wird, beginnt sich seine innerparteiliche Seilschaftspflege auszuzahlen: Er kann sich auf ein hochdiszipliniertes Team stützen, das der etablierten Mehrheit als verschworener Haufen gegenübertritt.

Die «Kohlisten» funktionieren, während ihr Anführer, der später als Ministerpräsident seine Kumpane mit wichtigen Posten belohnen wird, tüchtig dazulernt. Gelungene Reden haben zwar Seltenheitswert, aber von Mal zu Mal setzt er sich umso effektvoller aus dem Stegreif in Szene. Sich im Landtag beim Schlagabtausch mit den «Sozen» zu profilieren, macht ihm am meisten Spaß – die dazu benötigten Pointen probiert er vorher häufig im Stadtparlament in Ludwigshafen aus, wo er mit viel Aufwand einen knallharten Konfrontationskurs steuert.

Darüber hinaus ist er ungemein fleißig. Um jeder seiner Verpflichtungen dem eigenen hohen Anspruch gemäß gerecht zu werden, pendelt der Vollblutpolitiker Helmut Kohl täglich und manchmal mehrmals zwischen seinem Wohnort und dem gut sechzig Kilometer entfernten Mainzer «Deutschhaus» hin und her – und wann immer er etwa im Westerwald eine Abendveranstaltung zu absolvieren hat, kurvt er zum Leidwesen seiner daheim wartenden Frau noch in tiefer Nacht durchs Land. Einen großen Teil seiner Wirkungskraft bezieht er schlicht aus einer nahezu allen Konkurrenten überlegenen physischen Verfassung.

Vielleicht noch schwerer wiegt sein kaum zu überbietendes Selbstvertrauen. Dass Peter Altmeier und der erste Regierungschef nach Kriegsende, Wilhelm Boden, die beiden entscheidenden Figuren der Christdemokraten, ihn unverhohlen als gefährlichen Unruhestifter ablehnen, verunsichert den agilen Parteifreund nicht, sondern stachelt ihn eher an. Er betrachtet die Gegnerschaft der gekränkten rheinland-pfälzischen Gründerväter als Ausdruck von Wertschätzung.

Jedenfalls fühlt er sich angesprochen, als der CDU im Oktober 1961 ein gravierendes Personalproblem ins Haus steht. Boden stirbt, und mit dem Tod des auf Ausgleich bedachten Fraktionsvorsitzenden bricht für den Ministerpräsidenten der entscheidende parlamentarische Stützpfeiler weg. Zu seinem Nachfolger wird der ebenfalls als fügsam bekannte Hermann Matthes erkoren – doch weil der Kollege an einem Machtzuwachs kaum interessiert ist, kommt es nun darauf an, wer das Amt des Stellvertreters ergattert.

Kurz sieht es so aus, als fände sich der sprungbereite Helmut Kohl mit der Nominierung eines von Altmeier bestimmten Kandidaten ab, aber dann reißt ihm der Geduldsfaden. Nachdem er sorgfältig seine Chancen taxiert hat, wagt er sich selbst den Freunden als «Gegenvorschlag» anzubieten und setzt sich tatsächlich durch. Welche Triumphgefühle dieser Coup in ihm wachruft, lässt sich noch nach Jahrzehnten erahnen, als sich der Polit-Pensionär jenes Tages mit einer fast schon brutalen Offenheit entsinnt: «Der einunddreißigjährige Benjamin des Landtags, das jüngste Mitglied der CDU-Fraktion», jubiliert er als Ex-Kanzler, «hatte dem Mainzer Regierungschef eine Niederlage zugefügt, die ihn bis zu seinem Lebensende schmerzte».

Für Helmut Kohl ist das der «Durchbruch». Da sich alle Führungskräfte in der rheinland-pfälzischen CDU darüber einig sind, dass der sanfte Kulturpolitiker Matthes nur eine Übergangslösung ist, lässt sich der weitere Verlauf seines unaufhaltsamen Aufstiegs leicht vorhersagen: «Es stand fest», schreibt er im Tonfall bedingungsloser Erfolgsorientiertheit, «dass ich die Zügel nicht mehr aus der Hand geben würde», und so verhält er sich.

Soll sich der Vorsitzende an seinem Titel erfreuen – schon wenige Tage nach der Wahl mietet sich der Vize in dessen Zimmer ein, um de facto die Geschäfte an sich zu reißen. Selbst die Altmeier-Fans nehmen die Okkupation zähneknirschend in Kauf, denn der neue starke Mann stellt sich bald viel geschickter an als anfangs befürchtet. Schließlich hat die forsche Tour ja auch ihr Gutes: Kohls Entschluss, «autoritäre Strukturen aufzubrechen und Erbhöfe zu schleifen», zeugt zumindest von Mannesmut – und überhaupt: Wer will ihm ernsthaft verargen, die gegängelten christdemokratischen Volksvertreter Schritt für Schritt aus dem Bannkreis der Staatskanzlei zu befreien, um sie zu einer eigenständigen Kraft zu formen?

Dabei hat er weniger eine tiefgreifende programmatische Remedur der rheinland-pfälzischen Union im Sinn. Er stelle sich die Partei, sagt er in Interviews absichtsvoll verschwommen, als einen «aufgeschlossenen und modernen Träger der politischen Willensbildung» vor, in der das «C» als «Auftrag und Forderung an die Mitglieder zum Dienst an jedermann» verstanden werde. Nach einem grundlegenden Paradigmenwechsel, wie es der erzkonservative Ministerpräsident seinen Gefolgsleuten suggeriert, klingt das kaum, aber dergleichen führt der angebliche Revoluzzer auch nie im Schilde.

Im Kern geht es ihm vorerst bloß um das Erscheinungsbild

eines ermatteten christdemokratischen Führungszirkels, dem er ironisch attestiert, er ziehe sich zusehends in eine «Gartenlaube» zurück. Und der Name des verantwortlichen Partei- und Regierungschefs gilt ihm dafür ebenso als Synonym, wie er sich selbst als Personifizierung des notwendigen Aufbruchs sieht. Eine «neue Dynamik» müsse das weithin erstarrte Land aus der Lethargie herausholen – und die verkörpert Kohl.

Ein klassisches Duell zweier Männer mit vermeintlich krass unterschiedlichen Fähigkeiten also, das der gravitätisch daherkommende, aber im Grunde biedere einstige Volksschüler Peter Altmeier nicht dauerhaft durchstehen kann. Bereits im Mai 1963 lässt er geschehen, dass sein robuster Rivale die nächste Hürde nimmt. Während sich der pro forma amtierende Hermann Matthes als Staatssekretär ins Sozialministerium zurückzieht, feiert der Nachfolger auf dem Chefsessel der Fraktion einen ungeahnten Triumph: Unter den 41 Abgeordneten gibt es nun keinen mehr, der noch gegen ihn stimmt.

Dass selbst eingefleischte Anhänger des «Ancien Régime» in Scharen zu Kohl überlaufen, hat in erster Linie mit seiner Motivationskunst zu tun, doch auch die politische Entwicklung spielt ihm in die Hände. Seit sie bei den Landtagswahlen im März schwer geschlagen wurde, steht die mit den Freien Demokraten regierende Union nun unvermittelt am Scheideweg: Sie muss in den Koalitionsverhandlungen ins Kalkül ziehen, dass erstmals in der Nachkriegsgeschichte ebenso gut eine sozial-liberale Regierung gebildet werden könnte – eine fatale Lage vor allem deshalb, weil der bisherige Partner die Abschaffung der von Altmeier zäh verteidigten Bekenntnisschule fordert.

Doch dann tritt der in konfessionellen Fragen unbekümmerte Fraktionsvorsitzende auf den Plan. Er signalisiert der FDP Kompromissbereitschaft und bekniet zugleich den verstockten Regierungschef, der am Ende die Aussichtslosigkeit seines Widerstands einsieht. Dass das Bündnis in einer monatelangen Zitterpartie gerettet wird, schreibt Kohl danach mit einigem Recht seinem in Rheinland-Pfalz bis dahin noch wenig bekannten diplomatischen Geschick zu: Er habe «die Hohe Schule der Verhandlungsstrategie» angewandt und außerdem seine «über die Parteigrenzen hinweg gepflegten persönlichen Beziehungen» genutzt.

Und in diese Kontakte schließt er, wenn es sein muss, selbst die Sozialdemokraten ein. Bei allem Gefallen an Konfrontation und Krächen schreckt der pragmatische Polit-Manager nur selten davor zurück, auch ideologische Gräben zuzuschütten. Zu Hause in Ludwigshafen verachtet er die Genossen derart, dass er sogar seinen Schäferhund Igo darauf abrichtet, bei dem Kommando «Soz» wild die Zähne zu fletschen – im Mainzer «Deutschhaus» kann ihn das nicht davon abhalten, «die Roten» im Notfall zu umgarnen.

Weil Kohl das hoffnungslos veraltete Bildungssystem verändern will und dazu eine Zwei-Drittel-Mehrheit braucht, springt er routiniert über seinen Schatten. In seinem privaten Führungszirkel, dem berühmten «Pfeifenkabinett», ist ihm deshalb der Parlamentarische Geschäftsführer der SPD, Jockel Fuchs, ein willkommener Gast, und der bedankt sich artig dafür: «In den Qualmwolken der Marke Richmond Medium Navy Cut», rühmt ihn der ehemalige Journalist vor früheren Kollegen, habe man «fröhlich die Lage sondiert».

Der gerne bei «aufmunternden Getränken» parlierende Hausherr fühlt sich in dieser Zeit prächtig und hat erkennbar auch jeden Grund dazu. Nach dem Durchmarsch in seiner Fraktion und der Stabilisierung des Bürgerblock-Bündnisses nehmen die Medien erstmals überregional von ihm Notiz. Der in Köln erscheinende «Rheinische Merkur» zeichnet weitschweifig das Porträt eines hochtalentierten Aufsteigers, dessen «ausgesprochene Begabung für die Politik und den Umgang mit der Macht» zu allen Hoffnungen Anlass gebe – und der Belobigte unterstreicht den Befund: Er drängt sich Altmeier öffentlich zum «Mitarchitekten der CDU / FDP-Koalition» auf, um sich als Honorar dafür «ab sofort» das Recht einer «deutlichen Einmischung» in die Regierungsgeschäfte zu sichern.

Ohne Helmut Kohl läuft bald nur noch wenig, aber einige herbe Enttäuschungen bleiben ihm dennoch nicht erspart. Auf dem Bundeskonvent der CDU, der im Frühjahr 1964 in Hannover stattfindet, unternimmt er zum ersten Mal den Versuch, seine langsam ansteigende Popularität in einen Vorstandsposten umzumünzen, und scheitert. Vergrätzt erklärt er sich seine glatte Niederlage damit, dass er für einen Newcomer «zu kritisch und anklagend» aufgetreten sei und schlicht das bei den meisten Delegierten tiefverwurzelte «Harmoniebedürfnis» gestört habe.

Und wie an der Spitze seiner Partei muss der Multifunktionär auch an der Basis Lehrgeld zahlen. Der zur regelrechten Macke geronnene Wunsch, in seiner Geburtsstadt die Dauerherrschaft der Sozis zu brechen, verführt ihn als Oppositionschef von Ludwigshafen, bei der Kommunalwahl abermals einen großangelegten und streckenweise fanatisch übersteigerten Feldzug zu inszenieren. Als gelte es, das Vaterland vor der roten Revolution zu bewahren, zieht der verbiesterte Christdemokrat alle Register und steht am Ende «wie vor einer Wand». Die SPD baut ihre Führung aus, während sich Helmut Kohl darüber noch schwarz ärgert, als er längst in Bonn regiert.

Doch seine Kämpfernatur nimmt durch solche Rückschläge keinen Schaden. Wo immer sich die Gelegenheit bietet, festigt er weiter seine Position. Noch im Herbst muss der Kultusminister Eduard Orth das Amt des pfälzischen Bezirksvorsitzenden an ihn abtreten, und in zäher Kleinarbeit erwirbt sich Kohl daheim so viel Renommee, dass ihn Peter Altmeier nur durch Friedensofferten zu bändigen vermag.

Nach der Fraktionsführung erobert er im Frühjahr 1966 auch noch den Chefsessel in der Partei – eine Wachablösung, die in Koblenz raffiniert zu einer Art Krönungsmesse aufgebläht wird.

Wie schon in seiner Wahlkampagne anno 59 gelingt es ihm wiederum, den inzwischen aufs Altenteil geschobenen Konrad Adenauer zu verpflichten, und der grollende Polit-Pensionär erweist sich noch immer als Magnet. Dass er in seiner Rede, die zum Medienereignis stilisiert wird, fast nur über den ungeliebten Kanzler Ludwig Erhard herfällt und Kohls Karrieresprung kaum zur Kenntnis nimmt, schmälert den Coup nicht.

Der mit einem überragenden Ergebnis gekürte neue Vorsitzende erweckt so den Eindruck, er sei vom Gründervater der Republik höchstpersönlich inthronisiert worden, und sein Kalkül geht auf. Schwärmerisch nennt ihn etwa die «Stuttgarter Zeitung» einen «Blitzkarrieristen», der in der Liste der CDU-Prominenz eindeutig zu den Hoffnungsträgern zähle, während das damals einflussreiche TV-Magazin «Panorama» in die gleiche Kerbe schlägt: In der jüngeren Generation, heißt es in einem Beitrag, erfreue sich der unkompliziert die Union aufmischende Pfälzer einer ähnlich großen Beliebtheit wie in Bonn Rainer Barzel.

Zu verdanken hat Kohl dieses Interesse vor allem auch seiner Fortune bei der Auswahl seines Personals. Seit er der Fraktion vorsteht, trägt ein Journalist namens Hanns («Hennes») Schreiner, der ihm als Mitarbeiter beim benachbarten hessischen Landesverband aufgefallen ist, für die Kontakte zur Presse Verantwortung – ein wahrer Glücksgriff. Keinem anderen in seiner unmittelbaren Umgebung wird er in den folgenden zwölf Jahren ihrer Zusammenarbeit stärker vertrauen als dem gleichaltrigen ehemaligen Schauspieler, der ihn hochprofessionell vermarktet. Unter seiner Regie wächst der Provinzpolitiker, der gelegentlich noch unsicher wirkt oder manchmal sogar die Kontrolle verliert, zum selbstbewussten «Schwarzen Riesen» heran.

Mit Schreiner, seinem Adlatus für alles, entwickelt er ein in der Bundesrepublik bis dato unerprobtes Erfolgsmodell, dessen Grundidee der Parteifreund und Weingroßhändler Elmar Pieroth von einer Geschäftsreise aus den USA mitbringt. Vor der Landtagswahl im April 1967 versucht sich die CDU im sogenannten Canvassing, einer Werbemethode, nach der die Kandidaten den Bürgern massenhaft per Hausbesuch den Hof machen, und das Resultat ist zumindest ermutigend. Danach braucht die Union zwar weiterhin einen Partner, aber *gegen* sie kann keine Regierung gebildet werden – wie ihr das vier Jahre vorher um ein Haar passiert wäre.

Peter Altmeier bleibt im Amt, doch dass nicht er, sondern Kohl den Sieg auf seine Fahnen heften darf, zweifelt in seinen Reihen niemand mehr an, und diesen Kompetenzzuwachs nutzt er. Der Ministerpräsident wird gezwungen, in eine Vereinbarung einzuwilligen, die ihm auferlegt, etwa nach Ablauf der Hälfte der neuen Legislaturperiode vorzeitig den Platz zu räumen – im Grunde ein Blankoscheck. Um schon jetzt feste Pflöcke einzuschlagen, diktiert der Kronprinz dem kaum noch handlungsfähigen Landesvater die Kabinettsliste.

Entsprechend dem Wahlkampfmotto («Junges Land mit Zukunft») füllt er seine Regierungsmannschaft kurzerhand mit eigenen Weggefährten auf, von denen ihm zwei besonders am Herzen liegen. Sie heißen Bernhard Vogel und Heiner Geißler, sind beide Bundestagsabgeordnete und noch nicht einmal so alt wie ihr siebenunddreißigjähriger Protektor. Dabei liegt die eigentliche Demütigung Altmeiers vor allem darin, dass ihn der rüde Rivale praktisch entmündigt: Ministerposten, verfügt er selbstherrlich, müssen ab sofort von der Fraktion bestätigt werden – eine Regel, die in keinem anderen Land der Republik gilt.

Doch Helmut Kohl, der inzwischen auch in den Bundesvorstand der CDU aufgerückt ist, steht zu seiner «Idee». Natürlich ist ihm die aufsehenerregende Härte dieser Eingriffe bewusst, aber der «zielstrebig angepeilte Neuanfang», wie er die Radikalkur euphemistisch bezeichnet, verlangt das so. Und den will er mit Macht. Nach der Klärung der wichtigsten Personalfragen wendet sich der Modernisierer wieder verstärkt einer Neuerung zu, die ihn bereits längere Zeit beschäftigt und der er nun möglichst bald zum Durchbruch verhelfen möchte: Allen anderen Innovationen voran geht es ihm um die «Verwaltungsreform», die insbesondere in den ländlichen Gebieten stürmisch bekämpft wird.

Neben dem «Teufelswerk» der Abschaffung von Zwerg- und Konfessionsschulen, das Kohl als «Luzifer» in den Kirchen zahllose entrüstete Strafpredigten eingetragen hat, ist dies das zweite große Thema, mit dem sich die rheinland-pfälzische Phase seiner wechselvollen Laufbahn verbindet. Die Beharrlichkeit, in der er letztlich zum Nutzen des Bürgers überkommene Strukturen zerschlägt und zum Beispiel anstelle halbverwaister Kleinkleckerdörfer die sehr viel zeitgemäßere Verbandsgemeinde durchpaukt, wird ihm später in allen Porträts zur Ehre gereichen – aber bis dahin braucht er noch Nerven. Weil sich andere Bundesländer an eine vergleichbare Herkules-Aufgabe nicht herantrauen, gerät er so immerhin in die Schlagzeilen.

In einem «politischen Planspiel» hält es als Erster unter den Meinungsführern der Republik der Publizist Günter Gaus für möglich, dass der «oft noch ungestüme, manchmal bullig wirkende Pfälzer» etwa ab Mitte der siebziger Jahre Geschichte schreiben könnte. Wie sonst keiner in seiner Partei, analysiert er im Sommer 1967 in einem Essay für «Christ und Welt», erscheine die Nachwuchsbegabung aus Mainz «wie geschaffen dazu», vielleicht sogar Bundeskanzler zu werden.

Natürlich schießen ihm solche Elogen wie Drogen ins Blut. Seit in Bonn nach dem unrühmlichen Abgang Ludwig Erhards eine Große Koalition regiert, hat er sich bereits mehrfach eifrig zu Wort gemeldet, und jetzt erhöht er den Druck. Es sei «lebensgefährlich», mischt sich Kohl in den parteiinternen Streit über die Führungsqualitäten von Kanzler Kurt Georg Kiesinger ein, die Hauptlast der Verantwortung wie in der Ära Adenauers auf die Schultern eines Mannes zu legen. Die Union müsse sich, wie er das in der Heimat täglich nachzuweisen versuche, «auf allen Ebenen regenerieren».

Dass gerade die Schul- und Verwaltungsreform, für deren Zustandekommen der Mainzer Machtmensch mit dem Sendungsbewusstsein eines «Wanderpredigers» durchs Land zieht, eine über Rheinland-Pfalz weit hinausreichende Bedeutung hat, wird nicht schamhaft untergepflügt. Im Gegenteil: Sie ist das Kernstück einer Erneuerungssuada, mit der er am Ende die ganze Bundesrepublik beeindrucken will. Dabei möchte er nicht nur seine Durchsetzungskraft in Sachfragen beweisen – er hält sich schon damals für den geeigneten Mann, der Union die für ihn zwingend gebotene «geistige Auseinandersetzung» abzufordern.

Schließlich lebt man mittlerweile im Jahr 1968, und die um sich greifenden Studentenunruhen stellen für einen von Umbruch und Wandel beseelten Politiker vom Zuschnitt Kohls eine besondere Herausforderung dar. Weil er sich ja selbst, wenn es um das Abschneiden alter Zöpfe geht, als ziemlich rebellisch einschätzt, hat er mit der außerparlamentarischen Opposition zunächst deutlich mehr Geduld als die meisten anderen etablierten Kollegen. Auch er findet etwa «das herrschende Frauenbild völlig antiquiert» oder verlangt energisch «den Verzicht auf Hirtenbriefe».

Um damit aber nicht nur den jungen Leuten zu gefallen, sondern die «großen Fragen» unmittelbar in die Partei hineinzutragen, entwickelt der christdemokratische Klassenprimus unter der Federführung seines Sozialministers Heiner Geißler sogar einen «Kriterienkatalog» für die Fraktion. Wer in Zukunft zum Volksvertreter gewählt werden oder sein Mandat verlängern lassen möchte, hat sich strikt an konkrete Vorgaben zu halten. Er soll sich zum Beispiel «Profil» erworben haben und in

Im Mai 1969 hat er sein erstes Ziel erreicht: Stolz präsentiert der jüngste aller bundesdeutschen Regierungschefs vor dem Mainzer Zeughaus sein Kabinett, dem bereits die Minister Bernhard Vogel (links) und Heiner Geißler (hinten Mitte) angehören.

seinem Streben nach Einfluss «jeder Art von Cliquenwirtschaft» abschwören.

Helmut Kohl im Veränderungsrausch – doch wie ernst ist ein solches Engagement zu nehmen? Dass nach dem seltsam idealistischen und auf einem Landesparteitag feierlich verabschiedeten Papier bald kein Hahn mehr kräht, scheint ihm indes kaum der Rede wert. Die Politik, weiß der Profi, lebt von «Augenblickssituationen», und in dieser, die ihm die Rolle des glaubwürdigen Rundum-Reformators abverlangt, hält er nahezu jeden Trick für ein Mittel zum Zweck.

Zumal in den letzten Wochen des Jahres erstmals unerwartete Hindernisse auftauchen. Der von ihm waidwund geschossene Ministerpräsident erweist sich als überraschend zählebig und pocht nun störrisch auf die Landesverfassung, in der ein Amtswechsel im Lauf der Legislaturperiode «nirgendwo vorgesehen» sei. Und auch sonst scheinen dem präsumtiven Nachfolger plötzlich die Felle davonzuschwimmen. Auf dem Höhepunkt des stürmischen studentischen Aufbegehrens üben sich selbst die vergleichsweise gesitteten Rheinland-Pfälzer in bürgerlichem Ungehorsam.

Als Antwort auf die geplante Verwaltungsreform versperren Eifel-Bauern mit ihren Traktoren die Zufahrtsstraßen zum CDU-Parteitag in Trier, und im besonders betroffenen Westerwald hängt Helmut Kohl in Gestalt einer Strohpuppe am Galgen.

Aber der Landesvater in spe weicht keinen Schritt zurück. Während sich der Regierungschef noch im Obergeschoss seiner Residenz, dem alten Zeughaus der Mainzer Kurfürsten, an die kümmerlichen Reste seiner Macht klammert, lässt der kämpferisch zum Eklat entschlossene «Designatus» bereits das Souterrain umbauen. Er will jetzt nicht mehr länger Gewehr bei Fuß stehen – und am 19. Mai 1969 erreicht er endlich sein Ziel.

Es ist ein in vielerlei Hinsicht denkwürdiger Tag, als dem mit neununddreißig Jahren jüngsten aller in der Bundesrepublik je gewählten Landesherren im großen Festsaal der Staatskanzlei das Zepter übergeben wird. In einer betont gefühligen Rede befasst sich der scheidende Peter Altmeier noch einmal ausführlich mit den Höhen und Tiefen seiner Ägide und bedankt sich bis hinunter zum Chauffeur bei jedem, den er in der Rückschau als treuen Wegbegleiter empfindet. Über den Parteifreund, der sein Erbe antritt und an diesem Abend wie leicht verloren am Rande des Geschehens herumsteht, verliert er dagegen kein einziges Wort.

Mit 57 von 96 abgegebenen Stimmen wird Helmut Kohl am folgenden Morgen auch ohne den Segen seines Vorgängers gewählt. Erst danach gibt er den bestens dotierten Vertrag mit dem pfälzischen Chemieverband zurück, auf seinen Ludwigshafener Stadtratssitz mag er dagegen immer noch nicht verzichten.

Kapitel 3

«BAUM UNTER BÜSCHEN»: ZWISCHEN MAINZ UND BONN

Kohls Entscheidung, sogar als Mainzer Regierungschef einen Fuß in der Tür zur Kommunalpolitik zu behalten, kommt für Insider kaum überraschend. Es wurmt ihn noch immer, dass ihm ausgerechnet in seiner Vaterstadt der Erfolg versagt geblieben ist, und überdies hält er an seinen Prinzipien fest. Indem er darauf beharrt, weiterhin ein vergleichsweise unbedeutendes Mandat wahrzunehmen, will der erdverwurzelte Landesherr auch der Basis seiner Partei dienen.

Die Union empfindet er als ein «starkes Stück Heimat», und wie er im Nachhilfeunterricht seines Mentors Johannes Fink «mit der Muttermilch eingesogen» hat, kommt es für ihn vor allem darauf an, aus der Geschichte Lehren zu ziehen: Der fatale Fehler, der dazu führte, dass ihre heillos zerstrittenen Vorläufer – das katholische «Zentrum» und die konservative «Bayerische Volkspartei» – in den Turbulenzen der Weimarer Republik kläglich scheiterten, soll sich niemals wiederholen.

Deshalb hält bereits der Teenager, als die Gründerväter der CDU nach dem Krieg unter Einbeziehung der evangelischen Christen einen Neustart wagen, den Willen zur Geschlossenheit für den höchsten aller Werte. Manchen Mängeln zum Trotz, die ihn in der Sturm-und-Drang-Zeit gelegentlich zu scharfen Attacken veranlassen, sieht er in seiner Gesinnungsgemeinschaft von Anfang an eine «große Familie».

Andererseits ahnt der ebenso sentimentale wie schon damals in Machtfragen stocknüchterne Kohl, dass selbst ein mit Gemütswerten aufgeladenes Kollektiv ohne feste hierarchische Strukturen kaum bestehen kann. Wer in einem Interessenverbund ernsthaft mitreden möchte – das wird ihm klar, als er sich 1948 auf dem Pfälzer Bezirkstag der Jungen Union in Edenkoben vergebens um einen Vorstandsposten bemüht –, muss sich unbedingt in dessen Führungsgremien verankern. Statt die seinerzeit noch wenig wichtige Nachwuchsorganisation weiterhin zu umgarnen, pirscht er sich deshalb sofort an die sogenannten Altvorderen heran.

Mit Ausnahme des ersten Konvents der CDU – 1950 in Goslar – versäumt der ehrgeizige Youngster in mehr als einem halben Jahrhundert keinen Bundesparteitag. So verfügt er über die zum Aufstieg benötigte Grundausstattung, etwa die Kenntnis der zahllosen Geschäftsordnungstricks oder wie man Mehrheiten um sich schart, sehr viel früher als mancher gestandene Christdemokrat.

Sein Entschluss, Politik als Beruf auszuüben, wächst vor allem mit den historischen Ereignissen. Als im Mai 1949 die Verfassung des Bonner Teilstaats in Kraft tritt, verfällt er spontan in einen «Begeisterungstaumel», dagegen am 17. Juni 1953 beim Ostberliner Arbeiteraufstand in «tiefe Depression». Und den stärksten, seiner Erinnerung nach «ganz ungeheuerlichen» Eindruck gewinnt er an jenem Tag im September 1955, als er in Ludwigshafen stundenlang auf der Straße steht, um vor einem Fernsehgeschäft die zerlumpten Kriegsgefangenen anzustarren, die der Kanzler aus der Sowjetunion heimgeholt hat.

In solchen Augenblicken schwinden für ihn, was seine Zukunft anbelangt, alle Zweifel. Schließlich gilt es in dieser Phase der im «Dritten Reich» desillusionierten Wiederaufbaugeneration als Tugend, sich von der aktiven Politik möglichst fernzuhalten – und der Einfall, die eigene, noch keineswegs gesicherte Existenz gleichsam hauptamtlich mit einer Partei zu verbinden, als umso riskanter. Doch der junge Kohl bleibt unbeirrt. Nach der Promotion in einen der üblichen, seinem Studium gemäßen Jobs einzusteigen, verwehrt ihm sein Naturell, das sich vorzugsweise an Machtspielen ergötzt. Der Gedanke, die Karriere könnte – etwa nach einer verlorenen Kampfkandidatur – jäh zu Ende sein, scheint ihm erst gar nicht zu kommen.

Um auf sich aufmerksam zu machen und sein später berühmtes Netzwerk zu knüpfen, nutzt er souverän alle Chancen. Im Herbst 1957 will es der Zufall, dass der CDU-Bundestagsabgeordnete Kurt Georg Kiesinger mit Herzproblemen ausgerechnet in eine Friesenheimer Klinik eingeliefert wird, und der ortsansässige Newcomer lässt sich nicht lange bitten. Über Wochen hinweg sitzt er an seinem Bett und fährt den Rekonvaleszenten am Ende sogar mit seinem Roller spazieren. Zwei künftige Kanzler auf einer klapprigen «Lambretta» – für Helmut Kohl eine Episode, die er immer wieder gerne zum Besten gibt.

Und noch lieber erzählt er die Geschichte vom letzten Telefonat, das er mit Adenauer führt. Es ist Anfang April 1967, und der aufstrebende Jungstar, der den «Alten von Rhöndorf» nach dessen unfreiwilligem Abgang aus dem Bonner Palais Schaumburg zu allen nur halbwegs geeigneten Anlässen mit sorgsam ausgesuchten Grußpostkarten becirct hat, hofft nun im Landtagswahlkampf auf einen Besuch des Patriarchen – aber der kann nicht mehr. Er gibt ihm nur noch den listigen Rat, mit seiner Partei nach Möglichkeit nie allein zu regieren, denn bei einer absoluten Mehrheit sei er gezwungen, auf die üblichen «Heckenschützen und Gauner» Rücksicht zu nehmen.

Zwei Wochen danach stirbt der erste Kanzler der Republik, und der «Enkel» bewahrt diesen Ratschlag wie ein kostbares

Mit seinem Vorgänger Peter Altmeier und dem saarländischen Kollegen Franz-Josef Röder weiht der Landesvater Helmut Kohl im März 1971 das neue Hauptportal des Speyerer Doms ein. Das historische Gotteshaus zählt ein Leben lang zu seinen Lieblingsstätten.

Vermächtnis in seiner Brust. Sowohl in Mainz als auch später in der Bundeshauptstadt wird er stets die Liberalen ins Boot holen, und selbst, als er 1971 in Rheinland-Pfalz die Alleinherrschaft erringt, unterbreitet er ihnen wohlweislich eine Offerte.

Was Kohl, der als Landespolitiker eher noch im zweiten Glied steht, die Anregung wirklich bedeutet, lässt er letztlich offen – dass der Gründervater der Republik aber zunehmend seine Freude an ihm und seiner Begabung gehabt habe, soll die Nachwelt schon erfahren. Ähnlich zeigt er sich bemüht, auch seine Nähe zu Ludwig Erhard zu belegen: Der sei bei einem Wahlkampfeinsatz im August 1965 in Mannheim nicht davon abzubringen gewesen, seine mit Sohn Peter im Wochenbett liegende Ehefrau Hannelore persönlich zu beglückwünschen.

Gewiss verraten solche Storys einen ausgeprägten Hang zum Namedropping – doch sein auffälliges Geschick, hoffnungsvolle «Gleichgesinnte» an sich zu binden, darf er sicher zu Recht preisen. Bereits wenige Monate nach seinem Aufstieg zum Fraktionsvorsitzenden in Mainz beginnt der Christdemokrat die daheim eingeübte «Brückenkopf-Strategie» auf das ganze Land auszudehnen und nach Kombattanten Ausschau zu halten. Der erste von ihm heftig umschmeichelte Parteifreund heißt Richard von Weizsäcker, den er erfolgreich zu einer Bundestagskandidatur im rheinhessischen Worms überredet.

Und die von ihm geförderten Mitstreiter machen allesamt ihren Weg. Der Freiherr wie der ebenfalls angeworbene Roman Herzog stehen der Republik in den achtziger und neunziger Jahren sogar als Staatsoberhäupter vor, während Kohl andere renommierte Parteigänger, etwa Heiner Geißler und Bernhard Vogel, noch zu Amtszeiten Peter Altmeiers in die rheinland-pfälzische Landesregierung schleust. Sein in Ludwigshafen geborener Generalsekretär Kurt Biedenkopf und der aus Rüsselsheim stammende Werkzeugmacher Norbert Blüm vervollständigen das imposante Tableau.

Dass es in keinem dieser Fälle bis zum Ende der jeweiligen Karrieren zu wechselseitig ungetrübter Wertschätzung reicht, liegt an seinem chronischen Misstrauen. Bei allem Teamgeist und Gespür für die Fähigkeiten dieser Kollegen scheint er sich letztlich nur selbst zu genügen – eine notorische Ich-Bezogenheit, die ihn schon im März 1964 daran hindert, die Delegierten des Bundesparteitags von seiner außerordentlichen «Statur» zu überzeugen. Die Gründe dafür, weshalb er den Sprung in den Vorstand verpatzt, sind ihm noch viele Jahre danach ein Rätsel.

Das hält ihn aber nicht davon ab, den Seinen weiterhin «klaren Wein einzuschenken», und die nächste Gelegenheit dazu bietet sich Kohl (der mittlerweile durch einen Todesfall doch noch in das Führungsgremium der CDU hineingerutscht ist) in der Zeit der «großen Zäsur». Im Sommer und Herbst 1966 trudelt die bis dahin ökonomisch stabile Bonner Republik in ihre erste ernstzunehmende Krise, die den ohnehin ermatteten Ludwig Erhard in schwere Bedrängnis bringt. Als der Koalitionspartner FDP seine Minister überraschend abzieht, wirft der einst umjubelte Vater des Wirtschaftswunders entnervt das Handtuch.

Sosehr sich der Mainzer Landesfürst dafür «schämt», dass außer ihm keiner dem mutterseelenallein in seinem Bungalow zurückbleibenden «Volkskanzler» Trost zuspricht, so entschieden mischt er nun mit, als es um dessen Nachfolge geht. Bedrückt sieht sich da die Union vor die Alternative gestellt, entweder in einem Bündnis mit der SPD auf den Regierungsbänken zu überdauern oder die Macht ganz abzugeben. Der von ihm eindeutig favorisierten theoretisch dritten Möglichkeit, den unbequemen Liberalen bis an den Rand der Selbstverleugnung entgegenzukommen, schließt sich unter den trotzigen Konservativen nur noch eine kleine Minderheit an.

Doch Kohl bleibt stur. In einer «Großen Koalition», beschwört er die versammelten Granden der CDU, würden die Sozialdemokraten vom Bürger als Nothelfer honoriert, und noch schärfer widerspricht er dem Plan, die FDP über die Einführung des Mehrheitswahlrechts aus den Parlamenten zu vertreiben. Dramatisch nennt er das mit den Genossen offenkundig bereits verabredete Projekt eine «Gleichschaltung der Politik», die zwangsläufig Staatsverdrossenheit fördere.

Im parteiinternen Wettbewerb um das Erbe Erhards baut der Pfälzer deshalb auf den Schwaben Kurt Georg Kiesinger, von dem er sich eine Neuauflage des für ihn unerlässlichen alten Pakts erhofft – und wird bitter enttäuscht. Der designierte dritte Regierungschef der Bundesrepublik teilt seine Einwände nicht, ein Dissens, der zu einer vorübergehend spürbaren Verschlechterung ihres sonst vertrauensvollen Verhältnisses führt. Bei der Schlussabstimmung von CDU und CSU gibt der standhaft bleibende Kohl als Einziger seine Ablehnung zu Protokoll.

Ein Heldenstück zur Rettung der Demokratie ist dieser fast schon demonstrative Akt des Ungehorsams dennoch nicht. Seine Entschiedenheit, der abtrünnigen FDP die Stange zu halten, lässt sich eher mit dem plausiblen Hintergedanken erklären, in der wichtigsten aller machtstrategischen Fragen von Stund an über eine Art Alleinstellungsmerkmal zu verfügen. Bei einem Scheitern der risikoträchtigen schwarz-roten Elefantenhochzeit wäre das eine durchaus erfolgversprechende Position, und darüber hinaus hat er ja auch darauf zu achten, dass er den Juniorpartner in Mainz nicht verprellt.

Also pflegt er die Kontakte mit den Liberalen aus doppeltem Grund und kann damit nach anfänglichem Frust gut leben. Während die Bonner Parteihierarchie im Verbund mit der gehäuteten Godesberger SPD um ihre Identität besorgt sein muss, macht Kohl umso unbefangener als dynamischer konservativer Modernisierer von sich reden. In dieser Zeit gilt er selbst dem Hamburger «Spiegel» noch als eindrucksvolle «schwarze Wacht am Rhein»; der zunehmend links orientierte Metropolen-Journalismus schießt sich erst sehr viel später auf ihn ein.

Wo immer er ein Stück Macht zu fassen kriegt, ist er zielstrebig zur Stelle. Auf dem Bundeskongress 1967 in Braunschweig wird der eigenwillige Kopf nicht nur offiziell in den Vorstand gewählt, sondern zugleich zum Chef einer Kommission gekürt, die für den Konvent im darauffolgenden Jahr das vielbeachtete «Berliner Programm» erarbeitet. Dass er so an vorderster Front die Leitsätze seiner Partei formulieren darf, erfüllt den gerade mal siebenunddreißigjährigen Aufsteiger mit Stolz.

Und im Frühling 1969 bestätigen sich auch seine koalitionspolitischen Bedenken. Im Kampf um die Nachfolge des amtsmüden Staatsoberhaupts Heinrich Lübke schickt die SPD, die von der ursprünglich geplanten Reform des Wahlrechts wieder klammheimlich abgerückt ist, mit dem Justizminister Gustav Heinemann einen besonders in liberalen Kreisen geschätzten Kandidaten ins Rennen. Schlüge sich die FDP, ahnt der argwöhnische Helmut Kohl den für die CDU äußerst gefährlichen Schachzug voraus, auf dessen Seite, werde sie auch bei der Bundestagswahl im Herbst den Genossen den Vorzug geben.

Aber sein Versuch, die Freien Demokraten mit der Nominierung des ähnlich beleumundeten evangelischen Kirchentagspräsidenten Richard von Weizsäcker zu ködern, scheitert schon im Vorfeld. Als ihm klar wird, dass die überwältigende Mehrheit der Unionskollegen den zur Polarisierung besser geeigneten Verteidigungsminister Gerhard Schröder auf den Schild heben will, rät er seinem Schützling von einer Bewerbung wieder ab – und lässt der von ihm befürchteten Entwicklung ihren Lauf.

Schließlich steht zunächst Wichtigeres im Terminkalender, als sich in Bonn an einer unerwünschten Personalie abzuarbeiten. Anfang März leitet die mit Unterstützung der FDP durchgesetzte Inthronisierung Heinemanns jene historische Kehrtwende ein, die beiden christlichen Parteien schließlich die Macht kosten wird. Zwei Monate nach dem Triumph der Sozialdemokraten übernimmt in Rheinland-Pfalz Helmut Kohl die Regie.

ERSTER MANN IM LAND

Der Generationswechsel im barocken Zeughaus des ehemaligen Mainzer Kurfürsten Philipp Karl von Eltz vollzieht sich so reibungslos, als hätte es die 22 Jahre währende Dauerherrschaft Peter Altmeiers nie gegeben. Zur Umbildung des Kabinetts, dessen Kernbestand dem Vorgänger bereits nach der Wahl 1967 aufs Auge gedrückt worden ist, reichen Kohl wenige Tage. Schon am Morgen nach dem Abgesang des bisherigen präsentiert der neue und jüngste Regent aller Bundesländer seine erste Regierungserklärung.

Gemessen daran, wie verhärtet die Bonner Parteien und zumal die Union auf die immer noch heftigen Unruhen im Lande reagieren, ist es eine über weite Strecken erstaunliche Rede. Im Jargon der Studentenbewegung wirft er dem zusehends unter Beschuss geratenen etablierten Politikbetrieb «autoritäres Gehabe» vor und bekennt sich ausdrücklich zu grundlegenden Korrekturen. Die in mancherlei Hinsicht fragwürdige «demokratische Wirklichkeit», verlangt er von seinem Team, müsse ernsthaft auf ihre Schwachstellen abgeklopft werden.

Anstatt mit überflüssigen «Machtdemonstrationen» weitere Zwietracht zu säen, soll die verknöcherte Bürokratie den dreieinhalb Millionen Rheinland-Pfälzern ein höheres Maß an Transparenz und Partizipation anbieten – ein Goodwill, dem er sich prompt auch selbst unterwirft. Als Sofortmaßnahme lässt er das schwere, eisenvergitterte Südtor zum Hof seines Amtssitzes öffnen, das zuvor nur die Staats- und Diplomatenkarossen passieren durften. Stattdessen verstopfen schon bald, wie die in Koblenz erscheinende «Rhein-Zeitung» staunt, jede Menge «Parkplatzschnorrer» das Gelände rund um die anmutige Residenz.

Der anfänglich leise Verdacht, Kohl betreibe mit solchen und anderen Initiativen – etwa der Einführung einer alle zwei

Monate stattfindenden «Bürgersprechstunde» – populistische «Symbolpolitik», stört den Ministerpräsidenten nicht. Da er sich in den Kopf gesetzt hat, die von Peter Altmeier verfügte Distanz zwischen den öffentlichen Institutionen und dem Volk zu verkürzen, baut er auf den Beifall derer, die den Bruch mit den überkommenen Konventionen begrüßen.

Und auch sonst verkauft sich der unbekümmerte Kraftmeier aus Ludwigshafen wie kein anderer seiner Kollegen. Um im häufig geschmähten «Land der Rüben und Reben» glaubhaft das junge, der Zukunft zugewandte Gemeinwesen zu verkörpern, legt er besonders auf Stilfragen Wert. Nachdem sich der «Staat der Opas» endlich verflüchtigt zu haben scheint, sollen die nach seinem Geschmack bombastischen Rituale der bislang dominierenden Würden- und Bürdenträger einer neuen Sachlichkeit weichen. Natürlich will er respektiert werden und, wenn die Lokalprominenz das so von ihm erwartet, zur Einweihung von Schulgebäuden oder Umgehungsstraßen «mit Stander und Frau» vorfahren, aber am liebsten ist er einfach «der Kohl».

Sommers bisweilen in Sandalen die Geschäfte zu führen, macht ihm wenig aus, und er findet auch nichts dabei, während der Dienstzeit öffentliche Schwimmbäder aufzusuchen oder seine Sekretärinnen zum Eis in die Mainzer Fußgängerzone einzuladen. In der Pizzabäckerei «Bruno» gilt der ewig hungrige Ministerpräsident als Stammgast – und kommen ihm dort widerspenstige «Halbstarke» in die Quere, geht er keinem verbalen Schlagabtausch aus dem Weg.

Solche Begebenheiten dann unter die Leute zu bringen, ist Teil seiner mittlerweile ziemlich erfolgreichen publizistischen Offensive. Korrespondenten, die darüber berichten, wie er im riesigen Chefzimmer der Staatskanzlei über den Akten sitzt und die in einer Schrankwand eingelassene Stereoanlage anwirft, um sich mit klassischer Musik zu berieseln, sind gerngesehene Gäste. Zu den Klängen Antonio Vivaldis und manchmal schon

«Großvater» und «Enkel»: Wie hier zum 91. Geburtstag Konrad Adenauers am 5. Januar 1967 in Bonn hält sich der Mainzer CDU-Fraktionschef Helmut Kohl gerne in der Nähe prominenter Parteifreunde auf. Mit dem «Alten von Rhöndorf» verbindet ihn von Anbeginn seiner Karriere eine «geistige Verwandtschaft».

am helllichten Tag bei einem guten «Pfälzer Tropfen» über Gott und die Welt herzuziehen, steigert enorm sein Wohlbefinden.

Er liebt es, den arbeitswütigen Chefmanager der ins Schlingern geratenen Firma Rheinland-Pfalz zu mimen, zugleich aber auch verblüffend unangestrengt zu wirken. Getreu dem Motto des 1963 verstorbenen Papstes Johannes XXIII. will er sich «bloß nicht so ernst nehmen». Er habe nie zu den Menschen gehört, erfahren seine Gesprächspartner von ihm, «die sich bereits morgens beim Rasieren fragen, was sie im Lauf des Tages für ihre Karriere tun können».

Die Fakten sprechen dagegen. Sosehr ihm der neue Job gefällt, so wenig stillt er sein Verlangen, auch auf anderen Kriegsschauplätzen mitzumischen. Weder verliert er die nach der Heinemann-Wahl veränderte Lage in Bonn aus dem Blick, noch jene in Ludwigshafen, wo sich die Freunde im Juni 1969 zu einer Stadtratswahl rüsten. Dass er dort darauf besteht, selbst noch als Landesvater die CDU-Liste anzuführen – um danach ein weiteres Mal eine umso peinlicher wirkende Niederlage zu quittieren –, empfindet sogar er selbst später als ein bisschen seltsam.

Doch er kann wohl nur so. Zur Obsession, die Sozis zumindest in seiner Heimatstadt aus dem Feld zu schlagen, gesellt sich die fixe Idee einer permanenten Allgegenwart auf sämtlichen Etagen der Politik. Sich als Lokalmatador und Ministerpräsident mit der Hand auf der Schulter des kleinen Mannes Meriten zu erwerben und gleichzeitig in der Bundespartei seine Vorstellungen durchzusetzen, ist ihm offenbar noch zu wenig. Um dem von Stürmen heimgesuchten Staat ein nach seinem Bilde geformtes «Gesicht» zu geben, fühlt sich der Berserker Helmut Kohl sogar dem «anständigen Teil» der APO verwandt.

Schließlich steht er mit kaum vierzig den revoltierenden Söhnen und Töchtern einer saturierten Wiederaufbaugeneration schon vom Alter her einigermaßen nahe – und auch in ihm rumort ja, wie er häufig genug betont, eine gehörige Portion Widerstandsgeist. Gewalttaten werden natürlich verabscheut, aber den gemäßigten Unruhestiftern mit einer gewissen Sympathie zu begegnen, erfordert sein Selbstverständnis als unerschrockener Tabubrecher. Wie sollte er sonst als Reformer gelten und die von ihm propagierte Rückbesinnung auf die verschütteten immateriellen Werte vertreten können?

Als einer der ersten CDU-Größen beklagt er deshalb lauthals das «schlechte Verhältnis der Unionsparteien zu den Intellektellen in unserem Land». Nachdem Kanzler Ludwig Erhard im Bundestagswahlkampf 1965 deutsche Autoren mit «Pinschern» verglichen hat, ist es Kohl ein Bedürfnis, den entstandenen Schaden zu reparieren. Er bemängelt die Ignoranz seiner Freunde, von Schriftstellern oder anderen Künstlern der Republik gutgemeinte Ratschläge anzunehmen.

Dieses Manko versucht er nun als Regierungschef aus der Welt zu schaffen. Zügig lässt er historisch interessante Bauten unter Denkmalschutz stellen, von Marc Chagall in der Mainzer Stephanskirche Fenster gestalten oder von Henry Moore vor dem sorgfältig sanierten Bahnhof Rolandseck eine Plastik anfertigen. Oskar Kokoschka porträtiert in seinem Auftrag den Dramatiker Carl Zuckmayer, und eine Reihe namhafter Musiker geben sich zu Konzerten ein Stelldichein, die er spendabel aus der Landeskasse bezuschusst.

Außerdem pflegt der Dr. phil. Kohl das persönliche Gespräch. Seine Begegnungen mit prominenten Systemkritikern wie Heinrich Böll oder Joseph Beuys erregen schon bald einiges Aufsehen – doch in Wahrheit ist das kaum mehr als ein PR-Gag. Tiefere Spuren hinterlassen diese Kontakte nicht. Besser gelingt es ihm, zahlreiche Vertreter aus der damals ersten Garde des bundesdeutschen Journalismus um sich zu scharen, die seinen Bekanntheitsgrad beträchtlich erhöhen. In einem folkloristisch angehauchten Weinkeller der Staatskanzlei stilisiert sich der burschikos-generöse Hausherr geschickt zum Mann mit Zukunft, eine Art Geheimtipp der Union.

In seinem Ehrgeiz, alle erdenklichen Möglichkeiten zu nutzen, die ihm der Job beschert, nimmt er eine den Länderchefs zugestandene Befugnis mit besonderem Ernst in Anspruch. Binnen weniger Monate macht der Ministerpräsident ein halbes Dutzend Mal von seinem Recht Gebrauch, zu lebenslanger Freiheitsstrafe verurteilte Gewalttäter zu begnadigen, und nicht selten besucht er die jeweiligen Delinquenten vorher in ihren Haftanstalten. Sich auf solche Weise als letzte Instanz fühlen zu dürfen, gehört zu den Amtshandlungen, die ihn am meisten befriedigen.

Helmut Kohl – in Rheinland-Pfalz der «Baum unter Büschen», wie ihn im Lauf seiner Regentschaft sogar der sozialdemokratische Landesvorsitzende Wilhelm Dröscher preist. Aber nicht bloß der Oppositionsführer erkennt auch seine problematischen Seiten. Weil ihm niemand Paroli zu bieten wagt, verknüpfen sich mit seiner Person zunehmend jene Untugenden, die er bei anderen zu bekämpfen versprochen hat. Was nach erfrischendem Nonkonformismus aussehen soll, entpuppt sich als Egozentrik, und dem Eindruck mancher Medien, dass sich in Mainz ein zu großer Mann auf zu kleiner Bühne bewege, leistet er eitel Vorschub.

Vom ersten Tage an redet der christdemokratische Überflieger praktisch in alles hinein, was auch nur entfernt seinen Vorstellungen widerspricht – und so wichtig ihm stets «das Bauchgefühl» der Partei zu sein scheint, entscheidet er letztlich nach Gutsherrenart. Natürlich gilt das vor allem für sein Küchenkabinett. Dass enge Vertraute wie Hennes Schreiner oder die Büroleiterin Juliane Weber mindestens so einflussreich sind wie die Minister, wird bei Hofe als gleichsam gottgegeben akzeptiert.

Die Unbekümmertheit, mit der der Chef in seinem Team gerne die Rangordnung durcheinanderwirbelt, soll dem Volk vorführen, dass er allein an der Sache orientiert ist, aber der Eindruck täuscht. Seine Kritik an einer, wie er es nennt, «hochgestochenen» Ausübung der Macht ist lediglich insoweit glaubhaft, als ihm Staatsempfänge im Smoking oder jedweder protokollarische Pomp so gut wie nichts bedeuten. Lieber spielt er bei herben Spätlesen und deftigem Saumagen in den Zentren pfälzischen Wohllebens, etwa in Deidesheim oder Bad Dürkheim, den unprätentiösen Gastgeber.

Aber er mag es häufig auch anders – und das mit Verve. Im Weinkeller in Mainz tritt der Spötter und Zyniker hervor, der sich diebisch an seiner Spezialität erfreut, mit allerlei Schabernack Hochstimmung auf Kosten Dritter zu erzeugen. «Bernhard, mach de Aff», befiehlt er dort nicht selten zu vorgerückter Stunde seinem Kultusminister Bernhard Vogel, der danach bereitwillig auf Tischen tanzt. Bei einem der feuchtfröhlichen Gelage stellt sich sogar ein Teil der sozialdemokratischen Fraktion zur Verfügung. Um ihre Trinkfestigkeit zu beweisen, balancieren die Genossen fügsam auf einem von Kohl gezogenen Kreidestrich.

Dabei springt ins Auge, mit welcher Selbstverständlichkeit der neue Regent von seinem Amt Besitz ergreift. Kutschiert er durchs Land – schon damals während der Fahrten vorzugsweise in einer der später berühmten dunkelblauen Strickjacken –, versieht er den Job wie ein politischer Absolutist. Es ist eine Mischung aus Provinzfürst und Kumpel, was ihm die Aura des vertrauenswürdigen Paterfamilias verleiht, aber er spielt auch gern den robusten, bedenkenlos gegen den Strom schwimmenden jugendlichen Schinderhannes.

«Ei, wo sin mer denn, wie hammers denn»: Im trotzig behaupteten, etwas schleppenden pfälzischen Heimatdialekt bekräftigt der Kämpfer Kohl, was ihm zwischen Rhein und Mosel ohnehin niemand mehr bestreitet. In der Staatskanzlei beherrscht er ebenso die Szene wie im Landtag, wo der Ministerpräsident auf seiner Regierungsbank unter einer von ihm eigens herangeschafften historischen Flagge lärmend den Ton angibt. Das im

Original erhalten gebliebene schwarz-rot-goldene Tuch wehte an einem glorreichen Tag deutscher Geschichte bereits über dem Hambacher Schloss.

In seiner Manie, auf den wichtigsten Schauplätzen der rheinland-pfälzischen Politik immer einen Schritt schneller präsent zu sein als alle anderen, sorgt er vor Ort auch gleich für ein Nachtlager. Im Mainzer Palais, wo einst der Feldherr Napoleon seine Zelte aufschlug, bezieht nun im Dachgeschoss der arbeitswütige Helmut Kohl eine winzige Kemenate. Das Interieur des ziemlich schmucklos hergerichteten Junggesellen-Apartments besteht im Wesentlichen aus Nasszelle, Kleiderschrank und Bett.

Sein eigentliches Domizil, das er nach der Wahl zum «ersten Mann im Lande» standesgemäß in ein Villenviertel der Ludwigshafener Vorstadt Oggersheim verlegt hat, nutzt er dagegen nur dann, wenn sich die Heimfahrt noch lohnt. Der ausladende Betonklotz, der in weiten Teilen nach den Wünschen von Ehefrau Hannelore gebaut worden ist, erinnert in seiner kalten Pracht an den Bonner Kanzlerbungalow. Dass sie sich dort mit ihren 1963 und 1965 geborenen Söhnen Walter und Peter zunehmend vereinsamt fühlt, wird bald zum Thema von Interviews, in denen sie unverhüllt die ewige Warterei beklagt. Erscheine der Herr dann endlich doch, bricht es einmal aus ihr heraus, könne man bloß noch «von einem Hund verlangen, dass er sich freut».

Aber Helmut Kohl sitzt nur schweigend dabei, und im Übrigen beschäftigen ihn in diesem Sommer 1969 ganz andere Probleme als die familiären Frustrationen. In Bonn läuft die Legislaturperiode der Großen Koalition aus – und der misstrauische Christdemokrat betrachtet dies fast schon als eine Schicksalsphase in der Geschichte seiner Partei. Für seine seit Frühjahr gehegte Befürchtung, die FDP könne nach dem Coup mit Heinemann im September auch dem Kanzlerkandidaten der SPD, Willy Brandt, zum Sieg verhelfen, gibt es inzwischen neue Belege. Aufgrund seiner traditionell guten Kontakte zu den Liberalen glaubt er zu wissen, wie beängstigend weit die schrittweise Annäherung zum Schaden der Union bereits gediehen ist.

Folglich bedrängt er die Bonner Freunde, die zu Lasten der Freien Demokraten angedrohte Wahlrechtsänderung zu kassieren und sie stattdessen wieder als Bündnispartner ins Kalkül zu ziehen. Aber Kurt Georg Kiesinger, der immer noch strikt an seiner Reformidee festhält, schlägt den Rat in den Wind. Ein Pakt von SPD und FDP scheint für den amtierenden Regierungschef undenkbar.

Und Kohl, der trotz dieser Differenzen im Auftrag des Bundeskanzlers in die Wahlkampfkommission seiner CDU eingebunden ist, reagiert darauf mit Bestürzung. Im Gefühl des baldigen «bösen Erwachens» vernünftige Arbeit zu leisten, fällt ihm zum ersten Mal schwer.

Der Anfang vom Ende der christdemokratischen Macht: Bundeskanzler Kurt Georg Kiesinger sieht sich am Abend des 28. September 1969 bereits als Wahlsieger – bis ihn sein «Bodyguard» Kohl mit den aktualisierten Zahlen konfrontiert, die in Bonn ein Bündnis von SPD und FDP ermöglichen.

Kapitel 4

«AMATEURHAFTE FEHLER»: DAS DUELL MIT RAINER BARZEL

Was sich am Sonntag, dem 28. September 1969, in Bonn ereignet, zählt im politischen Leben Helmut Kohls zu den «brutalsten Erfahrungen»: Schmerzlicher denn je wird ihm klar, dass in der Politik Ruhm und Absturz dicht beieinanderliegen – und mit seinem Gespür für historische Momente, das er schon kurz vor dem Tod Konrad Adenauers oder dem traurigen Abgang Ludwig Erhards bewies, wird er abermals zum Kronzeugen.

Auf den TV-Bildern, die an diesem Wahlabend um die Welt gehen, postiert sich der Christdemokrat im ARD-Studio wie ein wachsamer Bodyguard hinter dem dritten Kanzler der Republik. An Kurt Georg Kiesingers Sieg gibt es nach den stabil erscheinenden Hochrechnungen so wenig Zweifel, dass ihm selbst der US-Präsident Richard Nixon bereits gratuliert. Also kann es nicht schaden, dem alten und neuen starken Mann der Union in den Augenblicken seines Triumphs möglichst nahe zu sein.

Doch dann trifft ihn «der Hammer». Während sich der Regierungschef im Blitzlichtgewitter der Fotoreporter sonnt, wird Kohl ein Zettel mit dem vorläufigen amtlichen Endergebnis zugesteckt, das ihn jäh aus allen Träumen reißt. SPD und FDP, steht dort schwarz auf weiß, haben den vermeintlichen Wahlsieger Kiesinger noch abgefangen – eine Hiobsbotschaft, die er ihm erst auf der Rückfahrt zum Kanzlerbungalow vorsichtig beizubringen versucht. Da sei der «arme Mensch», erinnert er sich, «wie nach einem K.-o.-Schlag» zusammengesackt.

Nun nimmt der quicke Provinzfürst das Heft in die Hand. Immerhin hat er wie kein zweiter Spitzenmann seiner Partei dringend davor gewarnt, den Liberalen «den Todesstoß» zu versetzen, weshalb er sich in jener Nacht, in der die entgeisterten Unionschristen die Macht verlieren, unverzüglich zum Krisenmanager ausruft.

Mit Duldung Kiesingers trifft Helmut Kohl in der sorgsam abgeschirmten rheinland-pfälzischen Landesvertretung seinen engen Vertrauten, den einflussreichen Parlamentarischen Geschäftsführer der FDP, Hans-Dietrich Genscher. Um in buchstäblich letzter Sekunde die geringen Chancen einer Renaissance des früheren «Bürgerblocks» zu wahren, sichert er dem Duz-Freund für «alle Ebenen der Politik» eine langfristige «faire Partnerschaft» zu. Und darüber hinaus: Wenn er denn unbedingt wolle, könne der den Sozialdemokraten zugeneigte Vorsitzende Walter Scheel auch im Bündnis mit der Union Außenminister werden. Etwas vollmundig erweckt der Emissär bei den CDU-Granden danach den Eindruck, dass sich das Blatt noch wenden lässt.

Doch da irrt er sich. Der schon damals ziemlich bewegliche Genscher baut in dieser Phase auf eine Koalition mit der SPD, und die abgewiesenen Konservativen fallen kopflos von einem Extrem ins andere. Ernüchtert registriert Kohl eine monatelang anhaltende Untergangsstimmung, die immer wieder in trotzige Zuversicht umkippt, was ihm ebenso unverständlich ist. Mal wie gelähmt, mal hektisch hyperaktiv, möchte sich die Mehrheit seiner Parteigänger eine Oppositionszeit über die volle Legislaturperiode gar nicht erst vorstellen. Man fühlt sich wehleidig als Opfer.

Obwohl also auch Helmut Kohl mit seiner Rettungsaktion gescheitert ist, versteift er sich machtstrategisch auf die längerfristig einzig erfolgversprechende Position. Zu einer Zusammenarbeit mit dem «Mehrheitsbeschaffer FDP», die Kiesinger aus den Parlamenten «katapultieren» will, gibt es für ihn keine ernsthafte Alternative. Und sosehr er mit diesem Konzept den meisten Parteifreunden auf die Nerven zu gehen scheint, so wenig belastet das sture Beharren seine persönliche Karriere.

Bereits im Dezember kürt ihn die CDU auf ihrem ersten Parteitag nach dem Bonner Desaster zu einem ihrer stellvertretenden Vorsitzenden – mit einer höheren Stimmenzahl, als sie der Ex-Kanzler und Vorsitzende auf sich vereinigen kann. Zudem überträgt sie ihm ein weiteres Mal die Leitung einer Programmkommission. Nachdem die sozial-liberale Bundesregierung unter Willy Brandt und Walter Scheel den Bürgern versprochen hat, «mehr Demokratie» wagen zu wollen, soll der Newcomer die offenkundigen theoretischen Defizite seiner Partei reduzieren.

In einer Zeit des tiefgreifenden Wandels ist das ein enormer Vertrauensbeweis. Neben dem agilen Fraktionschef Rainer Barzel wie dem gleichfalls zum Vize gewählten Senkrechtstarter aus Schleswig-Holstein, Gerhard Stoltenberg, gehört er nun zur schmalen Führungsreserve in der Partei – dabei hilft ihm die stolze Bilanz, die er in Rheinland-Pfalz vorlegen kann. Während sich viele seiner Konkurrenten, wie er nicht ohne Häme vermerkt, bis zur Bonner Wachablösung häufig damit begnügten, «in Staatskarossen durch die Lande chauffiert zu werden», gerät der ehrgeizige Mainzer Multifunktionär immer wieder in die Schlagzeilen. Zwar führen daheim seine verwaltungstechnischen Kraftakte, etwa die Fusion von annähernd 2500 Zwergdörfern zu 200 Großgemeinden oder die Umwandlung der 1500 Konfessionsschulen in christliche Gemeinschaftseinrichtungen, noch vereinzelt zu «Volksaufständen», aber bei der ersten Kommunalwahl danach steht er trotzdem glänzend da.

Zumindest festigt seine Hartnäckigkeit, das kleine und oft genug belächelte Agrarland auf das Durchschnittsniveau der Bundesrepublik anzuheben, seinen Ruf als Mann des Fortschritts. Und tatsächlich dokumentieren 13 000 neue Arbeitsplätze in der chronisch rückständigen Eifel wie die Gründung einer Doppel-Universität in Kaiserslautern und Trier solide Sachkompetenz. Ein Kindergartengesetz und eine umfassende Krankenhausreform, die er durchpaukt, gelten andernorts als vorbildlich.

Umso mehr beflügelt ihn in den Jahren des allgemeinen Aufbruchs, dass er für seine formschwache Union Leitsätze einer zukunftsträchtigen christlich-demokratischen Programmatik formulieren darf, und er legt sich gleich mächtig ins Zeug: An der Spitze einer fast hundertköpfigen Expertenkommission, mit der er am liebsten in der pfälzischen Weinstadt Deidesheim tagt, fordert Kohl die in Bonn dominierende SPD zu einem Wettbewerb um die «zeitgemäßere Volkspartei» heraus. Statt – wie bisher in der CDU üblich – die Bedeutung von Außenbeziehungen und Wirtschaftsthemen besonders zu betonen, rückt er mutig die Innen- und Gesellschaftspolitik ins Zentrum seines Entwurfs. Von der Notwendigkeit, jedem Einzelnen das Recht auf «Selbstverwirklichung» zuzugestehen, bis zum Plädoyer für den «Schutz der Umwelt» fehlt kaum ein Stichwort, das den öffentlichen Diskurs in den stürmischen Siebzigern beherrscht.

Wo immer er das Wort ergreift, nutzt der Jungstar jede Gelegenheit, in der CDU eine grundlegend erneuerte Organisationsstruktur anzumahnen. Die personell verkrustete und außerdem hochverschuldete Bundespartei ist ihm viel zu phantasielos – und wie man das ändert, zeigt er wiederum am Beispiel Rheinland-Pfalz. Im Mai 1970 und damit gerade mal zwei Jahre nach seiner Wahl zum Regierungschef meldet sein eigener Landesverband einen rekordverdächtigen Aufschwung. Er umfasst jetzt mehr als 40 000 Mitglieder, und dank einer vom Vorsitzenden energisch betriebenen drastischen Beitragserhöhung verfügt der Kassenwart über erstaunliche materielle Ressourcen, die er stolz den Medien präsentiert.

Kein Wunder, dass vor allem die regionale Presse solche Ergebnisse bejubelt: Mit einem vergleichbaren «Maximum an Pragmatismus und Minimum an Heilslehre» löse kein anderer Politiker die Probleme, lobt die «Mainzer Allgemeine» und kleidet den systematischen Vormarsch ihres Lokalheroen schwärmerisch in eine besonders blumige Metapher: «Helmut Kohl – pfälzischer Hannibal».

So kann es kaum ausbleiben, dass sich außerhalb seiner Provinz vor allem die nachwachsende Generation in der Partei für ihn begeistert. Auf dem Deutschlandtag der Jungen Union in Braunschweig, wo zum ersten Mal Ende September der Ruf nach einem «Umbau der CDU an Haupt und Gliedern» erschallt, sieht eine starke Minderheit der Delegierten in Kohl nicht nur den künftigen Chef der Partei. Im Falle rascher Neuwahlen möchte ihn der Landesverband Bremen auch gleich zum Spitzenkandidaten ernennen, und nur mit Mühe gelingt es dem Tagungspräsidium, eine bereits beantragte Debatte darüber abzuwürgen.

Auf diesem Kongress nimmt sich der Ehrengast vom Rhein noch zurück, aber es arbeitet in ihm. In sibyllinisch verklausulierten Halbsätzen warnt er vor einem «Verrat am Erbe Konrad Adenauers» – ein im Hinblick auf den misslichen Zustand der CDU etwas schiefes Bild. Dass der pragmatische Urvater seiner Union kein allzu großes Gewicht beimaß, sondern sie eher kalt berechnend als «Kanzlerwahlverein» nutzte, weiß er natürlich, doch solche Feinheiten stören jetzt nur. Es ist der Beginn seiner Manie, in der Partei den «Enkel» zu mimen.

Wie sehr ihn schon der nächste Karrieresprung beschäftigt, offenbart sich umso unverhohlener in einem Gespräch mit dem Publizisten Günter Gaus. Weitschweifig grübelt er da unter dem Deckmantel prinzipieller Erwägungen über das Wesen und die Funktion des Kanzleramtes – laut Kohl, wie er in einer für ihn typischen Mixtur aus Pathos und Demut beklagt, ein «Amt voller Schrecken und Eiseskälte», das im Grunde seinem Verlangen nach «menschlicher Nähe» entgegenstehe. Weil der Job aber gemacht werden müsse, stelle auch er sich selbstverständlich die Frage, ob er dieser Verantwortung gerecht werden könne.

IN DEN STARTLÖCHERN

Dass sich der redselige Christdemokrat bereits 13 Monate nach der Bonner Wende überhaupt ins Herz blicken lässt, erklärt sich nur zum Teil aus seiner Ungeduld. Den eigentlichen Anlass bietet die Bundesregierung, die sich unter Willy Brandt und Walter Scheel eine gewaltige Last an Reformen aufgehalst hat und mit ihrer hauchdünnen Mehrheit zusehends in Not gerät. Sie habe innerhalb einer einzigen Legislaturperiode «ein ganzes Jahrhundert in die Schranken zu fordern versucht», wird ihr später nach dem Rücktritt des ersten sogar der zweite SPD-Kanzler Helmut Schmidt vorwerfen.

Beträchtliche Sorgen bereitet der Koalition vor allem die Ostpolitik, ein in drei Paketen mit Moskau, dem DDR-Regime und dem schwierigen Nachbarn Polen zu schnürendes Vertragswerk, an dem sich die Geister heftig scheiden. Was die sozial-liberale Führung im Sinne einer Entspannung zwischen den Blöcken für unverzichtbar hält, nennen keineswegs nur die CDU-Kritiker einen verhängnisvollen Ausverkauf Deutschlands. Der Streit um die Hinnahme schmerzlicher Realitäten droht in kürzester Zeit auch die FDP-Fraktion zu spalten.

Und in diesem Herbst 1970 scheint das vorzeitige Ende des Bündnisses fast schon besiegelt. Nachdem die Differenzen zwischen den linken und den betont national-liberalen Parteifreunden längst in offene Feindseligkeit umgeschlagen sind, schließt sich der ehemalige Vorsitzende der Freien Demokraten, Erich

Mende, mit seinen Gefolgsleuten Heinz Starke und Siegfried Zoglmann der Union an, die den Konflikt ihrerseits noch schürt. Es sieht nun tatsächlich so aus, als könnten sich in der CDU/CSU jene Hardliner behaupten, die mit ihren plumpen Abwerbungsversuchen darauf setzen, der Regierung die parlamentarische Basis zu entziehen.

Für Kohl, der die Vertragspolitik von Brandt und Scheel jenseits aller verbalen Pflichtübungen weniger dramatisch sieht, ist das eine eher vertrackte Lage: Bei allem Eifer verfügt er über genug Realitätssinn, um sich die Folgen von Neuwahlen auszumalen. Wenn Kiesinger weiter so an Autorität verliere, kalkuliert er wohl zutreffend, würde in den eigenen Reihen der nicht allein wegen seiner Tüchtigkeit gefährliche, sondern mit sechsundvierzig Jahren auch im besten Alter stehende Rainer Barzel in die Schlüsselposition aufrücken. Für einen nur unwesentlich jüngeren Konkurrenten die denkbar schlechteste Variante.

Um den Bonner Fraktionschef so lange wie möglich vom «ersten Zugriffsrecht» fernzuhalten, hofft der Pfälzer deshalb insgeheim auf einen späteren Kollaps der Koalition. Wichtiger ist ihm bis auf weiteres, dem Rivalen das Amt des Parteivorsitzenden streitig zu machen, über das im September 1971 auf einem Konvent in Saarbrücken befunden werden soll. Träte Barzel dort nämlich die Nachfolge Kiesingers an, wäre die Frage der Kanzlerkandidatur – wann immer sie zur Entscheidung anstünde – praktisch nur noch Formsache.

Also versucht er verstärkt, sich selbst ins Spiel zu bringen, und die beste Gelegenheit dazu bietet sich dem Leiter der «Deidesheimer Programmkommission» im Januar auf einem Kongress in Düsseldorf, wo die CDU ihr Konzept für das in jener Zeit heißumkämpfte Mitbestimmungsgesetz verabschieden will. Um da sein Reformer-Image weiter zu polieren, favorisiert er den vergleichsweise progressivsten Entwurf. Das Papier stammt vom Ökonomie-Professor Kurt Biedenkopf und sichert den Arbeit-

Ministerpräsident als Pendler: Weil er auch als «erster Mann im Lande» seinen Wohnort Oggersheim nicht aufgeben will, lässt sich Helmut Kohl in das sechzig Kilometer entfernte Mainz chauffieren – oder steuert, wie hier 1970 auf dem Bahnhof Ludwigshafen, seinen Amtssitz per Zug an.

nehmern in Betrieben mit mehr als zweitausend Beschäftigten eine an Parität grenzende Partnerschaft zu.

Als es aber darauf ankommt, endet die großangekündigte gesellschaftspolitische Richtungsentscheidung in einem Eklat. Zum Entsetzen seiner Anhänger hebt der vermeintlich fortschrittliche Mainzer Ministerpräsident für eine vom hessischen Rechtsausleger Alfred Dregger begründete Version die Hand. Statt, wie fest vereinbart, den linken Sozialausschüssen den Zuschlag zu erteilen, verhilft er so dem konsequent auf seine Privilegien pochenden Wirtschaftsflügel zum Sieg.

«Das war der dümmste Fauxpas meiner Laufbahn», erinnert sich der Elder Statesman Helmut Kohl noch Jahrzehnte später und erklärt den rätselhaften Frontenwechsel hartnäckig zum «reinen Versehen». Als stark beanspruchter Vorständler sei ihm beim Gebrauch der unterschiedlich eingefärbten Stimmkarten schlichtweg ein Irrtum unterlaufen – doch die Zweifel überwiegen. Seit dem Düsseldorfer «Umfall» gilt er selbst für einen Teil der treuesten Spezis als Kompromissler, der mit seiner Kehrtwende vor allem dem der Schlüsselindustrie nahestehenden CSU-Kompagnon Franz Josef Strauß gefallen möchte.

Der Ruf des Unerschrockenen leidet. «Der Kollege», stichelt danach sogar der Kanzler Willy Brandt, habe zwar einen «durchaus interessanten Ansatz» verfolgt, sich aber offenkundig dabei übernommen, also «eigentlich ein bisschen Mitleid verdient».

Doch das hat er kaum nötig. Schon kurze Zeit nach dem peinlichen Absturz folgt im heimischen Rheinland-Pfalz der einstweilige Höhepunkt seiner Karriere. Als er dort das Regierungsamt verteidigen muss, gewinnt die CDU in einer ganz auf ihren Spitzenkandidaten ausgerichteten Kampagne mit 52 von 100 Mandaten nicht nur die in den sechziger Jahren eingebüßte absolute Vormachtstellung zurück; sie feiert sogar den größten Triumph ihrer Geschichte.

Zum ersten Mal gelingt ihm der Nachweis, wie sehr er in Wahlkämpfen, die allein seiner Regie unterliegen, zur Hochform auflaufen kann und Mehrheiten an sich zu binden vermag. Die 1967 noch äußerst erfolgreiche FDP schrumpft stattdessen von 8,3 auf 5,9 Prozent, während die im Parlament mit vier Sitzen vertretene rechtsradikale NPD wieder zur Splitterpartei marginalisiert wird. Dass auch die Sozialdemokraten mit 40,5 Prozent der Stimmen ihr bisher bestes Resultat erreichen, fällt da wenig ins Gewicht.

Insbesondere für die Bonner Parteifreunde ist das Ergebnis wie maßgeschneidert und ein verheißungsvolles Signal an die konservativen Scharfmacher. Das Ziel ihrer Bemühungen lautet nun erst recht, dem schwankenden sozial-liberalen Bündnis den Rest zu geben, indem sich die Opposition den traditionell der CDU zugewandten Teil der FDP einverleibt.

In einer Phase, in der sich die Partei Schritt für Schritt «aufzulösen» beginne, zündelt zum Beispiel Alfred Dregger, müsse den national gesinnten freidemokratischen Abgeordneten eine «neue Heimat» angeboten werden, und er präsentiert ihnen prompt ein Modell: Die Überläufer Mende und Co. sollen innerhalb seines hessischen Landesverbandes zunächst einen «eigenständigen liberalen Arbeitskreis» gründen dürfen, um sich nach einer Zeit der Eingewöhnung peu à peu in der CDU zu assimilieren.

Den Wunsch, die um ihre Identität ringende dritte politische Kraft möge alsbald auf den «rechten Weg» zurückfinden, teilt im Kern auch der Mainzer Kollege – und dennoch hält er strikt an seiner Linie fest. Er stärkt den Liberalen demonstrativ den Rücken, weil er verhindern möchte, dass die FDP, die vor der Wahl von Hans-Dietrich Genscher auf eine Fortdauer der rheinland-pfälzischen Koalition eingeschworen wurde, vollends zerfällt. Großzügig offeriert der gewiefte Profi dem Partner, der mit nur noch drei Mandaten sogar den Fraktionsstatus verspielt hat, das Justizressort, und als die Parteiführung in Bonn dankend ablehnt, findet sich rasch eine Ersatzlösung: Ein wichtiger Verbindungsmann – der Landwirtschaftsstaatssekretär und spätere Bundeswirtschaftsminister Hans Friderichs – darf bleiben.

Im Bewusstsein seiner nahezu unbegrenzten Möglichkeiten vereinbart der rheinland-pfälzische CDU-Chef Helmut Kohl mit seinem freidemokratischen Pendant Hermann Eicher zudem einen außergewöhnlichen Deal: Zum Wechsel entschlossene Parlamentarier, die im Lauf der Legislaturperiode zur jeweils anderen Partei streben, müssen drei Jahre lang warten – eine Maßnahme, die erkennbar dem Bestandsschutz der FDP dient, was in der aufgeheizten Republik für Furore sorgt.

Krasser als mit der «Causa Friderichs» und der spektakulären Schonung der Liberalen lasse sich Kohls Distanz zum Bonner Krawall-Kurs kaum belegen, applaudieren ihm die gemäßigten Medien, und der eigenwillige Pfälzer, der sich an «der Ermordung einer schließlich aus Wahlen hervorgegangenen Partei nicht beteiligen möchte», sieht sich auch sonst wieder im Aufwind. Meinungsforscher bescheinigen ihm im Bundesgebiet eine deutlich ansteigende Beliebtheit.

Andererseits schlägt sich die Akzeptanz durch das Volk in den Führungsgremien seiner CDU eher schleppend nieder. Im Kampf um den begehrten Chefsessel der Partei stehen ihm neben dem zusehends resignierenden Kiesinger und dessen Generalsekretär Bruno Heck vorerst nur ergraute Mitstreiter zur Seite, und auch die Jugendorganisationen können wenig daran ändern, dass der Konkurrent über die weitaus stärkeren Bataillone verfügt. Im Vergleich zu Rainer Barzel, der seit den Tagen des schwarz-roten Bündnisses aufopferungsvoll die Fraktionsgeschäfte managt und dem die Union deshalb zu Dank verpflichtet ist, nehmen sich Kohls Verdienste noch immer bescheiden aus.

Folglich scheut er einen Streit um die jeweilige persönliche Reputation und setzt dem Rivalen stattdessen ein Prinzip entgegen. Während der emsige Oppositionsführer die der CDU/CSU noch verbliebenen Spitzenfunktionen in einer Hand vereinen will, kämpft er für die Trennung der Ämter. Lediglich ein Vorsitzender, der von der Parlamentsriege und ihren tagespolitischen Zwängen «unabhängig» sei, heißt sein Hauptargument, könne sich den nötigen Freiraum verschaffen, die Partei von Grund auf zu erneuern.

So viel «Mumm und Risikobereitschaft» habe bis dahin kein anderer prominenter Christdemokrat je bewiesen, rühmt ihn später sein Pressechef Wolfgang Wiedemeyer, und wie sich bald zeigen wird, entwickelt die vom rauflustigen Pfälzer verkörperte Alternative durchaus ihre Dynamik. Seine beständige Warnung davor, das Junktim des Widersachers werde das Konrad-Adenauer-Haus unweigerlich zum «Wurmfortsatz» der Bonner Fraktionszentrale verkümmern lassen, erzeugt beim Fußvolk die erhoffte Wirkung.

In zahlreichen Orts- und Kreisverbänden kommt es zu «wilden Urabstimmungen», die der spürbar verunsicherte Barzel fast schon in die Nähe linksradikaler Umtriebe rückt. Dass die unteren Gliederungen es wagen, auf vorgedruckten «Wahlzetteln» nach dem für die jeweilige Position «besten Mann» zu forschen, um das Ergebnis dann zur Gaudi der Presse zu publizieren, nennt er vergrätzt einen «ersten Schritt zum imperativen Mandat». Der unbekümmert auftretende Herausforderer dagegen stützt die Aktion. Für ihn ist sie der Ausdruck einer lebendigen, antiautoritären und selbstbewussten Interessengemeinschaft. Zumindest gestattet sich die CDU in diesem Sommer und Frühherbst 1971 einen bemerkenswerten Aufbruch im Geiste der innerparteilichen Demokratie. Helmut Kohl hegt zwar keine Illusionen darüber, dass er der robusten «Alles-oder-nichts»-Methode seines Kontrahenten unterliegen wird, doch er streitet mutig für eine nach seinem Urteil deutlich überlegene Idee.

Oder ist das Ganze nur eine Farce? In den «Erinnerungen», die er drei Jahrzehnte danach zu Papier bringt, scheint es dem Ruheständler ein Bedürfnis zu sein, eine in ihrer tatsächlichen

Entwicklung völlig andere Geschichte zu erzählen. Beim Duell mit Rainer Barzel, schreibt er da lapidar, sei es keineswegs um unterschiedliche Konzepte, sondern um eine mehr als ärgerliche Panne gegangen.

Ausgangspunkt seiner Rückschau ist dabei die «mit einer Reihe von Freunden» gewonnene frühe Erkenntnis, dass der im Volk nicht übermäßig geschätzte Oppositionsführer in einem Bundestagswahlkampf gegen den SPD-Heroen Willy Brandt auf verlorenem Posten steht und die Union sich folglich nach einer anderen Person umschauen muss. Die findet der Zirkel schließlich in Gerhard Schröder, den Kohl darauf einschwört, zunächst die Partei zu übernehmen, während er sich bereit erklärt, ihm als eine Art geschäftsführender Stellvertreter zu assistieren. «Auch weil Hannelore meinte, dass ich auf keinen Fall den Vorsitz anstreben sollte», beteuert der Autor, habe er «nicht die geringste Absicht» gehabt, es selbst zu machen.

Doch der seinerzeit bereits einundsechzigjährige (und für ihn deshalb als Übergangslösung geeignete) Grandseigneur der CDU ignoriert die angeblich feste Absprache. In einem ohne Vorwarnung veröffentlichten Interview überrumpelt er den Kompagnon mit der Einschränkung, in diesem Gespann allein den Part des Kanzlerkandidaten spielen zu wollen, und so zerschlägt sich der listig ausgetüftelte Plan. «Um nicht als Kneifer dazustehen», beklagt sich Kohl in seinen Memoiren, habe er die ursprünglich auch von ihm klar favorisierte Bündelung der Kräfte schweren Herzens verworfen: «Die Ironie der Geschichte wollte es, dass er (Barzel) damit genau meine Position vertrat, die ich selbst gezwungenermaßen verleugnen musste.»

Was treibt ihn zu dem Geständnis, auf das er im Nachhinein großen Wert zu legen scheint? Dass Kohl seit eh und je das sehr viel klarere Konzept seines Rivalen tatsächlich für das einzig erfolgversprechende hält, beweist er später zur Genüge. Als er da jahrzehntelang bedenkenlos an allen Schalthebeln der Macht hantiert, ist ihm eine wie immer geartete höherwertige Philosophie, die nach Ämtertrennung verlangt, ziemlich schnuppe.

Aber bei seinen zu Beginn der Siebziger noch äußerst geringen Chancen, auf Anhieb sowohl die Parteispitze als auch die Führung in der Fraktion (und damit zwangsläufig die Kanzlerkandidatur) für sich zu erobern, bleibt ihm zunächst offenkundig nur der sorgfältig verschleierte Stufenplan. Den stilisiert er mit Hingabe zur hehren Tugend – eine Strategie contre cœur.

Und vermutlich liegt es auch an diesem theoretischen Notbehelf, dass seine Kampagne bald ins Leere läuft. Zwar zieht der nervenstarke Kämpfer in einer wochenlangen Wahlwerbetournee, wie es sie in der Union so noch nie gegeben hat, sämtliche Register. Er sammelt als aufgekratzt menschelnder «Fröhlicher Weinberg» gegen den im Vergleich dazu ungelenk wirkenden Rainer Barzel einige Sympathiepunkte, aber in der entscheidenden Sachfrage kommt er kaum vom Fleck. Der vermeintlich besseren Alternative, die er den Freunden vorgaukelt, fehlt es erkennbar an innerer Glaubwürdigkeit.

So setzt sich am Ende die Machtlogik durch. Die nach zwei Jahren noch immer auf die Oppositionsbänke verbannten CDU-Delegierten möchten auf ihrem Parteitag in Saarbrücken möglichst rasch aus dem Jammertal erlöst werden und votieren mit großer Mehrheit, wie es etwa der Parlamentspräsident Kai-Uwe von Hassel leidenschaftlich fordert, für die «in einer Person konzentrierte höchste Autorität». Der am Finaltag seltsam fahrige und beinahe lustlose Helmut Kohl dagegen bleibt mit 174:344 Stimmen deutlich unter seinen Erwartungen.

Dass er sich gründlich verzockt hat, schiebt er reumütig auf «amateurhafte Fehler».

Kapitel 5

«MANN DER MITTE»: AUFSTIEG ZUM PARTEI-VORSITZENDEN

Nur wenige Stunden nach seiner bisher empfindlichsten Niederlage zieht sich der Herausforderer auf vertrautes Gelände zurück. Umgeben von engsten Kampfgefährten, verbringt er den Abend in einem Nachtquartier im siebzig Kilometer entfernten Kaiserslautern. Wie intensiv ihn dort, im noblen Hotel «Präsident», der Verlauf der Vorstandswahl noch beschäftigt, wird von Kohl überspielt – statt sich in unproduktiver Manöverkritik zu ergehen, erzählt er in feuchtfröhlicher Runde nicht ganz stubenreine Witze.

Er möchte «den unerfreulichen Vorgang», so zitieren ihn anderntags mitgereiste Berichterstatter, möglichst schnell abhaken. Und er hat ja allen Grund. Immerhin haben ihn die Delegierten mit der höchsten Stimmenzahl als einen der Stellvertreter Barzels bestätigt; also ist er jetzt in der CDU-Hierarchie der zweite Hoffnungsträger – und für den Fall, dass der erste Mann scheitern sollte, die personell wie inhaltlich aussichtsreichste Führungsreserve.

Aber bis auf weiteres gibt der neue Chef die Richtung vor. Während sein Vize in der Provinz etwa das «Landesgesetz über die Tierseuchenkasse» novellieren darf, bestimmt der Sieger von Saarbrücken auf der großen Bühne den Kurs. Erklärte Gefolgsleute seines Rivalen wie der Generalsekretär Bruno Heck werden kurzerhand ausgetauscht und die zu Recht beklagten Lücken in der Zusammenarbeit von Partei und Fraktion binnen weniger Wochen geschlossen. Dass Rainer Barzel über eine gehörige Portion an Organisationsgeschick und Gestaltungswillen verfügt, hält ihm selbst Helmut Kohl zugute.

Auch den nächsten spektakulären Erfolg seines Kontrahenten muss er akzeptieren. Bereits im November sieht sich der dynamische Westpreuße – was der Pfälzer nicht ohne Neid vermerkt – «endlich am Ziel seiner Träume»: Eine Verhandlungskommission von CDU und CSU kürt ihn zum Kanzlerkandidaten. So reibungslos wie in diesen Monaten funktioniert die Union danach nur noch selten.

Und dem Kollegen aus Mainz, der mit seiner Lage spürbar hadert, bleibt nichts anderes übrig, als sich sittsam in Loyalität zu üben. Dabei hilft ihm, dass die neue Leitfigur von vornherein darauf verzichtet, ihn mit Angeboten einzubinden. So kann er das Bonner Getriebe, das vor allem auf dem Felde der Ost- und Entspannungspolitik die Beteiligten zunehmend aufreibt, aus relativ sicherer Distanz beobachten. Der notorisch ungeduldige Helmut Kohl erlernt – wofür er später gleichermaßen Spott wie Bewunderung ernten wird – die Kunst des «Aussitzens».

Er will «in Demut» ertragen, erklärt er den Mitstreitern daheim, dass zwischen Barzel und ihm «die Chemie einfach nicht stimmt», aber in seine Schwüre, alle persönlichen Vorbehalte seien selbstverständlich den Interessen der Partei unterzuordnen, fließen dann doch einige eher unfromme Bemerkungen. In kaum verhüllten «Hintergrundgesprächen» mit Journalisten skizziert er im Weinkeller seiner Staatskanzlei gerne Szenarien, die den forschen Spitzenmann in einer Zwangslage sehen: Da der «große Meister» das Duell mit der vollmundigen Absicht für sich entschieden habe, jederzeit die schwächelnde Koalition abzulösen, müsse er auch «so bald wie möglich liefern».

Zwei Parteifreunde, bei denen «die Chemie nicht stimmt»: Nach ihrem Ringen um den CDU-Vorsitz stellen sich der Sieger Rainer Barzel und der schwer geschlagene Helmut Kohl im Oktober 1971 in Bremen den Fotografen. Das Bild hat Seltenheitswert – die beiden Rivalen haben einander kaum etwas zu sagen.

Dass Barzel nach seinem Saarbrücker Heilsversprechen einer schnellen Rückkehr zur Macht unter beträchtlichen Erfolgsdruck geraten wird, steht für ihn außer Frage. Es ist der Schlüssel zu seinem Aufstieg nicht nur in der CDU, sondern hat vor allem den CSU-Boss Franz Josef Strauß bewogen, dem Chef der Schwesterpartei für einen klar erkennbaren Preis die einstweilige Partnerschaft anzudienen. Aus der Warte Kohls besitzt der im Grunde viel zu früh nominierte Kanzler in spe entweder genügend Fortune, bei der ersten Gelegenheit ins Palais Schaumburg einzuziehen – oder er schafft es nie.

Doch auch für Kohl steht einiges auf dem Spiel. Käme der Rivale tatsächlich zum Ziel – was immerhin heißen würde, der FDP den Frontenwechsel abzupressen oder sie notfalls zu spalten –, bliebe ihm als Trostpflaster auf unabsehbare Zeit bloß der Job in Mainz. Kein Wunder also, dass die Korrespondenten bei Hofe einen zur Jahreswende 1971/72 häufig in sich gekehrten Ministerpräsidenten erleben. Da ihn die Geschäfte vor Ort nicht auslasten, kreisen seine Gedanken meistens um eine ziemlich ungewisse Zukunft.

Der bis dahin so impulsiv auftrumpfende «Riese» scheint zunächst einmal in Ketten gelegt zu sein, doch er bleibt nicht untätig. Nachdem sich der Wind zu drehen begonnen hat und der Aufbruchsstimmung im Lande eine spürbare Ernüchterung folgt, entwickelt sich aus dem forschen ein deutlich gebremster Modernisierer. Statt weiterhin der ursprünglich auch von ihm geforderten Veränderung der gesellschaftlichen Verhältnisse das Wort zu reden, warnt er nun ebenso eindringlich vor überzogenen Experimenten und einer Bonner «Reformhuberei».

Anstelle des immer noch grassierenden «pseudorevolutionären Gehabes», wettert der jetzt erstaunlich flexible Pfälzer in seinen Polit-Predigten, müssten die Menschen zu einer Vernunft zurückfinden, die «die Lehren der Evolution» berücksichtige. Und die Mission hat Methode: Wie es ihm bereits bei seiner

Landtagswahl eindrucksvoll gelang, soll sie den bis dahin radikalen Reformer Kohl vom Ruch unangemessener Fortschrittsgläubigkeit befreien, um in der Bundespartei seine Basis zu verbreitern. Der junge Wilde, der zuvor eher der christdemokratischen Arbeitnehmervertretung und der nachwachsenden Generation zugeordnet wurde, erfindet sich konsequent als «Mann der Mitte».

Außerdem erweitert er beharrlich sein Beziehungsgeflecht. Schließlich ist ihm seit Saarbrücken klar, dass es bei seinen Ambitionen nicht ausreicht, nur von der alten Garde um Ex-Kanzler Kiesinger, Eugen Gerstenmaier und Heinrich Krone oder den wichtigsten Multiplikatoren der Jungen Union und des RCDS gemocht zu werden. So gerne sich der stellvertretende Vorsitzende, der die Hauptstadt eine Zeitlang meidet, mit «Köpfen» schmückt, so einfühlsam umwirbt er jetzt «in der Fläche» die eher namenlosen Parteigänger. Die Tagesfragen überlässt er gern «den Bonnern» – aber schon bald nach dem Aufstieg Barzels spitzt sich dort die Lage so zu, dass ein Show-down mit der maroden Regierung unausweichlich erscheint.

Am 24. April 1972 locken gleich zwei Ereignisse den Mainzer Premier aus der Reserve. Tags zuvor ist der CDU bei der Landtagswahl in Baden-Württemberg mit 52,9 Prozent ein grandioser Triumph beschert worden, und in der FDP hat sich nach dem Abmarsch der Gruppe um Erich Mende auch der nationalliberal gesinnte niedersächsische Bauer Wilhelm Helms aus seiner Fraktion verabschiedet. Ohne den bereits im Februar davongelaufenen sozialdemokratischen Vertriebenenfunktionär Herbert Hupka fehlt dem Bündnis jetzt erstmals die Mehrheit.

Die Gremien der Union müssen entscheiden, ob sie es wagen sollen, der kurzen Ära Willy Brandt ein abruptes Ende zu bereiten – doch so gerne er den Kanzler stürzen möchte, plagen Barzel Zweifel. Nach einem erfolgreichen konstruktiven Misstrauensvotum mit kaum berechenbaren Dissidenten die Amtsgeschäfte zu führen, ist ihm nicht geheuer, weshalb er sich bei einigen Freunden abzusichern sucht. Kohl zählt dabei erstaunlicherweise zu den wichtigsten Ratgebern.

Redet der seinen Vorsitzenden, wie es einige Monate später die «Süddeutsche Zeitung» schreibt, ganz bewusst in das «Abenteuer» hinein? In Anbetracht des niederschmetternden Resultats ist diese zutreffende Recherche für ihn wenig schmeichelhaft, aber er steht zu seiner Empfehlung. Es sei ihm trotz des «unvermeidlichen Risikos, das ein solches Verfahren bedeutete», belehrt er seine Kritiker, allein um den «Biss zur Machtübernahme» gegangen. Nach den vielen pausbäckigen Ankündigungen habe die Opposition ihre Glaubwürdigkeit nicht aufs Spiel setzen dürfen.

Unter Mitwirkung der Ost-Berliner Stasi, die zumindest einen der CDU-Parlamentarier aus Barzels Gefolgschaft herauskauft, schlittert die Union am Morgen des 27. April unversehens in ihre bis dahin schwerste Krise. Der konsternierte Spitzenkandidat bringt es nur zu einem Patt, und sein innerparteilicher Widerpart zeigt sich immerhin «betroffen». Dass es zu mehr als dieser lauwarmen Form des Mitgefühls nicht reicht, liegt auch an dem lähmenden Status quo: Da Barzel nicht daran denkt, seine Ansprüche aufzugeben, bleibt in Bonn, so der enttäuschte Konkurrent, «alles beim Alten».

In Wirklichkeit arbeitet die Zeit schon für ihn. Die Strahlkraft des knapp gescheiterten Oppositionsführers hat spürbar gelitten, und sein Comeback ist mehr als unwahrscheinlich, denn der deutlich wiedererstarkte Kanzler nimmt danach das Heft in die Hand. Willy Brandt bezieht aus dem verfassungsrechtlich legitimen, aber von vielen Menschen schlicht als unanständig empfundenen «Putschversuch» so viel Selbstbewusstsein, dass er nun seinerseits energisch Neuwahlen anstrebt.

Und die Deutschen erleben einen politisch turbulenten Sommer, wie es ihn so noch nie gegeben hat. Weil die Sowjetunion darauf besteht, das im September 1971 ausgehandelte Abkommen über die Freiheit West-Berlins nur unter der Bedingung umzusetzen, dass der Bundestag die mit Moskau und Warschau vereinbarten Gewaltverzichtsverträge ratifiziert, müssen die bis ins Mark verfeindeten Bonner Parteien wohl oder übel paktieren. Dabei gelingt es Barzel sogar, seine Fraktion auf der Basis einer «gemeinsamen Entschließung», die das Ziel der Einheit festschreiben soll, zur Stimmenthaltung zu bewegen.

Der in Sachen Ostpolitik noch eher indifferente Kohl befürwortet das komplizierte Procedere, mit dem sich die Union aus ihrer unproduktiven Verweigerungshaltung befreit – aber das ändert nichts an seiner Beurteilung der innenpolitischen Lage. Dass gegen den Kanzler und Friedensnobelpreisträger bei den mittlerweile auf November vorgezogenen Wahlen kein Kraut gewachsen sei, hält er selbst dann noch für eine «bombensichere Prognose», als der Regierung mit dem Superminister Karl Schiller sogar eine ihrer zentralen Figuren abhandenkommt. Die Lichtgestalt Willy Brandt, belehrt er Freunde in einer Mischung aus Spott und Bewunderung, werde von weiten Teilen des Volkes «wie ein neuer Messias verehrt».

In solchen Augenblicken findet er Gefallen daran, in seinem rheinland-pfälzischen Winkel zu überdauern. Während sich in der Bundesrepublik die Gesellschaft zu spalten beginnt, erfreut sich der Provinzfürst in Lauerstellung daheim an den Erfolgen seiner Regentschaft, die ihn klar aus dem christdemokratischen Mittelmaß herausheben. In Umfragen bewerten 56 Prozent der Menschen – und darunter immerhin ein Drittel SPD-Anhänger – seine Leistungen positiv.

Da kann er es sich erlauben, etwa auf dem Gebiet der Außen- und Deutschlandpolitik konsequent Nachhilfeunterricht zu nehmen. Wie er sich selbst eingesteht, ist er in dieser Hinsicht dem fleißigen Rainer Barzel noch deutlich unterlegen, weshalb er für seinen berühmten Mainzer «Talentschuppen» einen weiteren, hochqualifizierten Experten anheuert. Der vom Landesvater eröffneten glorreichen Perspektive – «... weil ich eines Tages Kanzler sein werde» –, so erinnert sich der damals 33-jährige Politologe Horst Teltschik, sei er gerne gefolgt.

Und Helmut Kohl nähert sich wieder dem schwierigen Bonner Gelände. Als stellvertretender CDU-Chef hat er den Ehrgeiz, dem erheblich angeschlagenen Oppositionsführer nach Kräften unter die Arme zu greifen. An seiner Loyalität soll kein Zweifel bestehen – bis zum Ende der Wahlkampagne 1972 bringt er insgesamt sogar mehr Veranstaltungen hinter sich als der Spitzenkandidat.

Doch da er gleichzeitig davon überzeugt ist, in dieser Phase der Republik könne weder Rainer Barzel noch irgendein anderer Bewerber sich mit dem populären Kanzler messen, sieht er in seiner Rackerei eine Investition für den «Tag danach» – und so kommt es dann auch: Am Abend des 19. November wird die SPD tatsächlich stärkste Kraft, während die auf 44,9 Prozent der Stimmen geschrumpfte Union das schlechteste Resultat seit Gründung des Bonner Teilstaats einfährt. Das Schicksal des abermals entzauberten Hoffnungsträgers ist damit praktisch besiegelt.

Sosehr die vom Willy-Brandt-Hype überrollte Nummer eins bisher auf den Beistand der CSU bauen durfte, so schonungslos präsentiert ihm die kleine Schwesterpartei nun die Rechnung. Um die Existenz der zu keiner Zeit in Frage gestellten Fraktionsgemeinschaft gibt es ein wochenlanges Gezerre, und am Ende verliert der Vorsitzende sein Gesicht: Von den 234 Abgeordneten versagt ihm nahezu jeder dritte die Gefolgschaft – statt die volle Legislaturperiode im Amt bleiben zu dürfen, muss er sich künftig Jahr für Jahr um den Auftrag bemühen.

Helmut Kohl registriert die Demontage Barzels mit der üblichen sittlichen Empörung. Wortreich beklagt der Pfälzer vor Freunden die «Kaltherzigkeit», die in der Bundeshaupt-

Herrschaftsinstrument Telefon: Zum Leidwesen seiner Ehefrau Hannelore hält sich der Netzwerker Helmut Kohl – hier im Mai 1970 als rheinland-pfälzischer Ministerpräsident – selbst in privater Umgebung jederzeit zur Kontaktpflege bereit.

stadt herrsche und die vor allem Franz Josef Strauß verkörpere, aber er selbst verhält sich genauso rigoros. Obgleich ihm nach Schuldzuweisungen angeblich nicht der Sinn steht, bombardiert er seinen Chef bedenkenlos mit Vorwürfen: Die weiterhin intellektuellenfeindliche Union habe sich außerstande gezeigt, in der Deutschland- und Gesellschaftspolitik ihre Schwächen zu überwinden, und noch weniger sei sie in der Lage gewesen, Frauen und Jungwähler für sich zu gewinnen.

Eine Partei, sagt ihm seine Erfahrung, die sich schon früher nie gescheut hat, selbst Schwergewichten wie dem populären Ludwig Erhard die Grenzen zu stecken, werde den «Autoritätsverfall» ihrer «gegenwärtigen Führungsspitze» nicht lange ertragen. Weil er aber keineswegs sicher sein kann, dass er dann automatisch selbst zum Zuge käme, weil er das beliebte Nordlicht Gerhard Stoltenberg als Konkurrenten fürchten muss, fühlt er sich zum Handeln gezwungen. Pietätvoll wartet er die besinnlichen Tage der Jahreswende noch ab, um gleich nach Silvester ein zweites Mal seinen Hut in den Ring zu werfen.

Gegen den Rat von Frau Hannelore, die ihn vornehmlich aus familiären Gründen bittet, auf zusätzliche Belastungen zu verzichten, teilt der Mainzer Ministerpräsident dem Vorsitzenden in einem knappen, förmlichen Brief unverblümt seine Absichten mit. Dass er die Kampfkandidatur in Pressegesprächen zu einem Opfergang stilisiert – er habe sich als «Parteisoldat» von zahlreichen, um die Zukunft der CDU besorgten Weggefährten «in die Pflicht nehmen lassen» –, gehört für Kohl zum Ritual.

Nach einer Klausurtagung, die erstaunlich geräuschlos verläuft und auf der niemand gegen ihn anzutreten wagt, ist er nun wieder ganz mit sich im Reinen. Wie ihm «jede Menge» Ergebenheitsadressen beweisen, braucht er auf dem kommenden Wahlkongress um den nötigen Rückhalt kaum noch zu bangen, und so geht er sofort in die Offensive: Da man mit dem sozial-liberalen Bündnis einstweilen leben müsse, signalisiert der Bewerber den

Gremien, werde er sein Regierungsamt selbstverständlich weiterhin ausüben. Zugleich kündigt er an, wann immer er das für nötig halte, im Bundestag zu reden.

DER STRATEGE

Helmut Kohl, der Kärrner und Diener, entwickelt sich nun Schritt für Schritt zum notorischen Machtmenschen, der von seiner arg gebeutelten Partei ungeniert Besitz ergreift. Schließlich liegt die Union nach seinem Befund derart «am Boden», dass sich ihre Spielräume erheblich verengt haben. Er dagegen erhält bereits im März 1973 die höchsten Weihen: Für das New Yorker «Time Magazine» zählt er in einem Porträt zu den wenigen Politikern, die «dieses Jahrhundert verändern können».

Bei solchen Aussichten erscheint es nur schwer verständlich, dass er sich andererseits immer noch für eine Trennung der wichtigsten Ämter in die Bresche wirft, aber die komplizierte Gemengelage verlangt das so: Weil er sich bis zur Kanzlerkandidatur 1976 alle Optionen offenhalten und also zunächst auch die ein Jahr vorher zur Wahl stehende Regentschaft in Mainz behaupten möchte, muss er sich zwangsläufig bescheiden. Über einen Einzug ins Palais Schaumburg sprechen in diesem für die Union tristen Frühjahr nur noch Träumer, weshalb er seiner Partei «mehr Geduld und Würde» empfiehlt. Während sich Rainer Barzel mit der Ostpolitik herumschlägt, deren besonders umstrittener Abschnitt, der sogenannte Grundlagenvertrag mit der DDR, in seine entscheidende Beschlussphase eintritt, versucht der Herausforderer die CDU zu therapieren. Er will ihr «das Hektische und Hechelnde» nehmen und den von Willy Brandt bevorzugten eher weichen Themen ein «glaubwürdiges und ohne Selbstgerechtigkeit» aufbereitetes Konzept «nach dem christlichen Sittengesetz» gegenüberstellen.

Würzte er als jugendlicher Rebell seine Attacken auf Freund und Feind noch gerne mit einem kräftigen Schuss Süffisanz, findet der nun dreiundvierzigjährige Helmut Kohl zusehends an einer väterlichen Rolle Geschmack: Leicht verquaste theatralische Passagen sind ihm in seinen Reden nie ganz fremd gewesen – aber jetzt, wo er sich anschickt, in einem zweiten Anlauf in die Fußstapfen Konrad Adenauers zu treten, wuchert in ihm das Inbrünstige und Pastorale zum alles durchdringenden Stilmittel.

Um «die Liebe der Menschen für eine freiheitliche Demokratie zu gewinnen», beginnt er seinen erschlafften, zugleich aber auch zersplitterten konservativen Interessenverbund als «Familie» zu verbrämen: Was «im privaten Leben vernünftig, gut und anständig» sei, verkündet der neue Heilsprediger feierlich unter Berufung auf den französischen Staatsphilosophen Alexis de Tocqueville, gelte «genauso für die CDU und CSU». Die Union lediglich als «Wahlmaschine» reparieren zu wollen, reicht ihm nicht. Ihre Schlagkraft, wie er sie in den ersten Nachkriegsjahren bewundert hat, glaubt er nur dann wiederherstellen zu können, wenn sich beide Parteien verstärkt den immateriellen Werten zuwenden.

Doch zunächst schöpft Kohl seine Kraft aus der Krise der Opposition. Je schmerzlicher die christdemokratische Kamarilla um den erfolglosen Partei- und Fraktionschef ihren tiefen Fall empfindet, desto größere Chancen sieht er für sich, dem Rivalen den Schneid abzukaufen. So sucht er schon auf der Klausurtagung nach Möglichkeiten, die ersehnte Abwahl Rainer Barzels durch eine Terminvorverlegung zu beschleunigen, aber dann zuckt er zurück. Wer den «Königsmord» selbst begeht, weiß er aus der Geschichte, wird danach nur selten zum Thronfolger gekürt.

Dass sich die Ausgangslage für Helmut Kohl binnen Wochen auch ohne eigenes Zutun stark verbessert, liegt an den obskuren Kapriolen, die seine Union in diesem Frühjahr in Sachen Ostpolitik schlägt. Als Ministerpräsident und Sprecher der CDUregierten Länder fällt ihm die undankbare Aufgabe zu, im Bundesrat den Grundlagenvertrag abzulehnen, um andererseits dem Beitritt beider deutscher Staaten zu den Vereinten Nationen zuzustimmen. Etwas beklommen hält er den zuvor im Parteipräsidium mühsam ausgekungelten Kompromiss für einen ziemlich verqueren Spagat, aber selbst auf Rechtsaußen lässt man ihn wortlos gewähren.

Zum Eklat kommt es erst im Mai, als Rainer Barzel das Modell für die Fraktion übernimmt. Die Mehrheit versagt ihm die Unterstützung, indem sie eine UN-Mitgliedschaft bei gleichzeitiger Aufnahme der DDR zurückweist – in der Karriere des fassungslosen Chefparlamentariers, der vor allem von den CSU-Abgeordneten brutal desavouiert wird, ist das praktisch der Fangschuss. Nach einer kurzen Bedenkpause zieht der noch anderthalb Jahre zuvor umjubelte Hoffnungsträger nicht nur als Oppositionsführer die Konsequenzen, sondern verzichtet auch auf eine erneute Kandidatur für den CDU-Vorsitz.

Helmut Kohl bleibt dennoch wachsam. Wie sprunghaft und damit unberechenbar die Union in diesen Wochen ist, zeigt sich insbesondere in der Fraktion. Im Kampf um die Nachfolge Barzels gelingt es weder Richard von Weizsäcker noch Gerhard Schröder – beide Männer, die dem Pfälzer gut ins Konzept gepasst hätten –, eine auch nur annähernd ausreichende Zahl von Anhängern zu mobilisieren.

Stattdessen trägt mit dem neunundfünzigjährigen, über die schleswig-holsteinische Landesliste nach Bonn vorgestoßenen Karl Carstens ein Parteifreund den Sieg davon, den er bis dahin nicht auf der Rechnung gehabt hat. Dass die Kollegen aus dem Bundestag ihre wichtigsten Personalien offenkundig im Alleingang zu regeln beginnen und der in Bremen geborene Jurist, der dem Parlament erst seit einem halben Jahr angehört, deutlich mehr Stimmen auf sich vereinigt als Weizsäcker und Schröder zusammengenommen, ist dem stets misstrauischen Kohl suspekt.

Die verunsicherte CDU-Spitze gerät aber auch auf sachpolitischem Gebiet zusehends ins Abseits. Weil der Vertrag mit der DDR angeblich gegen das Wiedervereinigungsgebot des Grundgesetzes verstößt, beantragt die von Franz Josef Strauß am Gängelband geführte bayerische Staatsregierung eine Einstweilige Verfügung beim Bundesverfassungsgericht – und wieder wird das Präsidium der Christdemokraten vorher mit keiner Silbe davon unterrichtet. Das Siechtum Barzels, analysiert sein Stellvertreter, setzt die «organisatorischen und Leitungsstrukturen» der Union einem «gefährlichen Zerfallsprozess» aus.

Um diesen Niedergang zu stoppen und gleichzeitig zu verhindern, dass ihm über die Sommermonate ein Konkurrent erwächst, drängt der Machtstratege Kohl nun doch zur Eile. Mit seinen Anhängern ersinnt er die Hilfskonstruktion eines zweigeteilten Parteitages, dessen erste Hälfte bereits im Juni in Bonn stattfinden und ausschließlich der Wahl einer neuen Führungscrew vorbehalten sein soll.

Unterdessen regt sich in der CDU kein Widerstand mehr. Nach den eher kurzatmigen Pragmatikern, die das vielzitierte «Erbe Adenauers» in einem knappen Jahrzehnt weitgehend verwirtschafteten, hoffen die Konservativen erstmals auf die Renaissance aus der Provinz. Ein bodenständiges Kraftpaket von robustem Knochenbau und – wie es den Anschein hat – sensibler Seele soll endlich die Chance kriegen, der ausgelaugten Opposition innere Stabilität zurückzugeben.

Niemand will ihm den Vorsitz streitig machen, und so kreisen die wichtigsten Parolen, die Kohl bis zum Wahltag unter das Volk streut, um die später häufig belächelte «geistige Erneuerung». Bei der Frage nach der «moralischen Statur der Demokratie», sagt er da, gehe es vor allem um «das Recht auf personale und soziale Vervollkommnung des Einzelnen», also um «Werte, die der Christ die Erfüllung des Menschen in seinem irdischen Sein nennt». In der Außen- und Deutschlandpolitik will er als Patriot in erster Linie der «beinahe schon amtlich verordneten Tendenz zur Geschichtslosigkeit» Einhalt gebieten.

Etwas gewöhnungsbedürftig ist die ausschweifende Kohl'sche Rhetorik schon, als der frischgekürte Vorsitzende in der Bonner Beethovenhalle die CDU zu «konkreter Standortbestimmung» aufruft. Dass er mit 520 von 600 Stimmen weit hinter dem populäreren Stellvertreter Gerhard Stoltenberg rangiert, spiegelt deutlich die Bedenken.

Doch das macht ihm offenbar nichts. Bestens gelaunt zitiert er seine Frau Hannelore, deren Bonmot der neue Star der Christdemokraten durchaus als Warnung verstanden wissen möchte: «Wer ihn mal hat, der hat ihn lange» – den könne man notfalls nur noch «wegprügeln».

Nach wenig ertragreichen Jahren in der Opposition feiert die CDU auf dem Bonner Bundesparteitag am 16. Juni 1973 ihr neues «Gravitationszentrum»: Helmut Kohl und sein Generalsekretär Kurt Biedenkopf gelten als unzertrennliches Gespann, leben sich aber schon bald auseinander.

Kapitel 6

«DAS GLITSCHIGE BONN»: VOM PARTEICHEF ZUM KANZLER-KANDIDATEN

Dass der nach Adenauer, Erhard, Kiesinger und Barzel fünfte Chef der Christlich-Demokratischen Union Deutschlands die Lage der Partei sehr viel düsterer malt, als sie tatsächlich ist, will ihm unter den Delegierten niemand verargen. Den Seinen zunächst die Notwendigkeit eines grundlegenden Neuanfangs vor Augen zu führen, um sich dann selbst als Wegweiser aus dem Tal der Tränen zu empfehlen, gehört für Helmut Kohl vom ersten Moment an zum Rüstzeug einer politischen Leitfigur.

Am Ende seiner Jungfernrede, die mit den üblichen Bauernregeln gespickt ist, hat er jedenfalls den Eindruck, dem Gros der Versammelten nicht nur deshalb «aus der Seele gesprochen» zu haben, weil er ihren Jammer teilt. Die langanhaltenden Ovationen gelten einem Mann, der den parteiinternen Reformeifer auch durch seine pralle Vitalität beglaubigt.

Der Kern der Botschaft lautet, den Träumern in der CDU den überfälligen Realitätssinn zu vermitteln. Die sorgsam gepäppelte Selbsttäuschung, sie sei die eigentlich rechtmäßige Regierungspartei, die bloß widrige Umstände daran hinderten, ihrer wahren Bestimmung zu entsprechen, soll nun endlich einer vernünftigen Einschätzung weichen. Wer sich an die Macht zurücksehne, verlangt der Chef, habe bis auf weiteres die aktuellen Gegebenheiten zu respektieren, um eine neue Identität herauszubilden.

Die aber lässt sich nach seiner Analyse nur formen, wenn sich die Union in all ihren Gliederungen – «vertikal und horizontal» – als ein «großes Ganzes» empfindet, also die Kommunal-, Landes- und Bundespolitik nicht als getrennte Kategorien behandelt. Wie einst der Schüler und Student Helmut Kohl, will jetzt auch der Vorsitzende die CDU, die er in zahllose unproduktive Flügelkämpfe zerfasern sieht, um ein tonangebendes Zentrum herum zur monolithisch strukturierten «Volkspartei» formen.

Und der Mann, den er zu diesem Zweck ins Gefecht schickt, heißt Kurt Biedenkopf. In der Union, die mit intellektuellen Köpfen nicht gerade gesegnet ist, zählt der Professor für Handels-, Wirtschafts- und Arbeitsrecht, seit er auf dem Düsseldorfer Mitbestimmungskongress von sich reden machte, zu den künftigen Schlüsselfiguren. In Sachen Ehrgeiz seinem Protektor Helmut Kohl ebenbürtig, verzichtet der 1930 in Ludwigshafen geborene Wissenschaftler auf seinen Managerposten beim Waschmittel-Konzern Henkel und avanciert als Generalsekretär rasch zum brillanten Experten.

Was damit auf die Union an einschneidenden Veränderungen zukommt, wissen theoretisch interessierte Christdemokraten bereits seit Monaten. Rainer Barzel ist noch in Amt und Würden, als der zuvor jüngste Gründungsrektor einer bundesdeutschen Universität in der Hamburger Wochenzeitung «Die Zeit» detailliert über eine «Strategie für die Opposition» nachdenkt. Er rät ihr zum deutlichen Kurswechsel: Die CDU sei keine «Richtungspartei», und nationalistische Strömungen, die zum Beispiel die Ostpolitik der Regierung in Bausch und Boden verdammten, oder stramm konservative ökonomische und soziale Programme schadeten ihr nur. Für sehr viel wichtiger hält er, die unterschiedlichen Erwartungen der Bürger «in gemeinsamen Wert- und Zielvorstellungen zu verbinden».

Mit seiner Forderung, eine «Sprache der Mitte» zu entwickeln und «die von der Linken besetzten Begriffe zurückzuerobern», trifft Biedenkopf präzise, was der wolkige Kohl so akademisch geschliffen nicht auszudrücken vermag, und der neue Sound imponiert ihm. Dass der «kleine Professor» außerdem den Primat der Partei predigt, die sich als «Gravitationszentrum» von der Fraktion keinesfalls bevormunden lassen dürfe, macht ihn aus der Warte des Vorsitzenden zum idealen Partner.

Er scheint «glücklich» zu sein, über einen solchen Mitstreiter verfügen zu können. Schon einen Tag nach der Wahl zum CDU-Chef präsentiert sich Kohl in Bonn einer Pressekonferenz, die ihre Bedeutung vor allem daraus bezieht, dass er «unter Vermischtes» Fragen zu seiner Zukunft gestattet. Ob er darüber reden möge, wollen die Journalisten wissen, wie es um die Kanzlerkandidatur bestellt sei, und zu ihrer Verblüffung geht er gerne auf das Thema ein: Willy Brandt solle herausfordern, doziert er locker, wer nach Abschluss der Landtagswahlperiode 1975 die größten Erfolgschancen habe – und natürlich halte auch er sich dazu bereit.

Um keine Zweifel aufkommen zu lassen, wer diesen Wettbewerb dominiert, verfährt der neue Parteivorsitzende exakt nach dem schon in Rheinland-Pfalz erprobten Muster. Wo er sich breitmacht, ist oben, aber zugleich auch die Mitte. Mit Unterstützung seines tüchtigen «Generals» werden die bis dahin weitgehend autarken Landesverbände strikt an die Leine genommen, vom Bonner Hauptquartier aus Kampagnen gesteuert und für Wahlkämpfe die Schwerpunkte vorsortiert. Auf regionale Eigenheiten nimmt der innovationsversessene Stichwortgeber Kurt Biedenkopf nur noch Rücksicht, wenn sie in Kohls Gesamtkonzept passen.

Der Nachfolger, staunt schon bald der abgehalfterte Rainer Barzel, «führt die Partei nicht – er herrscht über sie», und das geeignete Mittel dazu ist die sorgfältig austarierte «Parzellierung der Kompetenzen». Von der Innen- über die Sozial- und Wirtschafts- bis zur Entwicklungs- und Außenpolitik werden alle Bereiche, denen in einer Regierung Minister vorstehen, unter den Stellvertretern aufgeteilt. Christdemokratische Granden wie Hans Filbinger, Heinrich Köppler oder Gerhard Stoltenberg bilden auf solche Weise als «Referatsleiter» eine Art Schattenkabinett, in dem der Generalist Kohl den Part des großen Koordinators spielt.

So ähnlich stellt er sich das zumindest vor, und er fährt zunächst nicht schlecht damit. Die Fraktion unter Führung des immer weiter nach rechts rückenden Karl Carstens verliert in den Sommermonaten 1973 spürbar an Einfluss, während Kohls Zusammenarbeit mit dem stets eifersüchtigen CSU-Chef Franz Josef Strauß einigermaßen störungsfrei läuft. Parteiübergreifende Personalfragen wie die Kandidatur Richard von Weizsäckers für das Amt des Bundespräsidenten lösen die beiden Bosse in aller Regel unter vier Augen – eine Form von Gipfeldiplomatie, die den Bemühungen des CDU-Vorsitzenden entgegenkommt, die «bayerische Schwester» auch sachpolitisch auf Linie zu bringen.

Nicht nur in den oppositionsnahen Medien spiegelt sich der Start des reformfreudigen Pfälzers als Erfolgsstory. Seine zuweilen holprigen rhetorischen Offensiven bleiben in Bonn und München zwar ein Dauerthema, das mit immer neuen pikanten Pointen gewürzt wird, aber das Organisationsgeschick Kohls beginnt die hämischen Kommentare rasch zu überlagern. Schließlich steigt die lange stagnierende Zahl der CDU-Mitglieder bundesweit sprunghaft an, und mit derselben brachialen Entschlusskraft, mit der er einige Jahre vorher daheim die Parteifinanzen sanierte, diktiert er nun seinem Schatzmeister Walther Leisler Kiep drastisch erhöhte Beitragssätze. Die zu jener Zeit ebenfalls zielstrebig vorangetriebene unappetitliche Spendenpraxis blüht da noch still im Verborgenen.

Dass Helmut Kohl, der häufig tapsig und wenig gefällig wirkende Polit-Manager, auf die CDU eine bemerkenswert belebende Wirkung ausübt, erkennt als einer der Ersten der Kanzler. Der «Mainzer», warnt Willy Brandt seine Umgebung und bezieht sich dabei vor allem auf dessen Bemühungen, die Kontakte zum konservativen Nachwuchs zu pflegen, sei ein großer Motivator. Und dieses Lob kommt nicht von ungefähr: Während die SPD mit ihren Jusos zusehends in Fehde liegt, mausert sich die ursprünglich als reiner Karriereverein verschriene Junge Union zum schlagkräftigen Unterbau der Partei.

Seine Zwischenbilanz kann sich also sehen lassen, und sie fällt umso positiver aus, als die Bonner Regierung in diesem denkwürdigen Herbst 1973 in schwere Stürme gerät. Im Nahen Osten tobt der Jom-Kippur-Krieg, der die wachstumsverwöhnten Deutschen unvermittelt in eine Schockstarre versetzt. Die arabischen Staaten drehen den Ölhahn zu – der Beginn einer wirtschaftlichen Misere, die die energieabhängigen westlichen Industriestaaten in eine jahrelange Rezession führt und in der Bundeshauptstadt naturgemäß die Opposition begünstigt.

Doch auch für Kohl wachsen in den ersten Monaten seiner Amtszeit die Bäume nicht in den Himmel. Im November steht in Hamburg ein Kongress an, auf dem das in Düsseldorf stark verwässerte Mitbestimmungsmodell modifiziert und nun endgültig verabschiedet werden soll. Erneut kursieren im Vorfeld mehrere Entwürfe, darunter eine von Kurt Biedenkopf verfasste und im Führungsgremium der Christdemokraten bereits gebilligte Version. Als sich aber der inzwischen zum schleswig-holsteinischen Ministerpräsidenten aufgestiegene Gerhard Stoltenberg energisch für eine laue Kompromissvariante ins Zeug legt, verlässt den Parteichef der Mut.

Und so kriegt die anfangs von ihm als Symbiose gefeierte Beziehung zu seinem «wichtigsten Zuarbeiter» ihren ersten Knacks. Der wütende Generalsekretär stellt den Vorsitzenden kurzerhand vor die Alternative, entweder bei der Absprache zu bleiben oder seinen Rücktritt entgegenzunehmen.

Kohl knickt ein, wird Biedenkopf mit seinem berüchtigten Elefantengedächtnis den gelungenen «Erpressungsversuch» aber nie verzeihen.

Nach solchen und ähnlichen Erfahrungen zieht er sich damals noch gerne in sein behütetes Mainzer Schloss zurück, wo er den Freunden leicht melancholisch von der «eisenhaltigen Bonner Luft» berichtet, in der Erfolge zwangsläufig mit dem «Preis der Einsamkeit» bezahlt werden müssten. Ob er sich diesem Stress dauerhaft aussetzen wolle, entfährt es ihm dort leise, während er mit flackernden Blicken ein auf seinem Schreibtisch postiertes Porträtfoto Konrad Adenauers mustert, sei für ihn «keineswegs klar».

Gewiss schwingt dabei auch Koketterie mit, und doch ist es kein bloßes Gerede. Kohls Befürchtung, mit seinem Verständnis von politischer Führung auf Bundesebene zu scheitern, weil ihm der fortwährende Kampf um die Macht jeden Spaß austreiben könnte, beschäftigt den jungen Provinzfürsten mehr, als es seinem Ruf entspricht. Jenseits der hehren Beschwörungsformeln, in der geistig ermatteten Republik die alles umfassende Wende organisieren zu wollen, nistet die Angst vor der Pleite. Die Gefahr, «im glitschigen Bonn tatsächlich auf den Bauch zu fallen», ist ihm nach dem Krach mit Biedenkopf stets gegenwärtig.

Zu seiner inneren Balance und dem später vielbeschriebenen unerschütterlichen Selbstvertrauen findet Helmut Kohl erst mit einem Ereignis zurück, das ihm zunächst schier den Atem verschlägt. Im engsten Beraterkreis Willy Brandts enttarnt sich dessen Persönlicher Referent Günter Guillaume als Offizier der Nationalen Volksarmee – für den ehrpusseligen Kanzler, der sich den Deutschen nun nicht mehr zumuten möchte, der Anfang vom Ende. An seine Stelle tritt im Mai 1974 der sozialdemokratische

«Macher» Helmut Schmidt, ein charakterlich und programmatisch völlig andersgearteter Politikertypus.

Dieser Wechsel räumt Kohls letzte Zweifel aus, im wichtigsten deutschen Staatsamt jemals selbst zum Zuge zu kommen. Sosehr er nämlich den ersten SPD-Regierungschef der Nachkriegszeit insgeheim bis zur Befangenheit bewundert hat, so wenig engt ihn der zweite ein. Gegen das «Großmaul» aus Hamburg zu bestehen, dem er allenfalls einen gewissen Vorsprung in ökonomischen Fragen zubilligt, erscheint ihm von Anfang an unproblematisch.

Dass dieser Schmidt nun die immer stärker verschuldete und von beängstigend steigender Arbeitslosigkeit heimgesuchte Bundesrepublik regiert, verleiht seinen eigenen Begehrlichkeiten einen enormen Schub – doch in seinem Ehrgeiz, unter den potenziellen Herausforderern der Union als erster Anwärter zu gelten, gerät er plötzlich ins Schlingern. Während die Christdemokraten in dieser Phase alle Landtagswahlen gewinnen und in zahlreichen Städten «rote Rathäuser» schleifen, bescheren ausgerechnet die Rheinland-Pfälzer ihrem Superstar eine bittere Niederlage.

Als es in Koblenz um die Nachfolge im heimischen CDU-Landesvorsitz geht, sperren sich die Delegierten gegen den von Kohl ausdrücklich gewünschten Heiner Geißler. Stattdessen reüssiert der Gegenkandidat Bernhard Vogel, der sich anschließend seinen sensationellen Sieg mit einer unanständigen Parteinahme zugunsten des Konkurrenten erklärt. Da sei «am Telefon zu viel Seelsorge betrieben worden» – ein hohntriefender Gruß an die Adresse des Vorgängers, der entgeistert vom Tagungsort flieht. Jetzt wisse jeder, versucht er den Reinfall maulend zu relativieren, wie wenig autoritär er sich verhalte – «denn wäre ich es, hätte ich die Sache durchgezogen».

Dass die kleine Revolte dazu beitragen könnte, seine Durchschlagskraft in Frage zu stellen, ist ihm natürlich klar, und er braucht auch nicht lange zu warten. Nach einem fulminanten Landtagswahl-Triumph der CSU in Bayern eröffnet der mit 62 Prozent gesegnete Franz Josef Strauß ein von da an jahrelang die Szene bestimmendes Dauerduell. «Der Herr Kohl», heißt die erste Bemerkung aus einer Serie süffisanter Sottisen, «ist ein außerordentlich erfolgreicher Ministerpräsident. Wo seine Grenzen liegen, muss er selbst erkennen.»

Dabei zielt der notorische Quälgeist aus München in diesem Fall nicht nur auf die Person. Für ebenso gravierend hält er die Verschärfung eines Themas, das in der Christlich-Sozialen Union rumort, seit sie in Bonn auf den Oppositionsbänken sitzt. Das Zauberwort heißt «Vierte Partei», eine Chiffre, unter der in den frühen siebziger Jahren schillernde «Freundeskreise» am äußersten rechten Rand mobilmachen. Sie möchten das Vaterland vor den Linken und Liberalen retten, und dass der sprunghafte Taktiker Strauß die zunehmend für Schlagzeilen sorgenden «Vereine» und «Studiengesellschaften» ermutigt, um sie als mögliche Vorläufer einer bundesweiten CSU auf ihre Tauglichkeit zu testen, wird von ihm nicht bestritten.

Öffentlich wiegelt der CDU-Chef noch ab, aber hinter den Kulissen fliegen bereits im Herbst 1974 die Fetzen. «Der Kollege von der Schwesterpartei», entrüstet sich Helmut Kohl vor seinen Präsiden, bewege sich «in einem ersten Schritt auf Weimar zu» – eine erschreckend verantwortungslose Art, die politische Landschaft umzupflügen, der er sich mit allen Kräften entgegenstemmen werde.

Auf einen groben Klotz einen groben Keil zu setzen und Strauß seines «apokalyptischen Gezeters» wegen als «Gefahr von rechts» brandmarken zu können, kommt dem CDU-Chef aus mehreren Gründen gelegen. Zum einen zeigen ihm die kaum noch verhüllten Drohungen, dass der egomanische Bayer ihn auf alle Fälle als Kanzleraspirant verhindern möchte, darüber hinaus will er aber auch eine Waffe nicht aus der Hand geben, die er mit einigem Recht für seine stärkste hält: In der Hingabebereitschaft, um die Einheit der Union zu kämpfen, soll ihn niemand übertreffen.

So schälen sich nach dem Rekordergebnis in Bayern im Hinblick auf die Bundestagswahlen 1976 zwei Konzepte heraus: Das eine, das die CSU bevorzugt und von CDU-Hardlinern wie Karl Carstens und Alfred Dregger weitgehend mitgetragen wird, sucht das Heil in einer Fundamentalopposition, während der demoskopiegläubige Kohl auf eine «Politik der differenzierten Mitte» pocht. Die Entscheidung über die künftige Verteilung der Macht, bestärkt ihn die Leiterin des Allensbacher Meinungsforschungsinstituts, Elisabeth Noelle-Neumann, falle in einer «beweglichen Masse» – jener etwa 25 Prozent der Bürger umfassenden «floating vote» –, die anstelle radikaler Kurswechsel im Lande «eine ruhige, vernünftige Entwicklung» bevorzuge.

Aber ist der Mainzer Provinzpremier, den Strauß dem wirren Verdacht aussetzt, er wolle «die Koalition psychologisch links überholen», auch zugkräftig genug für solche Schichten? Um dessen Elan zu bremsen und sich am Ende doch noch selbst als Option zu empfehlen, schiebt der CSU-Boss die Kohl-Konkurrenten Karl Carstens und Gerhard Stoltenberg an die Rampe – zwei ebenfalls ambitionierte, aber relativ aussichtslose Wettbewerber, die über keine Hausmacht verfügen. In der Umgebung des CDU-Vorsitzenden nennt man diesen leicht durchschaubaren Trick, immer neue Namen ins Spiel zu bringen, von denen dann niemand in der Lage wäre, sich tatsächlich zu behaupten, zerknirscht einen «Atomisierungsprozess».

Und in den Reihen der Union grassiert das Misstrauen. Kohl rüffelt seinen Fraktionschef, er habe bei der «K-Frage» kein Mitspracherecht; der Generalsekretär Biedenkopf wiederum erliegt zumindest eine Zeitlang der «Ursprünglichkeit und Suggestivkraft des FJS», der seinerseits «kümmerliche und schäbige Versuche» sieht, ihn in seinem wahren Streben abzuwerten. Erregt reist er nach Bonn, um im Präsidium der CDU den erwarteten großen Krach zu schlagen, aber nach Augenzeugenberichten sitzt er dann doch nur «wie eine Gewitterwolke da, aus der es noch nicht regnet».

FREIHEIT ODER SOZIALISMUS?

Für Helmut Kohl – den «Ehrenwerten in der Figur des Bemitleidenswerten», wie ihn der SPD-Linksaußen und Hobby-Poet Jochen Steffen verhöhnt – gehören die Wochen der Jahreswende 1974/75 zu den schwierigsten seiner Karriere. Die allgemeine Zufriedenheit mit der von ihm geleisteten Arbeit hat ihn seinem eigentlichen Ziel nicht nähergebracht. Eine weitere und womöglich entscheidende Hürde wartet am 9. März, wenn bei der Landtagswahl in Rheinland-Pfalz die CDU-Stimmen ausgezählt werden.

Bleibe der Regierungschef unter der Marke von 55 Prozent, tönt Strauß noch einige Tage vorher, habe er den Test leider verloren – eine von ihm willkürlich und gnadenlos hoch angesetzte Messlatte. Und das ausgefuchste Kalkül des Bayern, der dem Resultat von vornherein jeden Glanz nehmen möchte, scheint tatsächlich zu triumphieren. Dass der Spitzenmann der CDU mit «nur» 53,9 Prozent das beste in seinem Lande je erzielte Ergebnis erreicht, wird ihm danach in den meisten Kommentaren kaum honoriert.

Aber Kohl, der an diesem Abend mit locker aufgekrempelten Hemdsärmeln im Weinkeller seiner Staatskanzlei «den Medientanz um die Zehntel hinter dem Komma als infantile Spielereien» zurückweist, hat zugleich auch Glück. Schwerer als sein Abschneiden bei der Landtagswahl wiegt eine am selben Tage verbreitete Vorabmeldung des Nachrichtenmagazins «Der Spiegel», die hanebüchene Eskapaden seines Rivalen ankündigt.

Am Montag darauf dokumentiert das Blatt in Auszügen eine von Strauß bereits im November auf einer Klausurtagung im Allgäuer Luftkurort Sonthofen gehaltene und heimlich mitgeschnittene Rede, die dann über Wochen hinweg die öffentliche Debatte bestimmt.

Er empfiehlt darin, das marode Staatsschiff noch «wesentlich tiefer sinken» zu lassen als bisher, um die Koalition zu einem «Offenbarungseid» zu zwingen. Statt mit der Regierung konstruktiv zur Überwindung der Krise zusammenzuarbeiten, wie es der sich angeblich anbiedernde CDU-Chef mehrfach zu erkennen gegeben habe, müsse sich eine strategisch klug handelnde Union konsequent verweigern.

Die große Mehrheit der Deutschen empfindet die zynische «Verelendungstheorie» als Zumutung, und Helmut Kohl übt sich mühsam in Selbstbeherrschung. Die unterschiedlichen Ansätze, die Macht in Bonn zurückzuerobern, offenbaren sich nun deutlicher denn je – eine Steilvorlage des ungestümen Bayern, die der Pfälzer geschickt zu nutzen versteht. Nach «Sonthofen» gefällt er sich erst recht in der Rolle des Mittlers, der den Konkurrenten sogar noch mit Milde behandelt, als dieser gleichsam zum letzten Gefecht antritt.

Nachdem Strauß zu dämmern beginnt, dass er selbst kaum noch Aussichten hat, die Union in den Bundestagswahlkampf zu führen, verstärkt er von Stund an sein Werben um den politischen Gesinnungsfreund Karl Carstens. Der teilt seinen schroffen Oppositionskurs vor allem in der Ablehnung der Liberalen, die von beiden als Partner verloren gegeben werden. Mit dem Versprechen der «vollen Unterstützung der CSU» taxiert der derart angestachelte Fraktionsvorsteher einige Wochen lang seine Chancen.

Dass Helmut Kohl in dieser Zeit noch auf schmalem Grat wandelt, hat nicht zuletzt auch mit seinem Generalsekretär zu tun. Der flexible, zusehends zwischen den Fronten pendelnde

Kurt Biedenkopf ist von seinem Protektor weiter abgerückt und plädiert nun unverblümt für eine Trennung der wichtigsten Ämter: Vereinige die CDU die Funktionen in einer Führungsfigur, habe die Partei «keine eigene Stimme» – ein Argument, das der Vorsitzende für umso gefährlicher halten muss, als er es jahrelang selber vertreten hat.

Doch das schert ihn jetzt nicht mehr. Der Christdemokrat mit der Aura des «guten Hirten» besinnt sich auf seine Kämpfernatur und belegt den ungetreuen Eckart praktisch mit der Höchststrafe: Er beauftragt Biedenkopf, der seinem Chef nach den Statuten zu besonderer Loyalität verpflichtet ist, ihn in einer schriftlichen Mitteilung an den Bundesvorstand offiziell als «Kanzlerkandidaten der CDU» zu nominieren, und der sichtlich vergrätzte «General» beugt sich dem machiavellistischen Procedere ebenso wie die überrumpelten Rivalen. So lässt sich Kohl am 12. Mai 1975 ohne jede Gegenstimme zum Herausforderer Helmut Schmidts auf den Schild heben.

Nur für Strauß ist in diesem Ringen um die Macht das letzte Wort noch nicht gesprochen. Einen knappen Monat nach dem Alleingang der CDU ruft die tobende bayerische Schwesterpartei ihren Vorsitzenden zu einer Art Gegenpapst aus, ehe sie sich dann einige Tage später endlich bereit zeigt, in Verhandlungen einzutreten. In einem gemeinsamen, von Kurt Georg Kiesinger vorgetragenen Kommuniqué nimmt sie die Bewerbung Helmut Kohls schließlich zustimmend «zur Kenntnis» – der «geeignete Kandidat», beharren die Emissäre aus München, sei indessen nach wie vor der CSU-Chef.

Für die neue Nummer eins der mühsam vereinigten Konservativen sind das denkbar schlechte Voraussetzungen. Personell wie programmatisch hat es in der Geschichte der Union niemals eine vergleichbar brüchige Übereinkunft gegeben – aber nicht nur das. Es scheint, als stehe der christdemokratische Kanzleraspirant gegen den «Weltökonomen» Schmidt, der von der britischen «Financial Times» gerade zum «Mann des Jahres» gekürt worden ist, auch sonst ohne Verbündete da. Die FDP macht jedenfalls keine Anstalten, in Bonn den Partner zu tauschen.

Umso rauschender ist das Fest, das die erleichterte CDU ihrem Anführer bereitet: Auf einem Sonderparteitag in Mannheim unterstützen ihn 98,5 Prozent der Delegierten mit einem Ergebnis, wie man es nur aus dem anderen Teil Deutschlands kennt. Und die wilde Entschlossenheit, dem sichtlich gerührten Sympathieträger einen größtmöglichen Vertrauensvorschuss anzubieten, steigert sich nach seiner Rede fast zur Ekstase. Helmut Kohl, staunt zum Beispiel die Hamburger Wochenzeitung «Die Zeit», hätte «ein Telefonbuch verlesen können, und der Beifall wäre ihm sicher gewesen».

Mit dem Minimalkonsens, von Strauß «zwar nicht den Ritterschlag erhalten, ihm aber den Schulterschluss abgezwungen zu haben», kann der Christdemokrat augenscheinlich gut leben. Zumindest kommt ihm zustatten, dass der unberechenbare Bayer, der die Niederlage wehleidig in Sarkasmus zu ertränken versucht, damit zwangsläufig seine eigenen Stärken hervorkehrt. Im Vergleich zu ihm ist er der weitaus verlässlichere Mann und folglich die bessere Alternative.

Andererseits zahlt er in seinem Erfolgsstreben auch mit einer Kompromissbereitschaft, die ihn schon bald in schwere Bedrängnis bringt. Als ihm die Regierung im September die Zustimmung zu einigen Nachbesserungen abverlangt, die sich aus dem Polen-Vertrag ergeben – und von den unterschiedlich zusammengesetzten Länderkabinetten bestätigt werden müssen –, gerät der CDU-Vorsitzende unversehens zwischen alle Stühle. Konservative Ministerpräsidenten, die auf ihre liberalen Koalitionspartner Rücksicht zu nehmen haben, kooperieren, während sich hartgesottene Alleinherrscher wie der Baden-Württemberger Hans Karl Filbinger oder der von Strauß abhängige Bayer Alfons Goppel entschieden querlegen.

Ob er «als endgültig nominierter Kanzlerkandidat nunmehr für die ganze CDU/CSU» reden könne oder «in staatspolitisch wichtigen Fragen» die Fraktionschefs Karl Carstens und Richard Stücklen zu konsultieren seien, will in diesem Zusammenhang Helmut Schmidt wissen, und die Antwort, die der christdemokratische Herausforderer daraufhin dem herablassend unterkühlten Amtsinhaber gibt, spiegelt unwillkürlich sein Dilemma: Er spreche «gegenwärtig», sagt Kohl leicht verdattert, «mit dem richtigen Mann».

Wie sich im Hickhack um das Polen-Abkommen zeigt, in dem im Grunde eher nebensächliche Zusatzpapiere die Union mehrmals an den Rand neuer Zerreißproben führen, ist er bei allem Geschick in organisatorischen Fragen inhaltlich immer noch ein unsicherer Kantonist.

Dass er sich nach monatelangen Querelen in einer dramatischen Nachtsitzung letztlich behaupten kann und die Verträge den Bundesrat passieren, hat er weniger eigenem Durchstehvermögen als den Interessen von Länderregierungschefs wie Ernst Albrecht und Franz-Josef Röder zu verdanken. Von Kohls eitler Selbsteinschätzung, in der Ostpolitik «Meilensteine» gesetzt zu haben, verhöhnt ihn Strauß, könne nun wirklich nicht die Rede sein.

In solchen Situationen sind die ersten Monate der Spitzenkandidatur für Helmut Kohl eher eine Qual, und selbst Medien, die sich eine Rückkehr der Bundesrepublik zur guten alten Ordnung ersehnen, wie die «Frankfurter Allgemeine», tun sich mit ihrer Rückendeckung außerordentlich schwer. Programm und Person des «Schwarzen Riesen», schreibt deren Starkolumnist Johannes Gross, seien genau genommen «epigonal»; der rastlose Pfälzer, der sich als «Erbe, Sohn oder Enkel, jedenfalls Vollstrecker Adenauers» verstehe, erschöpfe sich in einer wenig originellen Art, «gute Absichten von höchster Unbestimmtheit» zu verkünden.

Kohls Hauptziel scheint im Wahljahr 1976, in dem der Terror der «Roten Armee Fraktion» neben der anhaltenden ökonomischen Krise für zusätzlichen Zündstoff sorgt, eine Konsolidierung des bisher von ihm Erreichten zu sein, und auf dieser vorletzten Etappe zum Gipfel erträgt er alle Schmähungen. Seit Monaten ringt er mit Strauß um die Namenliste für eine «Kernmannschaft», und mehr als einmal beschleicht ihn die böse Ahnung, dass sich «ein Bruch» mit dem stur auf paritätische Beteiligung pochenden CSU-Chef kaum vermeiden lassen werde. Er findet aber immer wieder einen Ausweg.

Doch der Bayer und seine Angriffe auf die Bundesregierung – von der er etwa wissen möchte, «wie viele Sympathisanten der Baader-Meinhof-Verbrecher in der SPD- und FDP-Fraktion in Bonn» säßen – sind es ja nicht allein. Seit den Siegen der bekennenden Rechtsausleger Strauß und Dregger ist es im Frühjahr 1976 der auf unerbittlichem Konfrontationskurs bestehende Parteifreund Hans Karl Filbinger, der die vergleichsweise moderaten Pläne Kohls durchkreuzt. Mit dem Slogan «Freiheit oder Sozialismus» versammelt der baden-württembergische Ministerpräsident nahezu 57 Prozent seiner Landsleute hinter sich und scheint damit die in der Union immer noch höchst umstrittene entscheidende Frage zu beantworten: je drastischer im Kampf um Bonn die Alternative, so das von Stuttgart ausgehende Signal, desto größer die Erfolgschancen.

Nur leider ist dieses Konzept «nicht sein Bier», wie der Kohl-Intimus Hennes Schreiner vor der Presse enthüllt. Weil er sich selbst als «Protagonisten der Integration» sieht und vor allem die Hoffnung aufrechterhalten möchte, die FDP noch zum Frontenwechsel zu bewegen, stemmt sich der Kanzlerkandidat in einem erbittert geführten semantischen Kleinkrieg gegen die radikale Formel. Bis zuletzt versucht er mit seinen Kohorten von den Sozialausschüssen bis zum konservativ-liberalen Flügel der Albrechts und Weizsäckers den «engstirnig auf Wahrheitsanspruch abhebenden dummen Satz» zu Fall zu bringen und versteift sich darauf, das bedingungslose *oder* durch ein ihm weniger unversöhnlich erscheinendes *statt* zu ersetzen.

Aber was der Öffentlichkeit im Mai auf einem Wahlparteitag in Hannover als Beleg für kraftvolle Führung präsentiert werden soll, ist in Wahrheit ein mehr als fauler Kompromiss. «Ob *statt* oder *oder*», amüsiert sich auf dem Konvent der Gastdelegierte Franz Josef Strauß, «wir meinen am Ende ja doch das Gleiche.» Und da ihn Kohls wendiger Generalsekretär Kurt Biedenkopf dabei unterstützt, werben die CSU, die von Filbingers Losung weiterhin überzeugt ist, und die CDU nun mit zwei unterschiedlichen Plakaten.

Verwundern kann es da nicht, wenn sich auch der regierende Sozialdemokrat Helmut Schmidt über seinen düpierten Herausforderer lustig macht. Dass die Union keinen seiner eigentlichen Widersacher gegen ihn aufgeboten habe, sondern anstelle der «notorischen Brandstifter» Strauß, Carstens oder Dregger einen «mit Kalendersprüchen und irgendwelchen Bauernregeln daherkommenden Biedermann» ins Rennen schicke, hält der sichtlich irritierte Amtsinhaber für einen «ziemlich seltsamen Vorgang». Sich von so einem sagen zu lassen, er, der in aller Welt anerkannte Vernunftpolitiker, wolle in der Bundesrepublik die bürgerlichen Freiheiten beschneiden, sei geradezu absurd.

Doch um solche in der Tat unsinnigen Behauptungen geht es dem christdemokratischen Oppositionsführer ja auch gar nicht. Kohl bezieht seine Kraft in der Auseinandersetzung mit dem Kanzler aus einem erstaunlichen Selbstvertrauen. Seit ihn Franz Josef Strauß immer wieder ins Stahlbad gezerrt und er die Schikanen trotzdem überdauert hat, kann ihn jene Größe, wie sie dem Hanseaten zugesprochen wird, kaum noch verunsichern. Insbesondere glaubt er sich im Vergleich zu Schmidt schlicht im Besitz der höheren Moral.

Weil aber dieser schwer messbare Wert von jeher so etwas

Familienurlaub am Wolfgangsee: Im Juli 1976 – wenige Wochen vor seinem ersten Duell um die Kanzlerschaft – entspannt sich der Oppositionsführer Helmut Kohl mit Frau Hannelore wie den Söhnen Peter (links) und Walter im österreichischen Ferienort St. Gilgen beim Brettspiel.

wie die Legitimation seines Zugriffs auf die Macht gewesen ist, erleben die Bundesbürger in der zur Schicksalsentscheidung hochgejubelten Wahlkampagne 1976 einen verblüffend relaxten Kandidaten. Den müsse man sich einmal anschauen, «wie high» der sei, preist ihn sein neuer Chefberater, der eigens zum Zweck der Imagepflege verpflichtete österreichische Journalist Gerd Bacher, dem der äußerlich leicht veraltet anmutende Pfälzer nicht nur ein moderneres Brillengestell verdankt. Der erfahrene Medienexperte bestärkt ihn auch in der Neigung, mit dem aufreizend selbstherrlichen «Macher» aus Hamburg in einen «Wettbewerb um das rein Menschliche» einzutreten.

Und das gelingt ihm nicht schlecht. Wo immer der Christdemokrat über die Marktplätze zieht, kompensiert er die größere Sachkompetenz Helmut Schmidts mit einem deutlichen Übergewicht an emotional aufgeladener «Wegweisung». Im Gegensatz zum grantigen Kanzler, der es als Zumutung empfindet, dem Volk etwas «vorzuphilosophieren», schlägt Kohl allerorten einen Ton an, der eher an Willy Brandt und dessen Triumphzug im Vorfeld der Bundestagswahl 1972 erinnert. Er will Gräben zuschütten und Augenmaß bewahren. Dass seine Ansprachen an die «Demokraten und deutschen Patrioten» häufig in peinlicher Gefühlsseligkeit schwimmen, schmälert kaum ihre Wirkung.

Dabei bleiben geschulten politischen Beobachtern gravierende Handikaps nicht verborgen. Erstmals in seiner Karriere muss sich der sechsundvierzigjährige Pfälzer, der bis dahin von den Medien meistens nachsichtig beurteilt worden ist, mit einigen herben Einwänden befassen. Bei Licht betrachtet, höhnt etwa der Hamburger «Spiegel», spiele der Bewerber um das wichtigste Amt im Lande noch immer in der «Regionalliga Südwest», und selbst die den Konservativen freundlich gesinnten «Stuttgarter Nachrichten» zitieren pikiert aus seinem Stilblütenarsenal: Wer wie Kohl kitschig-sentimental «das Köstliche im Leben» preise und nach Lösungen Ausschau halte, «soweit sie irdisch möglich sind», sei mit einem Kaliber wie Helmut Schmidt schwerlich vergleichbar.

Die schwammige Performance setzt ihn dem Verdacht aus, im Provinziellen zu versanden – zudem gibt es im Konzept des Christdemokraten aber auch noch andere erhebliche Schwächen. Um den Widerstand seines in Lauerstellung liegenden Partners aus München zu beschwichtigen, sieht sich der Kandidat gezwungen, die Gestalt eines künftigen Kabinetts unter seiner Führung allenfalls in vagen Skizzen anzudeuten. Bereits das Gerücht, er wolle einige Schaltstellen in Bonn mit Freunden aus Mainz besetzen, sorgt in der Union für so große Unruhe, dass er verschreckt dementiert.

Von handfesten Ankündigungen jedenfalls keine Spur. Da ihm außerdem schwant, dass er bei den Treueschwüren Hans-Dietrich Genschers zugunsten des bisherigen Bündnisses mit einer Koalition kaum noch rechnen darf – und die von der CSU klar favorisierte absolute Mehrheit seinem Regierungsmodell widerspricht –, hüllt sich Kohl, was die harten Fakten angeht, schließlich vollends in Schweigen. Ausdrücklich gilt das auch für die Frage, ob er selbst im Falle einer Niederlage nach Bonn zu wechseln gedenke. Seinen Chefsessel in Rheinland-Pfalz, auf den gleich drei potenzielle Nachfolger schielen, stellt er nicht zur Disposition.

Insgesamt gesehen sind das miserable Voraussetzungen, einem bewährten Staatsmann vom Zuschnitt Helmut Schmidts auf den Leib zu rücken, aber die von Kohl unermüdlich forcierte Gemütsoffensive gleicht die Defizite aus. In der hitzigen Schlussphase eines Wahlkampfs, der sich bei der schon damals unverkennbaren programmatischen Annäherung der beiden Volksparteien im Wesentlichen auf den Wettstreit zweier unterschiedlicher Charaktere reduziert, holt er mächtig auf. Demoskopen bestätigen ihm, dass er in puncto «Vertrauenswürdigkeit, Offenheit und Warmherzigkeit» dem als kalt empfundenen Intellekt seines sozialdemokratischen Widerparts längst den Rang abgelaufen hat.

Auf den «Vorsitzenden der Mainzer Provinzregierung», wie ihn der Bonner Kanzler etwas großkotzig zu nennen beliebt, entfallen am Abend des 3. Oktober nach Auszählung der Stimmen 48,6 Prozent – in der Geschichte der Union ein nur 1957 von Konrad Adenauer überbotenes Ergebnis. Dass der anfangs unschlagbar erscheinende Helmut Schmidt trotzdem noch einmal davonkommt, hat er allein der Standhaftigkeit der Liberalen zu verdanken.

214 SPD-Mandaten und 39 für die Freien Demokraten stehen immerhin 243 Abgeordnete der CDU/CSU gegenüber, und Kohl, der eher begeistert als enttäuscht ist, ruft noch in derselben Nacht den «Kampf um Deutschland» aus. Natürlich möchte er ins Palais Schaumburg einziehen – ein Amt, auf das er ungeachtet der fehlenden zehn Sitze «eindeutig einen moralischen Anspruch» zu haben glaubt. Und wie sich ehedem Willy Brandt in den Momenten seines Griffs nach der Macht von den Jusos mit einem Fackelzug feiern ließ, widerfährt es nun dem Chef der Christdemokraten: Vor der Parteizentrale taucht eine Abordnung der Bonner Jungen Union auf, die ihm spontan zum «Regierungswechsel» gratuliert.

Der knapp gescheiterte Spitzenkandidat, der die Stunden nach den ersten Trendmeldungen bis zur «Gewissheit eines grandiosen Sieges» meistens mutterseelenallein in seinem Büro am Telefon zugebracht hat, reibt sich gerührt die Augen. Als ihn eine Frau vor dem Konrad-Adenauer-Haus leicht hysterisch darum ersucht, nur nicht lockerzulassen, weil er um des Landes und seiner Menschen willen unbedingt Kanzler werden müsse, quittiert er den Zuspruch mit geballter Faust auf Pfälzisch: «Ei woher denn ... na klar doch ... mir mache des!»

Kapitel 7

«DER SPUK VON KREUTH»: ABSTURZ UND ENDGÜLTIGER DURCHBRUCH

In dieser Nacht – und bis weit in den nächsten Tag hinein – hält er den ersehnten Machtwechsel tatsächlich für realistisch. Seine Analyse, schließlich von mehr als 18 Millionen Bundesbürgern «das Mandat zur Regierungsbildung» erhalten zu haben, veranlasst den Spitzenmann der Union zu hektischen Aktivitäten. Noch vor dem amtierenden Kanzler, der sich einer Fortsetzung der sozial-liberalen Koalition offenbar sicher ist, steht Kohl beim Bundespräsidenten auf der Matte. Er will den «beispiellosen Vertrauensvorschuss» seiner Wähler in einen konkreten Verhandlungsauftrag umgemünzt wissen.

Doch Walter Scheel kann dem etwas überbordenden Enthusiasmus ebenso wenig folgen wie in den eigenen Reihen Franz Josef Strauß. Die Zuversicht, in der sich der Kompagnon wie eh und je an die Fiktion eines Bündnisses mit den Liberalen klammert, imponiert ihm nicht. Wer Genscher und Co. jetzt noch «hinten reinkrieche», tönt es aus München, schwebe «in einem Heißluftballon».

Dass der über den Wahlausgang erzürnte Bayer schon wieder mit seiner Lieblingsidee hausieren geht, eine «Vierte Partei» aus der Taufe zu heben, macht dem CDU-Chef umso mehr zu schaffen, als er selbst unter Zugzwang steht. Er muss endlich entscheiden, ob er den Sprung nach Bonn wagen will.

Wie die «Frankfurter Allgemeine» beobachtet, zerreißt ihm der Gedanke, das geliebte Rheinland-Pfalz zu verlassen und dabei auf die Mitarbeit seiner engsten Weggefährten Waldemar Schreckenberger und Hennes Schreiner verzichten zu müssen, «schier das Herz» – aber dann folgt er seinen Trieben. Gegen den ausdrücklichen Rat aller Freunde sieht Kohl seinen Platz als nunmehr «stärkste politische Kraft im Lande» einige Tage später auch deshalb in der Hauptstadt, weil ihm der CSU-Boss inzwischen entgegenzukommen scheint. Zwar rückt Strauß während der ersten gemeinsamen Fraktionssitzung von seiner beißenden Kritik an der FDP keinen Deut ab, erklärt indessen die Trennung der beiden Unionsparteien kleinlaut für «nicht aktuell».

So kann sich der designierte Oppositionsführer zunächst einmal um ein neues Refugium kümmern, das er mit Ehefrau Hannelore und seiner Büroleiterin Juliane Weber im Bonner Vorort Pech findet. Doch schon wenige Wochen danach ereilt ihn «der Keulenschlag»: Während sich der inzwischen auf die neuen Aufgaben fixierte CDU-Vorsitzende zu vorgerückter Stunde im Weinkeller der Mainzer Staatskanzlei von seinen bisherigen Kabinettsmitgliedern verabschiedet, beschließt eine Mehrheit der christlich-sozialen Bundestagsabgeordneten auf einer Klausurtagung im bayerischen Wildbad Kreuth, in der neuen Legislaturperiode eine eigenständige Fraktion zu bilden.

Für Helmut Kohl, der die unverbrüchliche Einheit des konservativen Lagers stets über alle anderen Grundüberzeugungen gestellt hat, ist das «schlicht der Supergau». Beharre die kleine Schwesterpartei auf ihrem Separatismus, gibt er noch in der gleichen Nacht stocksauer zu Protokoll, werde sich die in drei Jahrzehnten «politisch stabile deutsche Nachkriegsrepublik binnen kurzem total verändern und einer verhängnisvollen Zersplitterung wie in den Weimarer Zeiten den Boden bereiten».

Und er fühlt sich auch «ganz persönlich hintergangen». Dass Strauß seinen lange gehegten Plan ausgerechnet in dem Moment in die Tat umsetzt, in dem er, Kohl, sich unter Schmerzen öffentlich festgelegt hat, sein Regierungsamt an den Parteifreund Bernhard Vogel abzutreten, beweist ihm die Kaltschnäuzigkeit des Rivalen. Hätte er nämlich geahnt, nun in Bonn nach dem angekündigten Auszug der CSU mit einer amputierten Fraktion vorliebnehmen zu müssen, wäre er selbstverständlich Ministerpräsident geblieben.

Aber wie häufig, wenn er mit dem Rücken zur Wand steht, zeigt Kohl, was in ihm steckt. Bereits einen Tag nach jenem denkwürdigen 19. November 1976 mischen sich in seine «albtraumartigen Ängste vor einer irreversiblen historischen Zäsur» brutale Rachegelüste. Versteife sich der Partner auf seinen schnöden «Vertrauensbruch», streut er zielstrebig über inoffizielle Kanäle, gedenke die CDU ihrerseits Gegenmaßnahmen zu ergreifen. Ein «Einmarsch» seiner Partei nach Bayern sei dann die zwangsläufige Folge.

Und als ihm die christdemokratischen Führungsgremien dazu freie Hand geben, rastet der große Gegenspieler Strauß vollends aus. Vor Vertretern seiner Jungen Union, die den Parforceritt von Kreuth eher mit Skepsis beäugen, stellt er den angeblich einer «Pygmäenideologie» verhafteten Kollegen als «total unfähig» an den Pranger. Kohl sei ein Mann, brüllt der entfesselte Münchener Löwe, den er nur «um des Friedens willen» unterstützt habe und der «nie Kanzler» werde, weil ihm «die charakterlichen, die geistigen und die politischen Voraussetzungen» fehlten.

Einen vergleichbaren Eklat hat es bis dahin in den Annalen der Konservativen nicht gegeben – und dennoch sieht es schon einige Tage später wieder nach einem Burgfrieden aus. Die unteren Amts- und Mandatsträger der in Bayern unangefochtenen CSU fürchten um ihre Pfründe und bedrängen die Bonner Volksvertreter, den Trennungsentscheid zu begraben. Als formales Ar-

Nach einem sechsstündigen Verhandlungsmarathon, der die beiden Parteichefs von CDU und CSU sichtlich mitgenommen hat, geben Franz Josef Strauß und Helmut Kohl am 12. Dezember 1976 die «Wiedervereinigung» ihrer Fraktionen im Bundestag bekannt.

gument dient ihnen dabei die Satzung, die eine grenzüberschreitende Ausdehnung der Partei nicht erlaubt. Eine Novellierung dieses Passus, heißt es in einem Beschluss des Landesverbandes, sei allein im Einvernehmen mit der großen Schwester möglich.

Und so willigt Strauß in ein Treffen zweier von beiden Seiten gebildeten Krisen-Kommissionen ein, bei dem er den Chef der Christdemokraten noch einmal frontal angeht, während sich Kohl äußerste Selbstdisziplin auferlegt. Statt mit ähnlicher Münze zurückzuzahlen, lässt er sich noch am gleichen Tag ungerührt zum Vorsitzenden einer CDU-Fraktion wählen und hält danach nervenstark an seinem einmal eingeschlagenen Kurs fest. Dem bayerischen Wüterich bleibt schließlich nichts anderes übrig, als mit immer konfuseren Rückzugsgefechten den für ihn peinlichen Kotau einzuleiten.

Am 13. Dezember treten die christlich-konservativen Parlamentarier-Riegen erstmals wieder zu einer gemeinsamen Sitzung zusammen, und der mittlerweile erstaunlich selbstsichere Helmut Kohl scheint den Konkurrenzkampf endgültig zu seinen Gunsten entschieden zu haben. Immerhin 230 von insgesamt 241 Abgeordneten erklären ihn zur unumschränkten Nummer eins der Union – ein Erfolg, der ihn fast noch mehr beflügelt als die bloß hauchdünn verlorenen Bundestagswahlen.

Und nicht nur das: Mit gerade einmal sechsundvierzig verfügt der inzwischen vom Amt des rheinland-pfälzischen Regierungschefs zurückgetretene Christdemokrat auch sonst über eine bemerkenswerte Machtbasis. Nach dem Sieg im Sezessionskrieg von Kreuth repräsentiert er im Bundestag die Mehrheit, kann sich in der Länderkammer auf eine ebenso solide Bastion stützen, und die in den dreieinhalb Jahren des Kohl'schen Parteivorsitzes kontinuierlich angewachsene Zahl der CDU-Mitglieder bekräftigt seinen Ruf als hochqualifizierter Organisator.

Im Vergleich zu dem schwankenden Untergrund, auf dem die Regierung Schmidt-Genscher arbeiten muss, ist das eine imposante Ausgangsposition – aber der einflussreichste Oppositionsführer, den die Bundesrepublik je gehabt hat, verheddert sich trotzdem. Bei allen mit seinem Namen verbundenen Vorteilen scheint Bonn für den Herausforderer ein gefährlich glattes Parkett zu sein. So sieht er sich regelmäßig von den Reportern «einiger Hamburger Magazine» verfolgt, die seine oft linkischen Versuche, den populären Kanzler in die Enge zu treiben, mit beißendem Spott begleiten. Dass ihm als «Synonym für provinzielle Rückständigkeit» in nahezu jedem Artikel das diffamierende Prädikat «Mann aus Oggersheim» anhafte, beklagt sich Kohl gleich zu Beginn der Legislaturperiode wehleidig, liege natürlich auch an seinem Kollegen aus München. Wer wie Strauß mit ihm umgesprungen sei und nun von den Medien zum «prominentesten Kronzeugen» für seine angeblichen politischen und charakterlichen Mängel ernannt werde, dürfe sich über die «journalistischen Helfershelfer» nicht wundern.

In Wahrheit steht er sich häufig selbst im Weg. Dass ihm über längere Zeit versagt bleibt, aus dem «trüben Dämmerlicht» herauszutreten, wie es ihm sogar das eher der Union zugeneigte Düsseldorfer «Handelsblatt» ankreidet, ist bei seinem Naturell in der Tat schwer verständlich. Nach dem Triumph über die abtrünnige CSU hat der früher leutselige Pfälzer immer wieder mit kaum erklärlichen Hemmungen zu kämpfen, die ihn zu auffälliger Enthaltsamkeit veranlassen. Reden im Bundestag haben Seltenheitswert, und wenn er im Plenum das Wort ergreift, um dem «Machtkartell» aus SPD und FDP fehlende Kompetenz vorzuwerfen, verrutschen ihm meistens die Pointen.

Hinzu kommt, dass sich der rhetorisch überlegene Strauß von einem wie ihm nicht die Show stehlen lässt – was zum Beispiel Herbert Wehner, den brillantesten Kopf der SPD, zu entsprechend respektlosen Kommentaren ermuntert. Für den alten Fuchs gibt es in der Union nun «zwei Oppositionsführer», von denen er den einen praktisch zum Anhängsel des anderen schrumpfen sieht.

Sosehr sich Kohl auch abmüht und in seinem peniblen Fraktionsmanagement sämtliche Vorgänger deutlich übertrifft, so häufig versanden die gutgemeinten Aktivitäten. Anstatt sich in den wirklich wichtigen parlamentarischen Schlachten gebührend in Szene zu setzen, moniert die «Süddeutsche Zeitung», verschanze sich der Vorsitzende hinter einem Wall von Getreuen, weil er möglichst von Nachrichten verschont bleiben wolle, «die ihn schmerzen könnten».

Die seinem Anspruch gemäßen Akzente zu setzen, gelingt ihm nur in Ausnahmesituationen – und in der Rückschau scheint ihm das selbst ein Rätsel zu sein. Er habe «erhebliche Zweifel», schreibt Helmut Kohl als Elder Statesman, «ob mein Versuch, die Mainzer Erfahrungen auf die völlig andersartigen Bonner Verhältnisse zu übertragen, erfolgreich war». Die fast schon verzweifelte Suche nach der verloren gegangenen inneren Balance prägt zumindest seine Startphase, in der er nächtens massenhaft Biographien verschlingt, um sich an fremden Lebensläufen aufzurichten.

Aber die Lust an der Macht fördert auch seine Leidensbereitschaft. Obgleich sich der offenkundig überlastete Doppel-Vorsitzende vom «politischen Milieu» schmählich im Stich gelassen fühlt, verschwendet er keinen Gedanken daran, Ballast abzuwerfen. Der Schwerpunkt seiner Arbeit verlagert sich notgedrungen von der Partei auf die Fraktion, deren unterschiedliche Interessen er nur schwer zu bündeln vermag. Die Tage von Kreuth haben es mit sich gebracht, dass CDU und CSU zunächst ihre eigenen Vorstände wählten, die nach der Einigung einfach addiert und zu einem monströs aufgeblähten Führungszirkel zusammengeballt worden sind. So pfuschen ihm nun sage und schreibe neun Stellvertreter ins Handwerk.

Umso schlimmer für den Parteichef Helmut Kohl, dass zum Jahresanfang 1977 ein neuer Krisenherd entsteht. Ohne Vorwarnung eröffnet ihm der Generalsekretär Kurt Biedenkopf, der als Spitzenkandidat der nordrhein-westfälischen CDU in den Bundestag eingezogen ist – und den er für seinen exzellenten Wahlkampf bereits mit dem Posten eines wirtschaftspolitischen Sprechers belohnt hat –, seinen Verzicht auf den Job: Einen von seiner Qualität habe der Oppositionsführer jetzt nicht mehr nötig; er wolle stattdessen dem Parlament als Experte dienen und wenn möglich in NRW reüssieren.

Dass der ehrgeizige omnipotente Gelehrte sein Karriereglück offenbar selbst vorantreiben will, bereitet dem Vorsitzenden nicht nur deshalb Probleme, weil ihm eine der wichtigsten Stützen in der Partei wegbricht. Er wittert die Gefahr, der umtriebige Homo politicus, der ohnehin schon zu nahe an seinen Intimfeind Strauß herangerückt ist, könne als möglicher Ministerpräsident eines bedeutenden Landes wie Nordrhein-Westfalen langfristig auch ihm zum Konkurrenten erwachsen.

Nach diesem von Kohl als persönlicher Affront empfundenen Vorstoß haben sich die beiden Herren bloß noch wenig zu sagen. Und so bleiben dem CDU-Chef nur einige Wochen Zeit, um auf dem nächsten Parteitag einen Ersatz zu präsentieren. Sein Favorit heißt Walter Wallmann, der das Amt aber dankend ablehnt. Dem in Mainz weit unter Wert gehandelten Sozialminister Heiner Geißler kommt die Berufung indes gelegen.

Und die CDU begrüßt das neue rheinland-pfälzische Duo mit eindrucksvollen Ergebnissen. Während für den «General» auf Anhieb immerhin 746 von 812 Delegierten votieren, stärken dem Vorsitzenden nahezu 95 Prozent der Versammelten den Rücken. Der bisher weder von Konrad Adenauer noch einem seiner Nachfolger geleistete unermüdliche Pflegedienst, den Helmut Kohl mit seiner Familien-Philosophie der Union zuteilwerden lässt, beginnt sich auszuzahlen.

Der Partei geht es unter der Regie des pfälzischen «Obermajores» – in seiner Heimat gebräuchlicher Ausdruck für einen, der die Fäden spinnt – sehr viel besser als der Fraktion, und er fühlt

Mit beachtlicher Stimmenzahl votieren die Delegierten des Bundesparteitages in Düsseldorf im März 1977 für Helmut Kohls neuen Generalsekretär Heiner Geißler. Aber auch er wird sich – wie der Vorgänger Kurt Biedenkopf – von seinem Chef bald distanzieren.

sich in ihr geborgen. Telefonisch sorgfältig vorbereitete Reisen zur Basis entschädigen ihn für den Frust, den die Abgeordneten ihm bescheren, und in den meisten Landesverbänden, die der emsige Netzwerker häufig und gerne besucht, sieht er sich auch strategisch auf dem richtigen Weg. In Niedersachsen und an der Saar, wo die Christdemokraten Ernst Albrecht und Franz-Josef Röder Bündnisse mit der FDP besiegeln, bestätigt sich seine Überzeugung, dass sich der CDU auf Dauer nur in dieser Kombination eine realistische Machtperspektive eröffnet.

In Bonn gilt er unterdessen zunehmend als schwieriger Fall. Im Vergleich zu Helmut Schmidt, der in seine erste Amtszeit als gewählter Kanzler mit einer «Rentenlüge» startet, die die Republik entzweit, um dann aber auf dem Höhepunkt der terroristischen Exzesse zu großer Form aufzulaufen, wirkt der Oppositionsführer weiterhin seltsam verkrampft. Sowohl im Kampf gegen die «Rote Armee Fraktion», der den Regierungschef zum «Helden von Mogadischu» macht, als auch im politischen Tagesgeschäft scheint ihm die nötige Spannkraft zu fehlen.

Helmut Kohl, der einst risikofreudige Draufgänger, hat erkennbar Angst vor Fehlern. Seit dem Drama von Kreuth wirkt der selbsternannte «Generalist» allzu oft uninspiriert und lässt dann seinen Fachleuten den Vortritt. Und seine Gegner, voran der ewige Quälgeist Strauß, zündeln bei jeder sich bietenden Gelegenheit.

Das erste Jahr nach seinem Wechsel in die Hauptstadt ist für den bodenständigen Oppositionsführer, wie er sich selbst eingesteht, jedenfalls mehr als ernüchternd. Er hat einiges zu bewegen versucht, aber außer der Rückkehr zum unionsinternen Status quo so gut wie nichts bewirkt – und nun muss er sich mit einem Kanzler messen, der im Frühsommer 1978 den Gipfel seines Ansehens erreicht.

In Bonn geben sich bei Helmut Schmidt vom Kremlchef Leonid Breschnew über die englische Königin bis zum US-Präsidenten Jimmy Carter die Topstars der Politik die Türklinke in die Hand, und in New York präzisiert der in Ost und West gleichermaßen stark beachtete Deutsche auf einer Sondersitzung der Vereinten Nationen seine Vorstellungen von einer grundlegenden, weltumspannenden Abrüstung.

Aus der Perspektive Kohls ist das ein Höhenflug, dem er selbst nur wenig entgegenzusetzen vermag. Seine «sicherlich unelegante Figur» und der «hörbare Pfälzer Dialekt», tut er sich noch später freimütig leid, habe der telegene hanseatische Medienliebling immer wieder zum eigenen Vorteil genutzt. Die Reihen der Opposition seien zudem von Negativ-Schlagzeilen verunsichert worden, die letztlich sein Konto belastet hätten – etwa der Parteiaustritt des ersten ökologisch versierten CDU-Bundestagsabgeordneten Herbert Gruhl oder der Skandal um den baden-württembergischen Ministerpräsidenten und ehemaligen Marinerichter Hans Karl Filbinger.

Doch ganz so einfach lässt sich der schleichende Niedergang kaum erklären. Im Herbst 1978 ist die Union in Bonn und in neun von elf Ländern der Republik die deutlich stärkste politische Kraft – nur ihr farbloser Spitzenmann profitiert nicht davon. Dabei steht ihm die eigentliche und existenzielle Herausforderung noch bevor.

DAS COMEBACK

Während Kohl die Tage der Jahreswende auf Kurzurlaub im Allgäu verbringt, erregt Kurt Biedenkopf, der inzwischen zum stellvertretenden Parteichef avanciert ist, mit einem brachialen Frontalangriff Aufsehen. In einem 23 Seiten umfassenden, gleichzeitig an ausgewählte Freunde verschickten «Memorandum» verlangt er von seinem Vorsitzenden nichts weniger als den Verzicht auf den Chefsessel der Fraktion. Sehe er sich dazu außerstande, so der ehemalige Generalsekretär kategorisch, müsse der nächste, in Kiel anberaumte Bundeskonvent darüber befinden.

Dass der in Machtfragen erfahrene Pfälzer das analytisch raffiniert verbrämte Papier als «kalten Putschversuch» wertet, verübeln ihm nicht einmal seine Gegner. Vor allem der Vorschlag Biedenkopfs, den mittlerweile als Ministerpräsident in die bayerische Staatskanzlei umgestiegenen Franz Josef Strauß in der Länderkammer zum «Stimmführer» aufzubauen, lässt bei Kohl die Alarmglocken schrillen. Gäbe er dem tückischen Plan auch nur teilweise seinen Segen – darüber muss er nicht lange nachdenken –, wäre damit unweigerlich die noch offene Kanzlerkandidatur für die Bundestagswahl 1980 präjudiziert.

Der Anschlag weckt seinen scheinbar schon erlahmten Widerstandsgeist, und die in zahllosen Telefongesprächen zu Hilfe gerufenen Provinz-Spitzenfunktionäre versichern ihm prompt ihre Loyalität. Binnen kurzem sammelt er so viele Ergebenheitsadressen ein, dass den Büchsenspannern in Bonn die Lust an der Revolte vergeht. Kohls Beharren darauf, die Partei- und Fraktionsführung in einer Hand zu behalten, wird von den Vorständen beider Gremien verschreckt in Kauf genommen.

Es ist dennoch kein strahlender Sieg. Dass selbst Kurt Biedenkopf die mit Wissen von Strauß angefertigte Expertise wieder zurückzieht, ändert nichts an der generellen Unzufriedenheit der christdemokratischen Hierarchen. Hinter verschlossenen Türen kritisieren sie ihren ersten Mann, er sei bei seinen Bemühungen, den ersehnten Regierungswechsel voranzutreiben, kaum einen Schritt weitergekommen.

Erhebliche Zweifel an seiner Fähigkeit, die Union zu neuen Ufern geleiten zu können, beschleichen dann auch die Parteitagsdelegierten. Als er sich im März 1979 in Kiel zur Wiederwahl stellt, reduziert sich die Zustimmung von vorher fast 95 auf knapp über 83 Prozent – ein Vertrauensverlust, der ihn aufwühlt.

Das Debakel erinnert Kohl fatal an die Demontagen seiner Vorgänger Erhard und Kiesinger.

Und er erlebt die folgenden Monate als die bedrückendsten seiner Karriere. Während ihn Strauß sofort wieder mit der «Vierten Partei» provoziert, wirkt der schwindende Rückhalt unter den Amts- und Mandatsträgern wie ein schwer zu erstickender Schwelbrand. Die Bereitschaft, den von der CSU bedrängten eigenen Mann auch aus Gründen der Selbstachtung zu stützen, weicht nun Schritt für Schritt einer drastisch veränderten Bewertung der Lage. Ungeachtet seiner in der letzten Wahlkampagne bewiesenen Kampfkraft hängt ihm ein diffuses Verliererimage an, das die Einschätzung Biedenkopfs zu bestätigen scheint.

Sogar der zu dieser Zeit noch treue Paladin Heiner Geißler trägt sich mit dem Gedanken, seinem Chef zumindest von einer erneuten und seiner Auffassung nach wenig erfolgversprechenden Kanzlerkandidatur abzuraten, und zum ersten Mal sieht sich Kohl tatsächlich vor die Frage gestellt, ob er das seit Anfang der sechziger Jahre unbeirrbar verfolgte große Ziel aufgeben soll. In Schüben triefender Larmoyanz entsetzt ihn «als Mensch aus Fleisch und Blut» insbesondere die angeblich überall um sich greifende Niedertracht. Misstrauisch gegen nahezu jedermann, beauftragt er schließlich den Verfassungsschutz, seine Bonner Büroräume nach Wanzen zu durchsuchen.

Doch die Panikattacken legen sich bald. Ein von Helmut Kohl ermitteltes, «leider realistisches Stimmungsbild» konfrontiert ihn mit der bitteren Erkenntnis, dass er für seine Pläne weder an der Basis noch in den oberen Rängen mit einer Mehrheit rechnen kann, und so zieht er kurz entschlossen die Konsequenzen. Im Partei- und Fraktionsvorsitz, so sein Kalkül, werde er höchstens dann überleben, wenn er zunächst einem anderen Kanzleraspiranten den Vortritt lasse – bei der anhaltenden Popularität Schmidts nicht zwangsläufig das Ende aller Träume.

Dass die CDU im unionsinternen Konkurrenzkampf einen

eigenen Bewerber benennen muss, gebietet nach dem Empfinden des Oppositionschefs schlicht die Vernunft; aber in Wahrheit sieht er ihn bloß als Pro-forma-Kandidaten. Nachdem der schleswig-holsteinische Kollege Gerhard Stoltenberg abgelehnt hat, stellt sich Ernst Albrecht zur Verfügung. Die ungleich besseren Chancen räumt Kohl indessen von Anfang an dem verhassten machthungrigen Rivalen aus München ein.

An Strauß, sagt ihm sein politischer Sachverstand, führe nun einstweilen kein Weg mehr vorbei – ein Befund, den er umso leichter verschmerzt, als er ihn mit heimlichen Hoffnungen verknüpft. Denn für ebenso sicher hält er das Scheitern des notorischen Quertreibers. Um tatsächlich ins Palais Schaumburg einzuziehen, müsste der Flügelmann schließlich den Wettbewerb um die Mitte der Gesellschaft gewinnen – und nicht nur das. Er hätte danach noch das Kunststück fertigzubringen, die unter Genscher auf Helmut Schmidt eingeschworenen Liberalen erfolgreich zu umwerben. Mit einem geschlagenen CSU-Boss dagegen wäre wohl auch ein für alle Mal der «Spuk von Kreuth» erledigt.

Liegt es an solchen Überlegungen, dass der sonst so vorsichtige Kohl die Nominierung seines Freundes aus Hannover auffällig nachlässig ins Werk setzt? Die von ihm mit Absicht übergangene Schwesterpartei erfährt von dem Coup durch gezielte Indiskretionen ausgerechnet an dem Tag, als sich die Union am 23. Mai 1979 nach der Wahl von Karl Carstens zum Staatsoberhaupt ihrer neuen Geschlossenheit rühmt. Will der Pfälzer den bayerischen Löwen, der erwiesenermaßen eher brüllt als beißt, ganz bewusst provozieren? Die Reaktion spricht dafür. Noch in der folgenden Nacht überreden die zu Recht empörten Christlich-Sozialen ihren Vorsitzenden zur Gegenattacke.

CDU und CSU haben nun jeweils ihren eigenen Kandidaten – eine Konstellation, die jener des Jahres 1976 ähnelt und in ein wochenlanges Ringen über die endgültigen Auswahlkriterien mündet. Unter welchen Prämissen soll das Finale stattfinden und welches Gremium entscheiden? Als die Bundestagsfraktion letztlich den Zuschlag erhält – und dort der vorher bereits von den Landesverbänden aus Nordrhein-Westfalen, Hessen und Baden-Württemberg ermutigte Strauß eindeutig dominiert –, bleibt Kohl erstaunlich unbeteiligt. Er nimmt den Sieg seines Intimfeindes «mit Respekt» hin, und sein Augenmerk gilt nun in erster Linie wieder der Einheit der Union.

Da das Unvermeidliche nicht zu verhindern war, aber die frischgekürte Nummer eins der Opposition nach der Prognose des CDU-Chefs ohnehin stranden wird, nutzt er den vermeintlichen Opfergang auf seine Weise. Eingefleischte Gefolgsleute des neuen Spitzenstars wie der CSU-Landesgruppenchef Friedrich Zimmermann registrieren verblüfft, mit welcher Nonchalance der jetzt ins zweite Glied zurückgetretene Kohl zur Tagesordnung übergeht. Er habe sich «aus Gründen der Klugheit» von seinem Bestreben verabschiedet, das bedeutsamste politische Amt in der Republik zu erlangen, erklärt der geläutert wirkende Machtmensch vor Journalisten – eine augenzwinkernd nachgeschobene fromme Lüge, mit der er listig seinen künftigen Kurs andeutet.

Die Metamorphose zum «ehrlichen Makler» scheint ihn binnen kurzem von allen Fesseln zu befreien. Während sich Strauß nach behutsamem Start im Lauf der Wahlkampagne immer stärker in Rage redet und bei den bisweilen wüsten Protestaktionen seiner Gegner zusehends die Fassung verliert, sammelt der CDU-Vorsitzende als um Mitte und Maß bemühter Integrator wieder die ersten Pluspunkte. Je schneller der Spitzenkraft der Union im Clinch mit dem nervenstark unterkühlten Staatsmann Helmut Schmidt die Felle davonschwimmen, desto erfreulicher die stetig ansteigenden Sympathiewerte für ihn. Und mit jeder Umfrage, die dem desorientierten Herausforderer ein sicheres Debakel voraussagt, nimmt seine Gelassenheit zu.

Geschickter als in diesen anderthalb Jahren bis zum Wahltag im Oktober 1980 wird sich Helmut Kohl danach nie mehr verhalten. Wie es ihm anno 1972 wichtig gewesen ist, dem hoffnungslos abgeschlagenen Parteifreund Rainer Barzel im Kampf gegen Willy Brandt zu dienen, legt er sich nun mit Hingabe ein weiteres Mal für «die Sache» krumm. Als sei er selber die zentrale Figur, bringt es der arbeitswütige Kärrner meistens per Hubschrauber in der heißen Phase auf annähernd 190 Termine. Der Name Strauß kommt in seinen erbaulichen, an Sitte und Anstand appellierenden Polit-Andachten zwar nur selten vor, aber die Goodwill-Tour macht Eindruck.

Und das Ergebnis gibt ihm recht. Wie von Kohl kalkuliert, bezahlt die Union das Experiment mit dem weitaus schlechtesten Resultat seit 1949. Im Vergleich zu 1976 schrumpft sie um mehr als vier Prozent – für den Spitzenkandidaten ein verheerender Schwund. Dass dabei auch die Sozis deutlich unter ihren Erwartungen bleiben, kann ihm schwerlich genügen: Den Kanzler-Bonus kassieren stattdessen die auf 10,6 Prozent angewachsenen Liberalen, die mit dem Konterfei Helmut Schmidts geworben haben und dem Bündnis nun natürlich verpflichtet sind.

Im Gegensatz zu Strauß, dem schon deshalb die Argumente ausgehen, weil er selbst in Bayern herbe Verluste hinnehmen muss, ist für den christdemokratischen Trapezkünstler die Welt wieder in Ordnung. Nicht mal seine boshaftesten Kritiker können ihm irgendwelche Fehler anlasten, und da die Unionsparteien im Parlament trotz ihres Desasters immer noch die stärkste Kraft bilden, gewinnt er in der Opposition automatisch die Schlüsselrolle zurück. Unter den Konservativen, umschwärmt ihn sogar der «Münchner Merkur», sei Kohl jetzt die «nahezu einzige Führungspersönlichkeit», die «völlig unbeschädigt» dastehe.

So folgt innerhalb weniger Tage eines der erstaunlichsten politischen Comebacks in der bundesdeutschen Nachkriegsgeschichte. Von der «Bild»-Zeitung wie der «Frankfurter Allgemei-

Der bitterste Augenblick des Franz Josef Strauß nach seiner gescheiterten Kanzlerkandidatur: Um seine Niederlage erklären zu können, schiebt ihm der CDU-Chef Helmut Kohl bei einer Fernsehdiskussion das Mikrophon zu.

nen» gleichermaßen zum neuen Heros erhoben, gefällt sich der Retter in der Pose des Altruisten, der zugleich mit dem Gestus der Selbstverständlichkeit die Geschäfte an sich zieht. Er hat mit Würde sein Kreuz getragen, und unproduktive Schuldzuweisungen kommen für ihn nicht in Frage. «Wir haben alle verloren», tröstet er ein um das andere Mal seine beschämten Kollegen – und einer fühlt sich dabei besonders unwohl.

Bei so viel Großmut bleibt Strauß nichts anderes übrig, als dem angeblich unfähigen christdemokratischen Laiendarsteller beachtliche «Substanz» und «staatsmännische Reife» zu bescheinigen – und danach ausdrücklich seine erneute Wahl zum Chef der Fraktion zu empfehlen. Die gewinnt der «liebe Helmut», dem der Bayer devot ein «Freundschaftsbündnis» offeriert, schließlich mit sagenhaften 210 von 214 gültigen Stimmen.

Im März 1981 leistet dann auch die eigene Partei ihrem Vorsitzenden Abbitte. Auf dem Bundeskongress in Mannheim erhält er mehr als 96 Prozent Zustimmung – ein Rückhalt, der sich zu einem wahren Triumph auswächst, als der schärfste innerparteiliche Gegner Kurt Biedenkopf seinen Platz im Präsidium nur mit knapper Not behauptet. Eine erneute, spätestens in der zweiten Hälfte der Legislaturperiode anstehende Kanzlerkandidatur ist Kohl nach dieser Entwicklung kaum noch streitig zu machen.

Mit der Entmachtung seiner Rivalen beginnt für ihn in Bonn die stabilste Phase seiner Karriere, die bis dahin eher wie auf einer Achterbahn verlief – und die marode Koalition trägt ihren Teil dazu bei.

Im August verschickt der FDP-Vorsitzende Hans-Dietrich Genscher den ersten seiner berühmten «Wendebriefe», in dem er von der SPD einen grundlegenden Umbau ihres zunehmend widersprüchlichen Regierungskonzepts fordert: Der unter dem Druck der Linken seiner Partei ächzende Partner Helmut Schmidt soll endlich vor allem auf den Feldern der Verteidigungs- und

Wirtschaftspolitik den vereinbarten Kurs durchsetzen. Nach der Einschätzung des hellhörigen Oppositionsführers ist das der «Anfang zum Guten».

Und der im Regierungslager rumorende Entfremdungsprozess beschleunigt sich. Im Februar 1982 fühlt sich der Kanzler bemüßigt, dem schwindenden Vorrat an Gemeinsamkeiten und seiner immer öfter in Zweifel gezogenen Richtlinienkompetenz mit einer spektakulären Vertrauensfrage zu begegnen. Zwar vermag er die Reihen noch einmal zu schließen, aber der mühsame Burgfriede erweist sich als brüchig. Als sich nach den Bürgerschaftswahlen in Hamburg erstmals rechnerisch eine rot-grüne Mehrheit ergibt – während die FDP außen vor bleibt –, sieht sich Genscher zum Handeln gezwungen.

Seine Kontakte zu Kohl, die selbst in den glorreichsten Zeiten der Koalition mit der SPD nie ganz versandeten, intensivieren sich. Die Angst des Vizekanzlers, in der sich krass verändernden politischen Landschaft vollends überflüssig zu werden, wenn er nicht bald die Fronten wechsele, versucht der CDU-Chef mit einer zunächst vagen «Überlebensgarantie» zu mindern. Im Übrigen will er die FDP unter seiner Führung so ungeschmälert an der Macht beteiligen, wie ihr Helmut Schmidt das zugesteht. Er weiß, dass ein solches Entgegenkommen für die Liberalen eine existenzielle Frage ist, und sichert den Deal deshalb auf gemeinsamen Spaziergängen bei seinem neuen «Männerfreund» Franz Josef ab.

Jedenfalls möge Genscher ruhig darauf vertrauen, dass er «nicht ohne Netz» turne, souffliert ihm der in Überredungskünsten erprobte Kohl, der danach mit dem «beschwingten Gefühl, einer unaufhaltsamen Bonner Kanzlerdämmerung beizuwohnen», im August seinen Sommerurlaub antritt. Wie in jedem Jahr zieht es ihn ins österreichische St. Gilgen, wo er sich mit seiner Familie auf dem Wolfgangsee oder als Wanderer in der nahen Bergwelt vergnügt. Der zukünftige Kompagnon entspannt sich derweilen in einem nur wenige Autominuten entfernten Bauerngehöft.

Die Essentials ihrer künftigen Zusammenarbeit scheinen da schon so weit geklärt, dass sie aus Gründen der Vorsicht einander strikt aus dem Weg gehen.

Kapitel 8

«PFLICHT IM DIENST AM VATERLAND»: DER MACHTWECHSEL

Schon in den Sommermonaten 1982 schwirren durch das kleine Bonn immer neue Gerüchte eines bevorstehenden Machtwechsels. Nach dreizehn sozial-liberalen Jahren ist eine dramatische Zeitenwende zu ahnen: Die FDP bietet sich dem bisherigen CDU-Oppositionsführer als williger Partner an, ihr Chef Hans-Dietrich Genscher sucht schon seit einem Jahr den Absprung ins bürgerlich-konservative Lager. Zu groß werden die Differenzen der bisherigen Koalitionäre in Haushaltsfragen und in der (Nach-)Rüstungspolitik: Die Liberalen verlangen, einmal mehr, wirtschaftsfreundliche Reformen, die SPD-Linke kämpft gegen die Stationierung neuer US-Atomraketen in Deutschland. Genscher wartet nur auf den rechten Moment, denn noch weiß er nicht, wie er den Wählern den Partnertausch mitten in der Wahlperiode verständlich machen kann. Die Ära Schmidt geht zu Ende. Helmut Kohl ist kurz vor dem Ziel.

Wenn er sich mit wichtigen Liberalen zum Abendbrot und zu informellen Sondierungsgesprächen (meist bei Bruno, dem Italiener auf der «Cäcilienhöhe») verabredet, trägt er die Namen erst gar nicht in sein Notizbuch ein; die Begegnungen sollen streng vertraulich bleiben. An jenen Abenden schickt er seine übliche Entourage – Eduard Ackermann, den er nach dessen Lieblingsvorspeise «Dr. Carbonara» nennt, Juliane Weber und Horst Teltschik – auf seine Kosten zum Essen in ein anderes Restaurant. Die Öffentlichkeit soll möglichst wenig, besser noch: überhaupt nichts über die geplante Inszenierung des Machtwechsels erfahren.

Derweil trifft sich Kohl mit dem Ex-Bundespräsidenten und FDP-Ehrenvorsitzenden Walter Scheel oder mit dem amtierenden Wirtschaftsminister Otto Graf Lambsdorff, der auch in einem neuen Bündnis sein Amt behalten soll – oder mit dem Bonner CSU-Statthalter Friedrich Zimmermann, genannt Fritz, der als Verteidigungsminister vorgesehen ist, es später aber nicht werden darf.

Schon Mitte Juni deutet er in der «Bild»-Zeitung vorsichtig an, dass er noch vor der nächsten Bundestagswahl mit einem Regierungswechsel rechnet, doch ausdrücklich mahnt er die Fraktion: «Ich rate zu Geduld, Gelassenheit, Entschlossenheit und Mut» – obgleich Geduld nicht unbedingt eine «ausgeprägte Tugend der CDU» sei.

Helmut Kohl hat davon reichlich; andere – nicht zuletzt CSU-Kollege Franz Josef Strauß – schimpfen ihn deshalb einen «Aussitzer». Der Pfälzer lässt sich nicht beirren: Er weiß aus all den Kontakten seit Genschers «Wendebrief» im Jahr zuvor, dass die Spitzen der FDP sich auf den Absprung vorbereiten; sie wollen allerdings noch die Landtagswahlen in Hessen (Ende September) und Bayern (zwei Wochen später) sowie ihren Bundesparteitag Anfang November abwarten, um – etwas vordergründig – bei den Wählern den Verdacht eines lange geplanten Koalitionsbruchs zu zerstreuen. Kohl kann warten.

Am 31. August, einem Dienstag, nur einen Tag nach seiner Rückkehr aus dem Sommerurlaub am Wolfgangsee, fährt er schon wieder nach Österreich. Dort trifft er sich mit seinem ewigen Widersacher Strauß, wie lange verabredet, zu einem

Franz Josef Strauß und Helmut Kohl bei der Rast während einer ihrer rituellen Bergwanderungen in den Alpen 1984: Der Münchener Weltpolitiker Strauß empfängt den Bonner Kanzler zum Meinungsaustausch.

jener berüchtigten Spaziergänge in den Alpen, auf die der bayerische Ministerpräsident sich genauso sorgfältig vorbereitet wie auf eine Gipfelkonferenz. Das Ritual ist längst eingespielt: Der Weltpolitiker Strauß empfängt seinen kleinen Bonner Statthalter zum Meinungsaustausch, aber auch zur Befehlsausgabe. Kohl hört immer geduldig zu, kehrt nach Hause zurück und tut das, was er für richtig hält.

Diesmal geht es auf die Höhe oberhalb von Kufstein, gleich jenseits der deutschen Grenze. Strauß hat für die beiden Mannsbilder eine Brotzeit mitgebracht. Dort, gerade unterwegs, geraten sie in ein – so Strauß – «fürchterliches» Unwetter und müssen, ziemlich aufgeweicht, einen ihnen völlig fremden Almwirt um trockene Kleidung bitten; ihre Sicherheitsbeamten haben sie, eine jahrelange Übung, vorher abgehängt.

Man hat die Szene förmlich vor Augen, man möchte sie festhalten für die Nachwelt: Mitten im Wolkenbruch pochen zwei der wichtigsten deutschen Politiker, «durchnässt bis auf die Knochen», an die Tür eines Bauernhofs und bitten um Unterschlupf und Hilfe. Mit dem Bauern plaudern sie über das Wetter, das in der Erinnerung natürlich besonders dramatisch ist, und während noch das Unwetter tobt, reden sie in der Stube über dies und das, über die in knapp sechs Wochen anstehende Landtagswahl in Bayern etwa, bei der Strauß angesichts der politischen und konjunkturellen Lage einen glänzenden Sieg für sich und seine CSU erwartet.

Zum eigentlichen Thema kommen sie erst auf der Rückfahrt, ohne weitere Zeugen, abgetrocknet und in geborgten Hemden, als Kohl andeutet, man müsse «nun jeden Tag mit dem Ende der Regierung Schmidt rechnen». Jeden Tag? Strauß ist alarmiert; er begreift, dass jetzt auch seine hochfliegenden Pläne in Gefahr geraten. Und so drängt er, im Auto zwischen Kufstein und München, auf sofortige Neuwahlen noch im gleichen Herbst: Denn nur so – wenn die FDP vom Wähler abgestraft und den Einzug ins Parlament verpassen würde – könnte er sich seinen Traum erfüllen und Außenminister, Vizekanzler einer neuen Regierung werden, die von einer absoluten Mehrheit der Unionsparteien getragen wird.

Kohl hat die Forderung des Parteifreundes erwartet; natürlich hält er nichts davon. Auch deshalb hat er dem amtierenden Außenminister und FDP-Chef Genscher sein Wort gegeben, dass dieser auch in der neuen Konstellation sein Amt behalten darf; Kohl denkt in Kategorien von Macht und Mehrheit, nicht nach Launen des Moments. Neuwahlen sollten möglichst erst im Frühjahr angepeilt werden, wenn sich die Wähler wieder beruhigt und auch die linken FDP-Parlamentarier mit der Lage abgefunden hätten.

So spielt Kohl einen Trumpf aus, mit dem der stets ungestüme Bayer – er kann zwar besser reden, aber kaum strategisch denken – nicht gerechnet hat. Der Christdemokrat zwingt seinen vermeintlichen Männerfreund, in München zu bleiben und auf einen Platz in der neuen Bundesregierung zu verzichten. Er teilt ihm während der historischen Autofahrt, Strauß am Steuer, nur kühl mit: «Du kannst ja gar nicht antreten, wenn du nicht in Bayern deine Kandidatur niederlegst.» Und dem CSU-Chef kommt es nach eigenem Bekunden – noch Jahre später erinnert er sich daran – so vor, als sei bei Kohl «ein Ton tiefer Genugtuung unüberhörbar».

Denn beiden ist klar: Wenn Kohl jetzt Kanzler wird, ist Strauß, der Möchtegernkanzler, der keine zwei Jahre vorher die Bundestagswahl verlor, erst einmal ausgeschaltet. Er kann zwar aus dem fernen München noch maulen und quengeln, aber der CDU-Mann ist die unbestrittene Autorität, er bestimmt die Richtlinien der Politik. Er ist für lange Zeit die Nummer eins.

Wie schon so oft erweist sich Kohl als der klügere von beiden. Warum sollte die FDP erst einen Christdemokraten zum Kanzler wählen, um wenige Wochen später, bei Neuwahlen, bereitwillig ihre eigene Existenz zu riskieren? In den Worten von Friedrich Zimmermann, dem ein wütender Strauß darüber die Freundschaft aufkündigt und der deshalb in der neuen Regierung das Innenministerium statt des ersehnten Verteidigungsressorts übernehmen muss: «Ich hielt es für unmöglich, der FDP einen Strick um den Hals zu hängen, uno acto sozusagen mit der Regierungsübernahme, und ihr dann zu sagen: Vielen Dank, jetzt kannst du dich aufhängen!»

Und warum sollte Bundespräsident Karl Carstens, ein angesehener Staatsrechtler, die verfassungsrechtlich heikle Frage möglicher Neuwahlen auf solche Weise lösen, dass in deren Folge eine kleine, aber doch traditionsreiche Partei auf der Strecke bleibt, ohne deren Wechselbereitschaft Neuwahlen doch gar nicht nötig wären?

Stattdessen bleibt Strauß, politisch gesehen, auf der Strecke. Schon so oft hat er Kohl mangelnden Mut vorgeworfen, hat gehöhnt, der Kollege pflege gerne als Raubkatze zu starten, um dann im entscheidenden Moment «als Bettvorleger zu landen». Jetzt landet der wortmächtige CSU-Chef unsanft. Dompteur Kohl wird den bayerischen Löwen noch mehrfach demütigen.

Siebzehn Tage später, am 17. September 1982, begibt sich der Noch-Kanzler Helmut Schmidt, wie der Oppositionsführer es erwartet hat, auf die Flucht nach vorn und treibt die FDP-Minister zum Rückzug aus dem Kabinett. Als Minderheitskanzler hat er allerdings keine Chance. Er spielt nur kurz mit dem Gedanken, wieder einmal, zum dritten Mal, im Bundestag die Vertrauensfrage zu stellen und nach der erwarteten Ablehnung den Bundespräsidenten um sofortige Auflösung des Parlaments zu bitten – so bliebe er Herr des Verfahrens, und die FDP geriete beim Wähler in Begründungsnot. Allerdings müsste er im Wahlkampf ein Ziel anpeilen, das die SPD in der Nachkriegszeit noch nie erreicht hat – die absolute Mehrheit im Parlament. Damit kann er angesichts der Zerstrittenheit der eigenen Partei nicht rechnen.

Und so endet die seltsame Allianz zwischen Schmidt und seinem erst vor zwei Jahren gescheiterten Herausforderer Strauß schon im Ansatz: Kohl hat den Liberalen gleichsam eine Überlebensgarantie gegeben; Neuwahlen sollen erst im folgenden März stattfinden. Bis dahin kann die geplante neue Koalition den Bürgern ihre Existenzberechtigung nachweisen.

«Ausgeprägtes Fingerspitzengefühl», so erinnert sich Kohl, sei damals nötig gewesen, um den künftigen Partner nicht gleich zu erschrecken oder «in Bedrängnis zu bringen». Er will damit sagen: Strauß hatte das nicht, der wollte die FDP aus dem Parlament jagen – auf die Gefahr hin, dass dann der Union beim übernächsten Wahlgang die nötigen Bundesgenossen fehlen könnten. Kohl denkt viel weiter als sein Widersacher. Damals, in den Tagen kurz vor seiner Kanzlerschaft, prägt sich jene Zielstrebigkeit aus, die Historiker ihm keine Dekade später als «traumwandlerische Sicherheit» bescheinigen werden.

Doch zunächst hat er einen Rückschlag zu verkraften. Im allgemeinen Gezeter über den «Koalitionsbruch» der FDP verliert Ende September der Christdemokrat Alfred Dregger entgegen allen Umfragen die sicher geglaubte Mehrheit im hessischen Landtag, die Liberalen schrumpfen in Wiesbaden zur Splitterpartei, und der Sozialdemokrat Holger Börner kann nach dieser sogenannten «Schmidtleidswahl» weiterregieren. Eigentlich ein mehr als schlechtes Omen für Kohls hohen Einsatz im Bundestag.

Erst ein einziges Mal in der Nachkriegsgeschichte, 1972, hatte die Union ein konstruktives Misstrauensvotum gegen einen amtierenden Kanzler gewagt und mit zwei Stimmen verloren. Zehn Jahre danach, am 1. Oktober 1982, sind die Mehrheitsverhältnisse für den Oppositionsführer günstiger, das Ergebnis fällt aber doch ziemlich knapp aus: Helmut Kohl erhält sieben Stimmen «über den Durst» – und damit immerhin 23 weniger, als die neue bürgerlich-liberale Koalition rechnerisch vorweisen kann.

An jenem 1. Oktober 1982 um 17.30 Uhr, nachdem er im Bundestag den Eid auf das Original des Grundgesetzes geleistet hat, lässt sich der Pfälzer zum ersten Mal auf dem für den Kanzler reservierten Platz nieder – im Bewusstsein, sein Lebensziel erreicht zu haben. Er selbst spricht von einem Moment «unbeschreiblicher Freude».

Doch wer ihn beobachtet, sieht keinen Strahlemann. Da sitzt ein soeben gewählter Regierungschef, zu Recht stolz auf das Erreichte, aber auch mit einer gehörigen Portion Unsicherheit im unsteten Augenaufschlag: Was kommt auf mich zu? Kann ich jedermanns Erwartungen erfüllen?

Abends feiert er mit seiner Familie, die seinen Triumph auf der Besuchertribüne des Bundestages verfolgt hat. Am nächsten Morgen, einem Samstag, das Erschrecken, als er sich vom Kanzleramtschef Gerhard Konow sein künftiges Büro zeigen lässt: Der für Kohl bestimmte Trakt ist leer, das Chefzimmer öde und kahl. Helmut Schmidt hat alles wegschaffen lassen. Der Nachfolger erinnert sich, noch immer ziemlich verärgert: «Es gab kein einziges Stück Papier», das der fünfte dem sechsten Bundeskanzler zu dessen Start vorbereitet hätte.

Sieht so das «Amt der Eiseskälte» aus, von dem er vorher häufig sprach? Kohl alarmiert seine Mitarbeiter aus der Fraktion, gleich am Wochenende werden mit Hilfe seiner Söhne und der beiden Dienstfahrer, die kurzerhand einen Kleinlaster mieten, Möbel und Akten aus Kohls Suite im Bundeshaus in das wenige Meter entfernte Kanzleramt geschafft – ein Umzug, der im Bonner Regierungsviertel an einem Samstag niemandem auffällt. Denn da gleicht die Gegend nach einem Bonmot von Vorgänger Schmidt in ihrer Ödnis «dem Zentralfriedhof von Chicago – nur doppelt so tot».

Der neugewählte Kanzler auf der Regierungsbank des Bundestages am 1. Oktober 1982: Helmut Kohl hat sein Lebensziel erreicht – er selbst spricht von einem Moment «unbeschreiblicher Freude».

Bei Dienstbeginn am Montag ist das Kanzlerbüro ordentlich eingeräumt: Neu hier sind eine Bundesflagge, eine Sammlung seltener Steine oder ungewöhnlicher Plaketten, alte, längst erloschene Pfeifen aus Kohls Raucherzeit in einem Holzregal und reichlich anderer Nippes, der den Sammler an ein Leben außerhalb der Politik erinnert. Er selbst nennt sein Arbeitszimmer «ungewöhnlich», weil es mit all dem Trödel eher auf Gemütlichkeit als auf Effizienz zielt. Bald folgt noch ein Aquarium, sodass die Regierungszentrale mit ihrer biederen Ausstrahlung und den seltsamen Trophäen einem Vereinslokal gleicht. Aber den Kanzler beruhigt es, die Zierfische aus der Südsee «hin und her schwimmen zu sehen».

Gäste empfängt er gern in lockeren Schlappen, während im Hintergrund Musik von Vivaldi ertönt – als sei sein Lebensmittelpunkt immer noch das Haus in Oggersheim, zweihundert Kilometer rheinaufwärts, wo er die meisten Wochenenden verbringt. Sie spüren, dass Helmut Kohl sich in Bonn nicht wirklich zu Hause fühlt. Seine Heimat ist und bleibt die Pfalz: Dort ist er zu Hause. In der Bundeshauptstadt, wo er seine «Pflicht im Dienst am Vaterland» zu tun hat, wirkt er wie auf Besuch.

In seiner ersten Regierungserklärung vor dem Bundestag unterstreicht er die Dramatik der Lage: Es handele sich um die «schwerste Wirtschaftskrise seit Bestehen der Bundesrepublik Deutschland» – und dies bei einem Fehlbetrag von gerade mal 5,5 Milliarden Mark. Er nennt als wichtigste Vorhaben seiner Übergangsregierung den Kampf gegen Arbeitslosigkeit, das Eintreten für soziale Sicherheit und ordentliche Staatsfinanzen. Zugleich lässt er keinen Zweifel an seiner Entschlossenheit, die neue Koalition im Frühjahr vom Wähler bestätigen zu lassen.

Verfassungsrechtliche Bedenken kümmern ihn nicht; in dieser Frage, so berichtet der neue zuständige Minister Zimmermann, verhält er sich wie ein absolutistischer Herrscher. Dabei lässt das Grundgesetz, in der damaligen Interpretation noch mehr als heute, Neuwahlen nach Gutdünken einer Regierungsmehrheit eigentlich nicht zu.

Auch Bundespräsident Carstens erkennt dieses Problem. Der gelernte Rechtsprofessor will einem solchen Schachzug über den Umweg einer getürkten Vertrauensabstimmung nur zulassen, wenn alle derzeit im Parlament vertretenen Parteien der gleichen Meinung sind und die Auflösung des Bundestags nicht zu Lasten einer einzelnen Partei geht.

Im Nachhinein fällt die Sicherheit und Zielstrebigkeit auf, mit der Kohl – der doch gerade mit ausreichender Mehrheit zum Kanzler gewählt worden war – auf den Termin für außerplanmäßige Neuwahlen am 6. März 1983 hinsteuert. Eigentlich hindert das Grundgesetz den Regierungschef, mit einer Auflösung des Parlaments für ihn günstigere Mehrheitsverhältnisse zu erreichen. Genau deshalb ist auch Carstens gegen eine solche Manipulation. Er bestellt den Innenminister siebzehnmal zu sich, um mit ihm und seinem Staatssekretär Hans Neusel dieses Verfahren und mögliche Auswirkungen zu besprechen: Hat der politische Gestaltungswille Vorrang vor den Hürden der Verfassung? Darf ein Kanzler seine Richtlinienkompetenz so dehnen?

Gegenüber dem Kanzler beharrt der Präsident dezidiert auf seiner Ansicht, er müsse davon überzeugt sein, «dass die Bundesregierung in wichtigen Fragen der Innen- und Außenpolitik keine Mehrheit im Parlament» habe. Kohl dagegen hält diese Interpretation für spitzfindig. Er lässt Mitte Dezember den Bundesetat 1983 von denselben Abgeordneten verabschieden, die ihm einen Tag später in der manipulierten Abstimmung das Vertrauen per Enthaltung entziehen. Carstens muss das eigenwillige Vorgehen akzeptieren, nennt diese Zeit aber später die «schwierigsten Wochen meines Lebens».

Vier Abgeordnete klagen unverzüglich gegen seinen Entscheid, und während der Wahlkampf anläuft, präpariert sich das Staatsoberhaupt für das Urteil der Verfassungsrichter in

Karlsruhe – mit zwei vorformulierten Erklärungen: In der einen begrüßt er das richterliche Votum, das seiner schwierigen Entscheidung folge. In der anderen, die für den Fall gedacht ist, dass Neuwahlen nicht möglich, weil nicht rechtens sind, beruft er den alten, aufgelösten Bundestag wieder ein – und verkündet seinen sofortigen Rücktritt vom Amt des Bundespräsidenten.

Zu seiner grenzenlosen Erleichterung weist das Gericht Mitte Februar die Klagesteller ab und urteilt, der Präsident dürfe «keine anderen Maßstäbe als der Bundeskanzler» anlegen, er müsse die «Beurteilungskompetenz» des Regierungschefs achten.

Und wenn das Bundesverfassungsgericht sich eine andere Meinung zu eigen gemacht hätte, wie es viele Juristen für möglich hielten?

Der Bundespräsident war darauf vorbereitet, der Kanzler nicht. Man hätte ihm in den folgenden Monaten eine Manipulation der Verfassung vorgeworfen – kein gutes Etikett für einen Politiker, der noch lange im Amt zu bleiben gedenkt. Doch am 6. März gewinnt er locker die vorzeitige Wahl, selbst die FDP schafft wieder den Einzug ins Parlament.

Dabei hat sich an den angeblich so schlechten Wirtschaftsdaten in den wenigen Monaten seit seiner Amtsübernahme nicht viel geändert. Geändert hat sich die Stimmungslage der Nation – bei den Unternehmern, die plötzlich wieder investieren, bei linken Sozialdemokraten, die fürs Opponieren größere Leidenschaft entwickeln als fürs Regieren, und bei den Bürgern, die dem gewählten Kanzler Kohl nun eine Chance einräumen, da der Vorgänger Schmidt an der FDP, aber vor allem an den eigenen Leuten gescheitert ist. Die Lähmung scheint vorbei; es gibt wieder Hoffnung.

DIE GEISTIG-MORALISCHE WENDE BLEIBT AUS

Mit der Neuwahl schöpfen vor allem die kleinen Bürger und die Unternehmer Zuversicht – viel weniger die Meinungsführer im Land. Im Gegenteil: Niemals in der deutschen Nachkriegsgeschichte ist ein Kanzler zu Beginn seiner Amtszeit von der veröffentlichten Meinung, den Intellektuellen oder seinen Widersachern derart mit Argwohn, Häme, gar persönlichen Schmähungen begleitet worden wie Helmut Kohl. Der «Stern» beschreibt das «Phänomen eines Zwei-Zentner-Nichts»; im «Spiegel» reibt sich Hellmuth Karasek an Kohls rhetorischen Defiziten und nennt ihn einen «sprachlosen Schwätzer»; der sozialdemokratische Pressedienst «ppp» schmäht ihn als «eitlen, linkischen Provinzpolitiker», und Gerhard Schröder, der ihn sechzehn Jahre später beerben wird, hält ihn für einen «Gimpel».

Nur Wilhelm Dröscher, als Oppositionsführer im Mainzer Landtag jahrelang Kohls Rivale, warnt per Brief die Kollegen im SPD-Bundesvorstand, den Christdemokraten «zu leicht» zu nehmen: «Er ist ein Mann, der dem deutschen Kleinbürger auf den Leib geschrieben ist.»

Das bewahrt die deutschen Großbürger – oder jene, die sich dafür halten – nicht vor schnellen Urteilen; es ermuntert sie eher. Karl-Heinz Bohrer, der Vordenker der Intellektuellen, beklagt in der konservativen «Frankfurter Allgemeinen» an Helmut Kohls erstem Arbeitstag im neuen Amt Mangelerscheinungen allenthalben: «Mangel an Intellekt, Mangel an Zukunftsphantasie, Mangel an Flair und persönlichem Stil»; und an dessen Partei, der CDU, erkennt er den «Mangel an politisch stilistischer Weltläufigkeit. Die CDU wirkt provinziell.»

Den Ton der Schmähkritik geben die deutschen Feuilletonisten vor, die sich ereifern, dass nun ein Mann aus der Provinz – ausgerechnet dieser groß gewachsene Mann, dem ja als Bonner

Oppositionsführer tatsächlich Strahlkraft fehlte – neuer deutscher Regierungschef ist. In der «Zeit», deren Ex-Herausgeber Diether Stolze eben erst Kohls neuer Pressesprecher geworden ist, schäumt der Literaturchef Fritz J. Raddatz: «Nun haben wir einen Mann an der Spitze des Staates, der selbstgewiss ist, aber nicht reflektiert; der sich seiner sicher dünkt, aber unsicher denkt, der rational zu argumentieren scheint, sich aber in den Redefiguren der Irratio bewegt.» Einst habe Karl Kraus solche Rhetoriker mit dem Satz beschrieben: «Das Niveau hat sich gehoben. Aber es ist keiner mehr druff.»

Gelegentlich sinkt aber auch das Niveau der Kritiker, verwechseln die Pamphletisten Form und Äußeres – für die Kohl nichts kann – mit dem Inhalt oder der politischen Überzeugung. Karasek etwa gibt dem Kanzler, der von «Würde» und «Werten» spricht, den ungebetenen Rat: «Dabei ist Würde ein Wort, das Kohl tunlichst meiden sollte. Die eher joviale Erscheinung des Pfälzers, dessen unbeholfene Körperlichkeit Satiriker und Karikaturisten unabweislich zum Birnenvergleich genötigt hat, das Lachen, das ihn oft auch noch auf der Regierungsbank überfallartig schüttelt, der Blick, der hinter der Brille wie hinter Käfiggittern entlangschweift, das legt alles andere nahe als den Gedanken an Würde.»

Hier testet ein Journalist die Grenze zur Beleidigung, unterstellt, dass der Mann aus der Provinz niemals das Zeug zum Staatsmann habe, ja, er gibt vor, dass eigentlich nur ein Feuilletonist, der mit dem Wort solch edlen Umgang pflegt, zum politischen Akteur taugt. In diesen Zeiten der Machtwende von der sozial-liberalen hin zur christlich-liberalen Regierung ist es Mode, den neuen Kanzler als hinterwäldlerischen Biedermann zu verspotten, als Tölpel, der wegen mancher Eigenarten quasi automatisch nur zum Übergangskanzler geschaffen sei. Allerdings übersehen die so wortmächtigen Kritiker, dass Kohl nicht nur in seiner CDU außer Konkurrenz läuft – auf dem Parteitag

1983 in Köln wird er von den Delegierten eindrucksvoll im Amt bestätigt –, sondern dass er nun außer dem parlamentarischen auch ein demokratisches Mandat hat: Der Ruch des Königsmordes an Helmut Schmidt, eigentlich auf Genscher gemünzt, kann ihm nicht lange anhaften. Nach der Märzwahl 1983 stecken denn auch die meisten dieser Kommentatoren ihre Holzhämmer verschämt wieder ein.

Dafür ängstigt der neue Kanzler anfangs manche, auch wohlwollende Bürger, indem er immer wieder eine angeblich notwendige «geistig-moralische Erneuerung» einfordert, die außer ihm, dem Rechtsaußen-Flügel seiner Partei und dem konservativen Klerus, kaum einer wirklich herbeiwünscht. Sein Nachfolger als Chef der Unionsfraktion, Alfred Dregger, kleidet jene Wende in Worte, die heute absonderlich klingen; er fordert eine Rückkehr zu den «Tugenden des Preußentums: Pflichtgefühl, Unbestechlichkeit, Verantwortungsgefühl vor Gott und den Menschen und Opferbereitschaft» – solche Wertvorstellungen seien «Teil unseres kulturellen Erbes geworden».

Noch in seinen «Erinnerungen» wiederholt Kohl so unbeirrbar wie weitschweifig: «Mir ging es um das Bewusstsein, dass die Krise in unserem Land nur zu bewältigen war, wenn wir die geistig-moralische Krise erkannten, die der wirtschaftlichen zugrunde lag. Wir mussten die geistig-moralische Wende vor die ökonomische setzen und nicht umgekehrt. Alles, was der Staat, was eine handlungsfähige Regierung in der Wirtschafts-, Finanz- und Sozialpolitik besser machen konnte, würde wirkungslos bleiben, wenn es nicht gelänge, auch im Denken und Handeln unserer Mitbürger eine Wende, eine grundsätzliche Neubesinnung einzuleiten.» Und diese «Grundüberzeugung» scheint ihn auch noch lange danach zu beseelen: «Die geistig-moralische Krise», beharrt der Altkanzler, «war das Resultat einer seit über einem Jahrzehnt betriebenen Verunsicherung, einer Verunsicherung im Verhältnis zu unserer Geschichte, zu vielen grundlegenden ethischen Werten und sozialen Tugenden, zu Staat und Recht, und letztlich auch einer Verunsicherung in unserem nationalen Selbstverständnis. Dafür war eine Mobilisierung der geistig-moralischen Kraft unseres Volkes notwendig.»

Allerdings sagt Kohl auch damals so wenig wie heute, was er wirklich unter einer derartigen «Erneuerung» versteht. Gelegentlich ist ein Unterton zu vernehmen – etwa, als er im Wahlkampf «zugunsten unserer Gemeinschaft und unseres Vaterlandes» anregt, «ob nicht die alten Tugenden wie Treue, Sparsamkeit und Fleiß wieder mehr gelten müssen». Meint er mit «Treue» die eheliche – also eine neue Reform des Scheidungsrechts? Mit «Sparsamkeit» die Abkehr vom Konsumdenken, während die Konjunktur gerade anspringt? Mit «Fleiß» längere Arbeitszeiten, dabei wären doch nicht wenige der seinerzeit rund zweieinhalb Millionen Erwerbslosen froh über einen neuen Job?

Weil Kohl mit seinen Worthülsen so viel im Unklaren lässt, bleibt die geistig-moralische Wende ein stumpfes Schlagwort, tauglich allenfalls zur Einschüchterung und Disziplinierung all jener, denen mit der alten Koalition ein utopischer Traum abhandengekommen ist und die nun um den Fortbestand des gesellschaftlichen Friedens fürchten. Die Intellektuellen, meist Anhänger der verflossenen sozial-liberalen Koalition, sorgen sich, Kohl könne nur eine rückwärtsgewandte Reform der Reformen gemeint haben – zurück in die graue Zeit der Adenauer-Ära, der Nierentische und der Tütenlampen, als Homosexuelle verfolgt wurden und der Volkswartbund sein Auge auf die vermeintliche Sittlichkeit der Bürger richtete.

Die Gewerkschaften fürchten, nun werde die Marktwirtschaft weniger sozial und die Balance der Tarifpartner zugunsten der Unternehmer verschoben. Hat der neue (und alte) Wirtschaftsminister Otto Graf Lambsdorff nicht schon lautstark «Karenztage» befürwortet, um den Arbeitern und Angestellten das Krankfeiern auszutreiben?

Kriegsgegner und Friedensfreunde gehen zu Hunderttausenden auf die Straße, um gegen Kohls Politik der «Nachrüstung» aufzubegehren; dabei setzt seine Regierung hier nur in die Tat um, was der frühere Kanzler Schmidt erfunden und, wenn auch gegen den Widerstand seiner Partei, vorbereitet hat.

Umgekehrt hoffen Anhänger des rechten Flügels der Unionsparteien, nun würden schleunigst wieder Sitte und Anstand in ein nach ihrer Ansicht inzwischen verlottertes Staatsgebilde einziehen. Die Reste der einst einflussreichen Vertriebenenverbände setzen auf ein Deutschland in den Grenzen von 1938 und ein Ende der von Willy Brandt begonnenen, in ihren Kreisen verhassten Ostpolitik.

Nichts davon. Tatsächlich bleibt die geistig-moralische Erneuerung aus. Sie taucht weiterhin nur schemenhaft in Wahl- und Sonntagsreden auf, aber sie bleibt ein Wort, das sich schnell abnutzt: Es gibt keinen Aufbruch zu neuen oder gar uralten Zielen, keine konservative Reform der Gesellschaft, keine Umwidmung ideologischer Werte, keinen Rückfall in die graue Zeit. Das ist das paradoxe Verdienst von Helmut Kohl: Er redet bloß; er handelt nicht.

Erneuert werden nur das Personal und die Stimmung, die sogleich auf das Wirtschaftsklima abstrahlt: Der konjunkturelle Umschwung ersetzt die großen Sprüche. War das Sozialprodukt im letzten Jahr der Regierung Schmidt noch um ein Prozent geschrumpft, so wächst nun unter Kanzler Kohl die Volkswirtschaft wieder bis zu 3,3 Prozent.

Ansonsten herrscht Kontinuität bei jener über die Jahre erfolgreichen Außen-, Sicherheits- und Deutschlandpolitik, zu der Konrad Adenauer eine Generation zuvor die Grundlagen gelegt, die Willy Brandt in Richtung Osten ergänzt hat und zu deren Zielen sich inzwischen alle Parteien bekennen: Sicherheit *und* Entspannung sollen stets gleichzeitig angestrebt werden, auch wenn beide Elemente zuweilen außer Balance geraten mögen.

So hindert die von Kohl forcierte Nachrüstung gegenüber den östlichen Nachbarstaaten und ihrer Vormacht Sowjetunion die Bundesregierung nicht daran, mit einer «Politik der kleinen Schritte» menschliche Erleichterungen im Umgang zwischen den Bürgern beider deutscher Staaten zu erwirken – und dies selbst in einer Phase, da in Polen das Kriegsrecht gilt, um die freien Gewerkschafter einzuschüchtern, und in Afghanistan sowjetische Truppen eine aussichtslose Invasion vorantreiben.

Dabei kommt Bonn der Wunsch der DDR nach weltweiter Anerkennung und nach westlichen Devisen sehr gelegen. Dass Kohl ganz pragmatisch auf Kontinuität statt auf eine Renaissance sittlicher Werte setzt, zeigt sich schon ein Vierteljahr nach der Bundestagswahl. Für die Kabinettssitzung am 29. Juni 1983 wird die Tagesordnung überraschend erweitert: Nun geht es, neben den normalen Regularien, auch um die Zustimmung und Bürgschaft der Bundesregierung für einen von privaten Banken aufzubringenden Kredit an die DDR über eine Milliarde Mark, Zinssatz 6 3/8 Prozent, Laufzeit fünf Jahre, Tilgung in zehn Raten alle sechs Monate. Zwei Tage später ist der Kreditvertrag bereits unterzeichnet und damit in Kraft.

Dieser Milliardenkredit für die schon damals schwächelnde DDR ist Kohls erstes taktisches Meisterstück als Kanzler: Er demonstriert, dass er die auch bei den Bürgern höchst populäre Ostpolitik seiner Vorgänger fortsetzen will, obwohl er zugleich Ernst macht mit der Stationierung amerikanischer Pershing-Atomraketen. Er beweist Augenmaß, indem er die DDR nicht mit der Forderung nach unerfüllbaren Gegenleistungen konfrontiert, sondern so etwas wie einen Interessenausgleich akzeptiert.

Der Clou folgt erst zwei Wochen nach der Zustimmung des Kabinetts. Da tritt Franz Josef Strauß, der fanatische Kämpfer gegen alle kommunistischen Umtriebe, der Fürsprecher aller Wiedervereinigungsträume, aus der Kulisse und reklamiert seinen Anteil am Kreditgeschäft: Er habe, lässt er stolz verlauten, den Kredit «eingefädelt».

Für diese Volte vom Kommunistenschreck zum Entspannungsfreund wird er nach der Rückkehr von einem Besuch beim bisherigen Erzfeind Erich Honecker von der eigenen Partei sogleich abgestraft; nur noch 60,2 Prozent der Delegierten votieren für eine Wiederwahl ihres Parteichefs – und sorgen so, wie sein Kollege Kohl sich nicht ohne Hintersinn erinnert, für «einen deutlichen Denkzettel, das schlechteste Ergebnis seiner Amtszeit».

Der Kanzler aber ist zufrieden; da Strauß den Kredit vorbereitet hat, kann er nun nicht mehr wettern gegen eine Politik des Ausgleichs. Und da Kohl dem CSU-Kollegen Nadel und Zwirn fürs Einfädeln zugeschoben hat, muss Strauß endlich die Autorität des Jüngeren anerkennen, den er eben noch als «total unfähig» abgewatscht hat.

Dabei hat der Milliardenvertrag eine komplizierte Vorgeschichte, die in der Ägide Helmut Schmidts beginnt. Der damalige Staatsminister im Kanzleramt Hans-Jürgen Wischnewski, zuständig für die Deutschlandpolitik, hatte gemeinsam mit dem Schweizer Bankier Holger Bahl, dessen Kreditinstitut zum Imperium der rheinland-pfälzischen Landesbank gehörte, das sogenannte «Zürcher Modell» ersonnen: Bonn und Ost-Berlin sollten über eine gemeinsame Schweizer Finanzierungsgesellschaft Kredite akquirieren; im Gegenzug sollte die DDR Erleichterungen für die Einreise westlicher Besucher und für Besuchsreisen östlicher Rentner nach Westen zulassen.

Doch kaum ist diese Idee zu politischen Plänen gereift, verliert die DDR plötzlich die Lust an diesem offiziellen Deal, sie bevorzugt offenbar die konspirative Variante. Im Oktober 1982 trägt Alexander Schalck-Golodkowski, der amtliche Devisenbeschaffer Ost-Berlins, in einem Telefonat mit dem Rosenheimer Fleischgroßhändler und Strauß-Spezi Josef März erstmals die Frage vor, ob er einen Westkredit zugunsten der DDR für möglich halte. März, der ein Geschäft wittert, schaltet Strauß ein und vermittelt zwischen den beiden zunächst einen brieflichen, dann persönlichen Kontakt. «Bauchgrimmen» bereitet dem Kanzler, den der stolze Strauß über jeden Gesprächsfortschritt unterrichtet, im weiteren Verlauf der geheimen Operation jedoch die brüske Art, wie die DDR auf die westliche Forderung nach einem Entgegenkommen reagiert: Die östlichen Emissäre lehnen eine schriftliche Vereinbarung strikt ab und kündigen stattdessen nur vage und mündlich einige Verbesserungen im Reiseverkehr und einen Abbau der Selbstschussautomaten an der innerdeutschen Grenze an.

Aber immerhin: Die westdeutschen Grenzbehörden registrieren schon im gleichen Sommer eine auffällige Verhaltensänderung bei den Kollegen auf der anderen Seite; Reisende berichten erstaunt, der einst barsche Ton der DDR-Grenzer sei freundlicher geworden. Im Lauf der folgenden Jahre nimmt der Reiseverkehr zwischen den beiden deutschen Staaten stetig zu; in West-Ost-Richtung von 60000 im Jahre 1983 auf 6,7 Millionen fünf Jahre später, und selbst aus der DDR dürfen 1987 rund 1,2 Millionen Deutsche unterhalb des Rentenalters gen Westen reisen. Ohne Zweifel hat Helmut Kohl mit der kurzen Notiz in seinen «Erinnerungen» recht: «Für mich war die Öffnung der Grenze der Anfang vom Ende der DDR.»

Kritiker dieses Geschäfts behaupten noch Jahre später, Kohl und Strauß hätten mit ihrem Einsatz für die Milliardenkredite die Existenz der maroden DDR unnötigerweise verlängert; ohne westliche Hilfe wäre der kranke Staat schon vor 1989 zerbrochen.

Die Frage ist müßig. Fest steht: Vor dem Schwenk des sowjetischen Parteichefs Michail Gorbatschow hin zu Demokratie, Perestroika und Glasnost stand der Zusammenhalt des Ostblocks außer Frage. Und niemand hätte sich eine Auflösung der DDR ohne die dezente Mitwirkung des Kremlherrn wünschen mögen, mit allen Unwägbarkeiten für die Deutschen jenseits des Stacheldrahts, aber auch für Status und Zukunft West-Berlins.

Im Rückblick seltsam wirkt allein der Versuch des Kredit-Einfädlers Strauß, seine vermeintliche Rolle in der Weltpolitik zu überhöhen. Stasi-Offizier Schalck-Golodkowski hatte, wie dessen Akten belegen, in Strauß einen bereitwilligen Gesprächspartner gefunden; immer wieder trafen sich die beiden, um sich über die Weltlage oder auch über kleinere Themen abzustimmen. Schalck, der danach seinen Chef Erich Honecker minuziös über die Treffen unterrichtete, hatte à la James Bond in seine Armbanduhr ein Tonband einbauen lassen, das alle Äußerungen des CSU-Vorsitzenden wortgetreu aufzeichnete.

Im August 1984 kündigt Strauß gegenüber Schalck an, er werde bald als «Vizekanzler» in die Bonner Regierung wechseln. Im September 1985 sieht er sich schon als «Minister mit einflussreichem Regierungsamt» und nach der Wahl 1987 als «Vizekanzler mit oder ohne Geschäftsbereich».

Helmut Kohl aber macht aus den Ankündigungen das, was sie sind – leere Worte.

Wie wenig der große Staatsmann Strauß selbst die kleinen Dinge des Alltags zu regeln versteht, schildert Kohl mit einer Episode nach einem der berühmten Alpenausflüge. Der bayerische Ministerpräsident holt den Kanzler an einem geheimen Treffpunkt in München mit seinem privaten Geländewagen ab und braust mit seinem Gast auf die Autobahn Richtung Rosenheim. Auch diesmal sind die Sicherheitsbeamten nach eingespieltem Brauch abgehängt worden. Doch plötzlich wird der Wagen langsamer, rollt auf dem Seitenstreifen aus, und Strauß schimpft: «Da habn die Buam wieder den Tank leer gefahren!» Er greift sich den Reservekanister, bittet Kohl um Geduld und stapft los, zu Fuß, auf dem Randstreifen der A 8. Nach einer knappen Stunde bremst hinter dem Strauß-Fahrzeug ein weiterer Wagen, dem der Ober-Bayer entsteigt, Kanister in der Hand. Der Fußgänger hatte an der Raststätte zunächst für großes Erstaunen gesorgt; dann, als ein Tankwart ihn erkannte, war er zum Kanzler zurückgebracht worden.

Ein ungläubiger Tankwart, ein gutgläubiger Strauß, der seinen Söhnen das Auto überlässt, und ein gläubiger Kohl: Er weiß, dass Strauß ihn nicht am Randstreifen vergisst – weil der ihn braucht.

DER MACHTMENSCH

Wo immer Helmut Kohl auftritt, füllt er den Raum – ob Weinstube, Presseclub oder Wahlkampfarena. Es liegt gewiss nicht nur an seiner Körpergröße und der massigen Erscheinung, die im Lauf der Jahre immer mehr an Umfang und Gewicht zulegt. Er hat, seit er Kanzler ist, auch Selbstsicherheit und Statur entwickelt, eine Ausstrahlung von Autorität, die jeder Beobachter sogleich registriert: Er beherrscht jedes Gespräch, zieht es an sich und führt es in die von ihm gewünschte Richtung – der geborene Machtmensch.

So ist er dank dieser Eigenschaft keineswegs der personifizierte Kleinbürger, wie sein pfälzischer Kontrahent Dröscher einst bemerkte – er verkörpert vielmehr den Traum eines jeden Kleinbürgers, auch selbst, gegen alle Widerstände, ganz nach oben zu gelangen. Die wenigsten haben die nötige Kraft und Beharrlichkeit dazu.

Das Machtsystem, das er in Mainz, später als CDU-Vorsitzender und Bonner Oppositionsführer etabliert hat, überträgt er aufs Kanzleramt und perfektioniert die Strukturen. In seine Nähe, auch am Telefon, wird nur vorgelassen, wer die Sicherheitsschleuse der überaus einflussreichen Vorzimmerdirektorin Juliane Weber passiert hat, die ihm seit Mainzer Tagen bis zum bitteren Ende und sogar darüber hinaus treu bleibt. Parteifreunde, die sie kennt und für wichtig hält, stellt sie durch, bleibt aber unerbittlich gegenüber allen, die den Gunstkreis ihres Chefs verlassen haben: Sie werden zwar weiter höflich behandelt, müssen aber auf milde Verachtung schließen, wenn sie trotz Drängens nicht zurückgerufen werden. In der Gnade des Herrn sind sie kräftig abgerutscht.

Für den Kontakt zu den Journalisten ist, bis zu dessen Erblindung, der ihm ergebene Medienchef Eduard Ackermann zuständig, der die Presse- und Fernsehleute oft abwimmelt, so manchen Berichterstatter andererseits auch gern mit dem Nötigsten versorgt. Kohl selbst achtet darauf, dass dies meist nicht viel ist: Was seinem Ruhme dient, wird über «Bild» oder, anfänglich, über «SAT 1» verlautbart. Recherchen der «linken Hamburger Medienmafia» enden spätestens am Amtseingang oder in der Telefonzentrale. Als eine «Spiegel»-Redakteurin, deren Ehemann im Kanzleramt arbeitet, einmal bis zu Kohls Büroleiter vordringen kann, wird dieser kurz darauf gefeuert. Dabei handelt ihr Text nur von den üblichen Intrigen innerhalb einer Behörde – vielleicht gefällt dem Amtschef nicht, dass darin etwas flapsig von des Kanzlers nimmersatten Anforderungen an einen normalen Sechzehnstundentag für seine Mitarbeiter die Rede ist und Frau Webers Tagesbeginn mit folgenden Worten beschrieben wird: «Morgens, zum Frühstück, schlägt sie ihm die Eier auf.»

Wer in Kohls Nähe tätig ist, muss in der Tat auf einen geregelten Dienstbetrieb verzichten; denn nach Büroschluss lädt der Chef seine Getreuen zum gemeinsamen Abendbrot beim Italiener oder wenigstens zum Umtrunk, um den verflossenen oder den kommenden Arbeitstag zu besprechen.

Das Bundeskabinett ist praktisch durch ein Küchenkabinett ersetzt, das – wenn auch ohne demokratisches oder parlamentarisches Mandat – de facto die Regierung bildet. Kohls Versuch, die regulären wöchentlichen Sitzungen seiner Ministerrunde ab-

Der Kanzler und seine Helfer (v. l.): Bürochefin Juliane Weber, Regierungssprecher Friedhelm Ost, Öffentlichkeitsarbeiter Eduard Ackermann (1986). Kohls Küchenkabinett bildet zuweilen de facto die Bundesregierung.

zusagen und stattdessen das Nötigste durch Ad-hoc-Gespräche im kleinen Kreis zu regeln, scheitert erst nach Protesten des FDP-Wirtschaftsressortleiters Otto Graf Lambsdorff, der sich einen Überblick über die Regierungsarbeit und die Aktivitäten des Kanzlers wünscht. Der Freidemokrat verweist kühl darauf, dass die Geschäftsordnung der Bundesregierung gesetzlich geregelt und dabei ein Küchenkabinett nicht vorgesehen ist. Kohl möchte am liebsten alle Fäden in der Hand halten; freilich ist das im kleinen Mainz einfacher gewesen als im kleinen Bonn, wo die Politik höhere Anforderungen stellt und der Kanzleramtschef Waldemar Schreckenberger mit nimmermüdem Missmanagement Chaos in den Akten und Terminplanungen der Regierungsmitglieder verbreitet – bis er schließlich abgelöst wird.

Ruhe, wirkliche Entspannung gönnt sich Kohl nie; ein Kanzler ist immer im Dienst, sogar beim zweiwöchigen Abspecken mit Freunden, die es so nötig haben wie er, oder beim mehrwöchigen Sommerurlaub mit Familie am Wolfgangsee, wo er in dreißig Jahren zwar nicht das gemietete Quartier, aber doch jährlich jenes Haustier wechselt, zu dessen Streichelzoo-Aufnahmen die Crème der deutschen Politfotografen nach St. Gilgen gebeten wird.

Unter Printjournalisten hat er kaum Gesprächspartner, auch wenn er die «Frankfurter Allgemeine» so schätzt, wie er den «Spiegel» verabscheut. Im Wahlkampf 1976 trifft er sich zum ersten und letzten Mal mit den Bonner Redakteuren des Magazins zum Umtrunk und politischen Gespräch. Er will, wie er damals ganz offen zugibt, an die Macht, vermag aber nicht wirklich zu begründen, warum. Stattdessen stellt er die absurde Behauptung auf, er sei bereit, sich im Bundestag «mit einer Stimme Mehrheit oder weniger» zum Kanzler wählen zu lassen. Dem CDU-Chef ist der «Spiegel» zu flapsig und zu rauflustig. Kohl und das Blatt passen nicht zueinander. Nur selten gelingt es den Redakteuren, einen direkten Kontakt zu knüpfen.

Adenauer bat die Presse wenigstens noch zum Tee, Willy Brandt ließ seine Schreib- und Denkerstube von einem Schriftsteller leiten, dem Publizisten Klaus Harpprecht. Amtsvorgänger Schmidt hatte in «Zeit»-Redakteur Theo Sommer Anlaufstelle und Widerpart – Helmut Kohl hat nichts dergleichen: Er ist zu misstrauisch, er lässt sich nicht beraten. Er hat kein Verhältnis zu Journalisten und kein Verständnis für die Presse. Er erwartet Verlautbarungsorgane im Stil der frühen «General-Anzeiger», die dem Volk einst mitteilten, was der Kaiser oder Reichskanzler für richtig hielt. Erst in späteren Jahren entdeckt er in «Bild»-Chefredakteur Kai Diekmann so etwas wie einen Ersatz-Sohn. Denn dieser Sohn hat Macht.

Am liebsten ist Kohl sein eigener Berater, denn er ist überzeugt, als Mann aus dem Volk ein Gespür für Volkes Stimme zu haben. Doch um letzte Zweifel auszuräumen, sucht er die Nähe zur Meinungsforschung – erst zu Elisabeth Noelle-Neumann, dann zu Wolfgang Gibowski von der Mannheimer «Forschungsgruppe Wahlen», den er sogar in seinen engsten Kreis holt, bis er nach getaner Arbeit wieder kaltgestellt wird. Wie eng Kohls Bindung an Noelle-Neumann ist, die legendäre «Pythia vom Bodensee», offenbart die hektische Aktivität zu Beginn der Kanzlerschaft: In den zwanzig Wochen zwischen Oktober 1982 und der März-Wahl 1983 konferieren die beiden mehr als einhundertmal. Der Politologenscherz, jedes Umfrageergebnis hänge allein davon ab, wer sich was wünscht, findet beim umfragebesessenen Kanzler keinen Widerhall: Meist weiß er ja aus eigenem Gespür, wie es um die Stimmung im Volk steht. Die Demoskopie braucht er nur zur Bestätigung.

Für sich selbst hat er eine «einfache Formel» entwickelt: «Die politisch Verantwortlichen müssen begreifen, wie sehr die Politik von der Demoskopie und ihren Resultaten lernen kann. Sie müssen sich aber davor hüten, solche Daten als Gebrauchsanweisung für politisches Handeln zu nehmen.»

Auch seine langjährigen persönlichen Freunde, Lehrer und zugleich geistliche Berater, die Brüder Ramstetter – Erich ist sein Pfarrer, Fritz Studiendirektor in Ludwigshafen –, sind für ihn so etwas wie Meinungsforscher und bilden die Brücke zum einfachen Volk, jedenfalls zu jenem, das sich in der Umgebung von Oggersheim darbietet. Sie helfen ihm bei Rede-Entwürfen und formulieren viele Jahre lang seine Neujahrsansprache, die das öffentlich-rechtliche Fernsehen traditionell am Silvesterabend ausstrahlt. Nur ein einziges Mal gerät eine solche Rede in die Schlagzeilen: Zur Jahreswende 1986/87 sendet die ARD die Tonbandkonserve des Vorjahres; der verantwortliche Norddeutsche Rundfunk macht sich wieder als Mitglied des linken Medienkartells verdächtig. Dabei spielte nur ein TV-Techniker versehentlich das alte Band wieder ein.

Als politischer Ratgeber bleibt, nachdem sein Schulfreund Schreckenberger die Schaltzentrale verlassen muss, nur der ehrgeizige Fraktionsgeschäftsführer Wolfgang Schäuble, den er später als Amtschef im Kabinettsrang ins Kanzleramt holt und dessen juristischen Sachverstand er ungemein schätzt. Seine Minister werden als Gesprächspartner nicht benötigt, sie sollen funktionieren und ihre Häuser ordentlich führen. Um das andere, das Wichtige, kümmert sich der Kanzler lieber höchstpersönlich.

Politiker aus anderen Parteien nimmt er nicht wirklich ernst, selbst wenn sie sich – wie er – für das Gemeinwohl abrackern. Den Rivalen Strauß hat er in München kaltgestellt, dessen Nachfolger interessieren ihn nicht. Nur den bayerischen Kurzzeit-Premier Max Streibl schätzt er über die Maßen, weil der etwas entwickelt, was sonst in der von Strauß geprägten Schwesterpartei kaum vorkommt: Loyalität zur außerbayerischen CDU. Es war Streibl, der Kohl 1976 vom Kreuther Trennungsbeschluss der CSU-Spitze heimlich vorab unterrichtet hatte.

Seinen Amtsvorgänger respektiert er zwar, doch er kann

Helmut Schmidt nicht verzeihen, dass dieser ihm mit Spott und schneidender Kälte begegnet. Willy Brandt ist der einzige Zeitgenosse, den der Christdemokrat aufrichtig bewundert: für seine Lebensleistung, seine Geduld, für seine visionäre Kraft und Verlässlichkeit. Die meisten anderen Sozialdemokraten kriegen dagegen ihr Fett weg: Er nennt sie – etwa die Kanzlerschaftskonkurrenten Oskar Lafontaine, Johannes Rau oder Berlins Bürgermeister Walter Momper – wahlweise «kläglich» oder «erbärmlich» und trifft sie nur, wenn es die Amtsgeschäfte unbedingt erfordern.

Für manche Liberalen hat er dagegen durchaus ein Faible – so vergisst er es Genscher nie, dass der ihm zur Macht verholfen hat. Doch eine Männerfreundschaft entsteht nicht. Man verkehrt manchmal sogar kollegial miteinander – und wartet auf das nächste Koalitionsgespräch, um es dem anderen zu zeigen. Eifersüchtig achten beide auf ihren Ruhm oder Nachruhm und darauf, wer bei welcher Gelegenheit besser abgeschnitten hat. Genscher, eine Relaisstation für Bonner Klatsch, riss, als sie noch Nachbarn in einer stillen Vorortstraße in Wachtberg-Pech waren, hämische Witze über den Möchtegernkanzler, der in seiner gemieteten Villa zeitweise eine seltsame Wohngemeinschaft mit seinem Chauffeur und seiner Bürochefin Weber bildete. Als Kohl nun aber Regent ist, sucht sich der Vize für seinen Spott neue Opfer.

Ein Kanzler hat Hassgefühle eigentlich nicht nötig; doch es gibt da einen Parteifreund, den er zutiefst verabscheut; dessen Dienstvilla ist zehn Jahre lang der seinen benachbart – Richard von Weizsäcker. Kohl hat ihn entdeckt, dann wird der kühle Adelsherr dem vitalen Pfälzer zu eigenständig. Die intensive Abneigung beruht auf Gegenseitigkeit. Der Präsident, der sich obendrein für den besseren Regierungschef hält, lässt keine Gelegenheit aus, über «meinen Nachbarn da» herzuziehen. Die beiden passen einfach nicht zusammen: der wortgewandte Analytiker und der gefühlsbetonte Biedermann aus der Pfalz. Sie sprechen keine gemeinsame Sprache. Sie liefern sich über Jahre einen Wettstreit, wer der geeignetere Repräsentant Deutschlands sei, und sie tun auch nichts, um diese Kluft zu überbrücken.

Kohl findet es «unmöglich», dass und wie der Präsident die Parteien für manchen Missstand der demokratischen Entwicklung verantwortlich macht, ja, die Parteien selbst zur Ursache der wachsenden Volksverdrossenheit erklärt. Er erwartet Dankbarkeit, hat er doch Weizsäcker überhaupt erst in die Politik geholt. Auch die Umgangsformen des Freiherrn missfallen dem Kanzler: «Die offene Feldschlacht ist nichts für ihn. Aber im Kamingespräch die Pfeile an die richtige Stelle zu setzen, das ist sein Stil.»

Eigenartig, dass selbst die höchsten Staatsämter die Eifersüchteleien nur noch zu befeuern scheinen. Was wäre gewesen, wenn die beiden Christdemokraten sich nur ein einziges Mal über die Mauer hinweg oder im angrenzenden Garten über das ausgesprochen hätten, was der Bundespräsident übertrieben vornehm «unterschiedliche Akzente» nennt? Womöglich hätte einer vom anderen etwas lernen können?

Gewiss begegnen sich Kohl und Weizsäcker gelegentlich am sogenannten «Mauerdurchbruch» zwischen den beiden Dienstvillen, aber nur, um Staatsgäste auf dem kleinen Dienstweg zu übernehmen. So werden George Bush und Michail Gorbatschow, der Kaiser von Japan wie auch Erich Honecker vom Präsidenten zum Kanzler gelotst; und mit dem können sie meist offener reden, als es das Protokoll erfordert.

Denn aus Kohls Memoiren geht hervor – ohne dass er sich dessen rühmt –, dass der Pfälzer eine Begabung mitbringt, die unter Staatsmännern oder in der Diplomatie höchst selten anzutreffen ist: Er hat die Fähigkeit, seine Gäste, bildlich gesprochen, auf sein Sofa zu ziehen. Er tauscht mit ihnen Kindheitserinnerungen aus. Er erzählt von seinen Eltern – und die Gesprächspartner beginnen schon aus Höflichkeit von den ihren zu plaudern. Es scheint, als blättere man gemeinsam im Familienalbum und erfahre dabei etwas über die Geschichte des anderen – und die seines Landes.

François Mitterrand macht es am liebsten genauso wie Kohl: Er ist, so der Kanzler, «fähig, sich von Papieren seiner Berater völlig zu lösen». Eine Begebenheit im Januar 1983 zeugt von dieser Gabe. Da soll der französische Staatspräsident vor dem Bundestag eine Rede halten. Beide gehen kurz vorher in Kohls Arbeitszimmer gemeinsam den Text durch, und Mitterrand bittet den Gastgeber um sein Urteil zu einigen Formulierungen: «Das war eine ungewöhnliche und überraschende Geste.»

Bei Michail Gorbatschows erstem Besuch in Bonn im Juni 1989 verbindet Kohl das Diplomatische mit dem Privaten. Er überreicht dem Gast zur Begrüßung als Geschenk zwei Silbermünzen mit den Silhouetten beider Staatsmänner, und der Russe stellt bei näherer Betrachtung «eine gewisse Ähnlichkeit der beiden Porträts» fest. Kohl, der vor dem Besuch einen TV-Beitrag über Gorbatschows Mutter sah, hat auch für sie ein Geschenk vorbereiten lassen, und der Sohn erzählt daraufhin von seinem innigen Verhältnis zu dieser «sehr einfachen Frau».

Charakteristisch für Kohls Umgang mit den Großen der Welt ist auch seine erste Begegnung mit dem neuen US-Präsidenten Bill Clinton 1993. Nach der Abwahl von George Bush hatte der Kanzler im Weißen Haus einen «persönlichen Freund» verloren und aus seiner Enttäuschung kein Hehl gemacht. Nun, als Gast im Oval Office, entschuldigt er sich keineswegs für seine Parteinahme, sondern bekräftigt sie sogar. In seinen Memoiren zitiert er aus dem Gesprächsprotokoll: Wenn er sich jemandem verbunden fühle, dann sei er «mit ihm nun einmal in guten und in schlechten Zeiten befreundet». Nach diesen Worten, so berichtet Kohl, steht der Präsident auf, bedankt sich für so viel Ehrlichkeit und reicht ihm die Hand.

Und dann, außerhalb jeglichen Protokolls und fern aller vorbereiteten Papiere, redet Kohl «in aller Kürze» über sein Leben – die Eltern, den Krieg, den Tod des Bruders, «über meine Freunde und meine politischen Gegner». Wie reagiert Clinton? Es bleibt ihm nichts anderes übrig: Er erzählt von sich, seinem Vater, «den er praktisch gar nicht erlebt hatte», und von den «schwierigen Verhältnissen, unter denen er bei seiner Mutter aufgewachsen war».

Staatskunst auf dem Biedermeiersofa, Politik wie in der Pfalz. Aber erfolgreich, wie sich erweisen sollte – Kohl zu misstrauen, fiel seinen Gesprächspartnern schwer.

Kapitel 9

«WIR MENSCHEN TRAGEN EINEN ABGRUND IN UNS»: DIE ERSTEN KANZLERJAHRE

In den Geschichtsbüchern gelten die ersten sieben Jahre der christlich-liberalen Regierung als Zeit der Skandale, Kohl als ein «Pannenkanzler». Tatsächlich folgt in der öffentlichen Wahrnehmung eine Affäre der anderen: Kießling/Wörner, Flick, Spendenskandal, Barschel. Aber nicht in allen Fällen ist der Bonner Regierungschef so verstrickt, wie es den Anschein hat.

Die schlimmste Entgleisung leistet sich Verteidigungsminister Manfred Wörner: Er entlässt im Dezember 1983 den ranghöchsten deutschen General Günter Kießling, nachdem in Bundeswehrkreisen Gerüchte aufgekommen sind, der Stellvertreter des obersten NATO-Befehlshabers sei homosexuell und deshalb womöglich ein Sicherheitsrisiko. Durch allerlei bürokratische Fehler im Militärapparat war Kasino-Klatsch in die Akten geraten, statt aber die Unschuldsvermutung gelten zu lassen, handelt Wörner sofort und sucht erst danach in Kölner und Züricher Schwulenkreisen verzweifelt nach Beweisen für Kießlings angebliche Schuld. Als die ausbleiben, weil es keine geben kann, reicht der Minister zweimal seinen Rücktritt ein, doch Kohl lehnt ab. Ein parlamentarischer Untersuchungsausschuss stellt später fest, der Kanzler habe die Bitte um Demission noch nicht einmal «zu den Akten genommen». Inzwischen ist nämlich der ewige Störenfried Strauß aus seiner Erstarrung erwacht; er verlangt ein Revirement des Kabinetts, an dessen Ende er nach zwei Jahrzehnten mal wieder das Verteidigungsministerium zu übernehmen gedenkt.

Kohl hat nichts mit dem Gebräu aus Tratsch und Geraune zu tun. Doch gegen das einhellige Votum seiner Berater versäumt er den einzig richtigen Schritt, die Trennung von Wörner – weil er sichergehen will, dass Strauß in München bleibt.

Nie zuvor in der Geschichte der Bundespressekonferenz, der Versammlung der in der Hauptstadt akkreditierten Politmedien, ist ein Kanzler öffentlich derart ausgelacht worden wie Kohl, als er vor den Journalisten bedauernd feststellt, «dass in der Behandlung und in der Abwicklung dieses Falles Fehler gemacht worden sind, Fehler, die auch der Bundesverteidigungsminister einräumt und bedauert». General Kießling habe «bittere Wochen durchmachen müssen. Aber auch für Manfred Wörner war dies eine Zeit, an die er sicherlich noch lange in seinem Leben zurückdenken wird.»

Es klingt, als seien beide Leidtragende eines willkürlichen Unrechts; tatsächlich ist der Minister kein Opfer, sondern der Täter, durch dessen Verhalten die Würde eines Menschen, im militärischen Sprachgebrauch «Ehre», zerstört wird. Noch Jahre später äußert sich Kohl in seinen «Erinnerungen» widersprüchlich zum «Fall Wörner», der sich aus dem «Fall Kießling» entwickelt hat. Einerseits bekräftigt er seine damalige Entscheidung, Wörners Rücktritt abzulehnen – mit einem seltsamen, kraftvoll scheinenden Argument: «Ich dachte nicht daran, die Verantwortung abzuschieben. Wer mich kennt, weiß, dass ich nicht das mache, was die Medien von mir fordern.» Andererseits stellt er kategorisch fest: «Richtig ist, dass auch ich von Anfang an den Beteuerungen des Generals nicht glaubte.» Das klingt wie die nachträgliche Verurteilung eines Rehabilitierten.

Doch bleibt Erstaunen: Hat denn niemand von der Politprominenz, weder der Kanzler noch der Ressortchef, den immerhin höchsten General der Bundeswehr gekannt? Wird in Armeen nur nach Aktenlage, nicht aber auf der Grundlage von persönlichen Gesprächen, Eindrücken, Befragungen, Verdiensten entschieden? Und haben nicht die Inhaber der Macht auch Verantwortung für ihre Untergebenen?

Erst nach größtmöglicher öffentlicher Empörung hebt die Bundesregierung die Versetzung des Generals in den vorzeitigen Ruhestand schließlich auf und beschließt eine Verabschiedung zum 31. März 1984 – «ehrenvoll», wie das Kabinett entscheidet, und mit großem Zapfenstreich. Erst wird Ehre genommen, dann zugeteilt.

Wörner behält sein Amt, wird später – allseits respektiert – NATO-Generalsekretär in Brüssel. Strauß muss in München bleiben. Günter Kießling, wenn auch würdig verabschiedet, teilt das Schicksal aller Pensionäre: Er ist schon vor seinem Tod 2009 vergessen. In Erinnerung bleibt eine (Militär-)Bürokratie, die sich hoffnungslos verheddert, eine Regierung, die ihre Verwaltung nicht kontrolliert, sondern deren Fehlverhalten bestärkt, und ein Kanzler, der sich öffentlich keinesfalls entschuldigt, sondern die Affäre sogar noch verharmlost: «Das ist eine ganz ungewöhnlich erfolgreiche Regierung. Warum soll ich mit dem Kabinett unzufrieden sein? Wir lieben das Leben, und wir lieben auch die Lebensfreude und lassen sie uns trotz aller Probleme, die wir zugegebenermaßen haben, nicht vergällen.» Das «Hamburger Abendblatt», eine Zeitung des konservativen Springer-Verlags, nennt den Kanzler daraufhin in Anspielung auf den mittelalterlichen Wunderheiler einen «Doktor Theophrastus Bombastus Honigmilch».

Keine fünf Wochen später, im Mai 1984, überrumpeln die Koalitionsspitzen die Öffentlichkeit mit dem Versuch eines Tabubruchs – und diesmal ist Helmut Kohl nicht der nachsichtige

Kanzler, der seinem Minister einen Fehltritt verzeiht; diesmal ist er Mittäter und Ideengeber. Es handelt sich dabei um ein eigentlich belangloses Thema, das für das Wohlergehen der Bundesrepublik nicht die geringste Bedeutung hat – aber die politischen Parteien, ihre Funktionäre, deren Schatzmeister und allen voran der Kanzler halten Parteispenden um der Zukunft des Gemeinwesens willen für unbedingt notwendig: Dafür kann auch schon mal das Recht gebeugt werden oder wenigstens die vollzogene Rechtsbeugung per Amnestie straffrei bleiben.

Heute, eine Generation später, lässt sich die damalige Leidenschaft, mit der einige tausend Parteispender und einige wenige Spendenempfänger den Fiskus zu ihren Gunsten zu betrügen entschlossen sind, kaum noch nachvollziehen. Damals etabliert sich deutschlandweit, vor allem mit jahrelanger Duldung der Steuerbehörden in Rheinland-Pfalz, die Gewohnheit, dass Mäzene und Gönner ihre Gabe meist nicht direkt den Parteien zukommen lassen, sondern auf dem Umweg über angeblich gemeinnützige Tarnvereine, die häufig so genannten «Staatsbürgerlichen Vereinigungen». Eine solche indirekte Überweisung ist in vollem Umfang steuerbefreit; die Spender können damit ohne öffentliches Aufsehen ihre Steuerschuld mindern.

Für die Transaktionen werden die seltsamsten Schleichpfade genutzt: So zahlen manche Unternehmen für überflüssige Abonnements der Parteiblätter oder für sinnlose «Gutachten»; andere stellen Sekretärinnen ein, die in Wirklichkeit für eine Parteigliederung arbeiten. Würden die Spender sich ans Gesetz halten, könnten sie die Hälfte ihrer Aufwendungen absetzen; doch bei ihnen, und vor allem bei den Empfängern, siegt die Gier: Die Steuerzahler sollen möglichst für sämtliche Ausgaben aufkommen.

Schon 1981, also noch zu Zeiten des sozial-liberalen Bündnisses, treiben Ermittlungen verschiedener Staatsanwaltschaften die Schatzmeister der großen Parteien in eine Art große Koalition – mit dem Ziel, sie und ihre Vorsitzenden vor denkbaren juristischen Sanktionen zu bewahren. Damals scheitert der beabsichtigte Kuhhandel an der SPD und deren Justizminister Jürgen Schmude. Drei Jahre später, als in der Bundesrepublik schon über 1800 Verfahren wegen «Steuerverkürzung» gegen Parteispender aktenkundig sind, bleibt der wiederbelebte Plan einer Amnestie für derartige Delikte ausgerechnet an der FDP hängen, deren Wirtschaftsminister Otto Graf Lambsdorff gleich zweimal ins Visier der Ermittler gerät – wegen seiner Rolle als Schatzmeister der nordrhein-westfälischen FDP und wegen der seltsamen, meist steuerfreien Aufmerksamkeiten, mit denen der Flick-Konzern über Jahre eine Reihe von Spitzenpolitikern bedacht hat. Um in Deutschland für eine in den USA vollzogene Transaktion von der Körperschaftssteuer befreit zu werden, hatte der Flick-Generalbevollmächtigte Eberhard von Brauchitsch weder Mühen noch Geldgeschenke gescheut, um Wortführer fast aller Parteien für seine Rechtsauffassung einzunehmen. Er wird später zu einer Geldstrafe verurteilt.

Tatsächlich ist der Deal 1984 schon weit gediehen; und die Umstände, unter denen das Vorhaben verfolgt wird, erinnern mehr an eine Bananenrepublik als an eine Demokratie rechtsstaatlicher Prägung. Die Amnestie – von den Initiatoren, zu denen Wolfgang Schäuble zählt, verschämt «Gesetz zur Regelung steuerlicher Zweifelsfragen bei der Parteienfinanzierung» genannt – soll in einem Zuge mit einer bereits vorbereiteten, eher unauffälligen Novelle durchs Parlament gepaukt werden.

Kanzler Kohl selbst gibt gegenüber den vermeintlichen Steuerhinterziehern jene Devise aus, auf die er zwei Jahrzehnte später in eigener Sache zurückgreifen wird: «Die Steuern müssen sie nachzahlen, aber die Kriminalisierung soll nicht stattfinden.» Es sei nötig, so bestärkt das CDU-Präsidium den Parteichef, allen Bürgern, die angeblich «ohne Unrechtsbewusstsein» den Parteien geholfen hätten, einen Vertrauensschutz zu gewähren.

Es gehört zu den festen Grundsätzen des Rechtsstaats, dass Gesetze zu befolgen sind. Glaubt jemand, er dürfe das Recht anders auslegen, dann greift die Justiz ein und prüft im Einzelfall die näheren Umstände, die zum Gesetzesverstoß führten. Jedenfalls sind weder die Vorsitzenden der Parteien noch deren erweiterte Führungsgremien dafür zuständig.

Werfen Kohl und Graf Lambsdorff allen Medien, die aus Akten der Staatsanwaltschaft zitieren, «Vorverurteilung», gar «Hinrichtungsjournalismus» vor, so tun der Kanzler und sein Parteipräsidium nichts anderes, indem sie die Steuerverkürzer vorab von jeder Schuld freisprechen. Umgekehrt: Dass er selbst als Spendensünder (für die Düsseldorfer FDP) beschuldigt wird, hält den «Spiegel»-Herausgeber Rudolf Augstein nicht davon ab, den Gesetzentwurf als «Schurkenstück» zu brandmarken. Vor der Unionsfraktion aber verteidigt Kohl vehement jenen «kleinen Handwerker», der jahrelang den Bitten der Parteien entsprochen habe und nun von Strafverfolgern «wie ein Krimineller» behandelt werde. Sein Unrechtsbewusstsein spiegelt sich fortan in einem fast legendären Satz: «Wer damals uns geholfen hat, hat jetzt auch Anspruch auf unsere Solidarität.»

Mit Zweidrittelmehrheit unterstützt ein CDU-Parteitag die seltsamen Entlastungsversuche aller Parteichefs, die in der Öffentlichkeit indessen auf schroffe Ablehnung stoßen. Der Plan scheitert erst, als sich auch noch der frühere Innenminister und Ex-Präsident des Bundesverfassungsgerichts, Ernst Benda, in die Phalanx der Kritiker einreiht: «Niemand kann Richter in eigener Sache sein», urteilt Benda bündig. Stimme ein Abgeordneter für die eigene Amnestie, sei das «ein Missbrauch des Mandats». Daraufhin zieht die FDP-Fraktion ihre Zustimmung zurück; ihr Mitglied Graf Lambsdorff verabschiedet sich einen Monat später aus seinem Amt als Wirtschaftsminister, nachdem das Bonner Landgericht eine Anklage wegen Bestechlichkeit zugelassen hat (von der er 18 Monate später freigesprochen wird). Selbst Bundestagspräsident Rainer Barzel strauchelt über die Flick-Affäre (als herauskommt, dass er jahrelang vom Flick-Konzern alimentiert wurde); und noch in seinen Memoiren versetzt Kohl dem ungeliebten Parteifreund einen gehörigen Tritt: «Rainer Barzel war kein Opfer, auch wenn er es gerne anders darstellte.»

In diesen aufgeregten Zeiten, in denen sogar von einer «gekauften Republik» die Rede ist, bemühen sich gleich zwei parlamentarische Untersuchungsausschüsse um Aufklärung. Wegen seiner Einlassungen vor diesen Gremien in Bonn und in Mainz gerät zum ersten Mal in der Geschichte der Bundesrepublik ein amtierender Kanzler ins Visier von Staatsanwälten; der Grünen-Abgeordnete Otto Schily hat ihn wegen angeblich falscher Aussagen angezeigt.

Gegen die Behauptung, Kohl habe vorsätzlich die Annahme zweier Spenden über insgesamt 55000 Mark verschwiegen, wehrt er sich, indem er den Erhalt von weiteren 665000 Mark in einzelnen Tranchen, jeweils für die Partei, ohne Umschweife zugibt. Schwieriger ist die juristische Bewertung von Kohls Aussage im Mainzer Landtag, er habe nicht gewusst, dass es sich bei der «Staatsbürgerlichen Vereinigung» um eine «Spendenwaschanlage» handele.

Schon vor Schilys Anzeige springt Kohls Helfer Geißler dem Kanzler bei: Er habe bei dieser Aussage wohl einen kurzzeitigen «Blackout» gehabt. Ähnlich formuliert die Staatsanwaltschaft in ihrer Einstellungsverfügung, dass «ein Missverständnis nicht ausgeschlossen ist». Auch in seinen «Erinnerungen» räumt Kohl 2005 ein, dass «ich eine missverständliche Antwort auf eine ebenso missverständliche Frage gab». Aber einen «Blackout» hat der Kanzler dann doch nicht: «Ich weiß bis heute nicht, ob Geißler mit dieser Feststellung schon damals das Ziel verfolgte, mich als Parteivorsitzenden zu beseitigen.»

Da liegt er nun, der grobe Keil auf einem groben Klotz. Und

dennoch macht der Memoirenschreiber wenige Sätze später folgende apokryphe Bemerkung: «Als Parteivorsitzender hielt ich die vertrauliche Behandlung bestimmter Sachverhalte für notwendig, beispielsweise wenn es um Sonderzuwendungen ging, die als unabweisbare Hilfe zur Finanzierung ihrer politischen Arbeit an Parteigliederungen und Vereinigungen geflossen waren. Für solche Vorgänge eine von den üblichen Konten der Bundesschatzmeisterei getrennte Kontenführung zu unterhalten erschien mir deshalb vertretbar.»

Der Absatz nährt die Vermutung: Der CDU-Vorsitzende Kohl kannte – und nutzte – zeitlebens Schleichwege der Parteienfinanzierung, sie schienen ihm «unabweisbar» oder wenigstens «vertretbar». Mehrfach, umfänglich, auch verständlich schildert Kohl, wie sehr er unter den Ermittlungen und den öffentlichen Attacken «gelitten» habe. Doch es gibt von ihm kein Wort des Bedauerns über die dubiosen Spendenpraktiken der Vergangenheit; er beklagt nur, dass die Amnestie an der FDP scheiterte.

Dagegen hat sich der Christdemokrat, einstige Steueranwalt und frühere Justiziar der «Staatsbürgerlichen Vereinigung 1954 e.V.», Günther Felix, durchaus einen Tapferkeitsorden verdient. Er war es, der kraft Sachkenntnis die Öffentlichkeit über das fragwürdige Procedere und die Diskrepanz in der juristischen Behandlung zwischen Spendern und Empfängern aufklärte. Er kannte die meisten Schleichwege der Umwegfinanzierung und kritisierte das ungleiche Vorgehen der Finanzverwaltung und der Strafverfolgungsbehörden verschiedener Bundesländer. Er hätte, vielleicht, auch sagen können, wohin die 13 Millionen Mark verschwanden, als die Staatsbürgerliche Vereinigung 1984 aufgelöst wurde. Doch Felix, am Ende seines Lebens Vorkämpfer für eine saubere, legale Parteienfinanzierung, starb 1997.

Wesentlich differenzierter äußert sich Kohl zu jener Affäre, die im Herbst 1987 die Schlagzeilen beherrscht – die «schmutzigen Tricks», mit denen der schleswig-holsteinische Ministerpräsident Uwe Barschel seinen SPD-Herausforderer Björn Engholm auszuschalten trachtet. In seinen «Erinnerungen» geht er mit diesem «Karrieremenschen», den er kurz vor dessen Tod noch ins CDU-Präsidium holen wollte, ziemlich gnadenlos um: «Ihm fehlte jegliche Integrationskraft», urteilt der Altkanzler, «er war ein Überflieger, aber kein Politiker zum Anfassen, der auf die Menschen zwanglos und offen zugehen kann.»

Und er nimmt den Fall Barschel zum Anlass, über Macht und ihren möglichen Missbrauch zu sinnieren, gestützt auf eine Weisheit des heiligen Augustinus, die er beziehungsreich zitiert: «Wir Menschen tragen einen Abgrund in uns.» Er ergreift durchaus offen Partei – gegen den verstorbenen Christdemokraten, dessen Machenschaften er im Detail natürlich nicht kannte.

Kohl hütet sich indes vor Spekulationen über ein Komplott, ebenso vor dem naheliegenden Vorwurf, Barschels Opfer Engholm habe selbst die Unwahrheit gesagt. Stattdessen fährt der Elder Statesman mit einer Erkenntnis fort, die im Kern auch auf ihn gemünzt sein könnte: «Je mehr Macht dem Menschen gegeben ist, desto größer ist die Gefahr, sie zu missbrauchen. Das trifft wahrlich nicht nur auf Politiker zu, es betrifft alle – ob in der Publizistik, in der Wirtschaft, in den Gewerkschaften, in den Kirchen. Macht gehört zur politischen Gestaltung in der Demokratie, aber sie ist nicht Selbstzweck, und sie lohnt schon gar nicht um jeden Preis. Wir müssen den Versuchungen widerstehen, die von Macht ausgehen können. Wer ein öffentliches Amt innehat, darf es nicht selbstherrlich ausüben.»

Ein Dutzend Jahre später werden manche Helmut Kohl an seinen eigenen Worten messen.

VERSÖHNUNG ÜBER GRÄBERN

In den frühen achtziger Jahren herrscht zwar der Eindruck vor, Kohl stolpere von einer Affäre in die nächste. Dieses Bild zeichnen zumindest die Kritiker in den Medien, aber auch seine innerparteilichen Widersacher – die es durchaus noch gibt. Dennoch ist seine Position zu keiner Zeit gefährdet: Bei der Bundestagswahl 1987 etwa, der ersten Titelverteidigung, wird er wieder sicher im Amt bestätigt – SPD-Herausforderer Johannes Rau hat keine Chance, erst recht, nachdem SPD-Chef Brandt öffentlich an dessen Durchschlagskraft zweifelt. Die Bürger nehmen dem Pfälzer noch wenig übel – er hat ihnen doch eben erst bewiesen, dass die Konjunktur unter seiner Führung wieder anspringt; er setzt die Ostpolitik seiner Vorgänger fort; er macht in der Außenpolitik jedenfalls keine gravierenden Fehler, ganz im Gegenteil.

Als die Kießling-Affäre gerade die Schlagzeilen beherrscht, unternimmt der Kanzler seine erste bedeutsame Auslandsreise – einen Besuch in Israel. Ein Aufenthalt im Nahen Osten ist für deutsche Regierungschefs von jeher schwierig; jedes Wort, jede Geste wird dort besonders aufmerksam registriert. Kohl hat seine Reise nach Jerusalem wegen des Rücktritts von Premier Menachem Begin um einige Monate verschoben, die arabischen Nachbarstaaten jedoch wie geplant beehrt – schon dies eine protokollarische Nachlässigkeit. Als er die Visite nun, im Januar 1984, nachholt, begleitet ihn auf seine Einladung hin der rechtsreaktionäre Publizist Kurt Ziesel, 73, der trotz seiner früheren Tätigkeit für den «Völkischen Beobachter» ein Visum erhält, weil er zur Kanzler-Entourage gehört – auch ein solches Detail stärkt das Bild vom «Pannenkanzler» (selbst wenn Kohl gewiss nicht persönlich, sondern ein schlampiger Sachbearbeiter für den Fauxpas verantwortlich ist). Mehrfach erinnert er die Gastgeber an den Generationenwechsel in Regierung und Gesellschaft, der zur Folge habe, dass die deutsche Geschichte nicht mehr als

Last, sondern als «Auftrag für die Zukunft» zu verstehen sei; er selbst zum Beispiel habe in der Nazizeit keine Schuld auf sich laden können, weil ihm «die Gnade der späten Geburt» zuteilwerden konnte.

Die missverständliche Floskel, erfunden übrigens vom früheren «Spiegel»-Chefredakteur Günter Gaus und vorgetragen in dem für Kohl typischen Tonfall von Rechthaberei und Belehrung, bleibt haften und wird für lange Zeit das Verhältnis von Deutschen und Israelis belasten. Dabei ist nur das Wort «Gnade» falsch gewählt; «der Zufall des Geburtsdatums», wie der Kanzler Jahre danach einräumt, ist keine Frage von Vergebung durch eine höhere Instanz oder gar des eigenen Verdienstes.

Aber die unglückliche Bemerkung fügt sich ins damalige Image: Der große grobe Mann, der selbst an heiklen Orten den richtigen Ton nicht trifft, der tumbe Kanzler, der dem Bilde der Bundesrepublik eher schadet als nützt – wäre er doch vielleicht besser in Mainz geblieben?

Dabei ist im Rückblick festzuhalten: Der Außenpolitiker Kohl, der ja erst 1982 mit der Kanzlerschaft sein Wirken begründet, hat wider Erwarten gut und erfolgreich abgeschnitten; gelegentliche Ausrutscher bestätigen ebendiesen Befund.

Im Umgang mit anderen Regierungschefs pflegt er einen Arbeitsstil, den bereits Vorgänger Schmidt durch seine Freundschaft zu Frankreichs Staatspräsident Valéry Giscard d'Estaing eingeführt hatte. Für Kohls Art, Außenpolitik zu betreiben, sind nicht so sehr Akten, Noten, Vermerke wichtig, sondern stets der persönliche Kontakt – mithin der Versuch, statt über die Stäbe und Apparate von Mensch zu Mensch zu kommunizieren. Gilt dem CDU-Vorsitzenden das Telefon schon immer als Machtinstrument innerhalb der Parteihierarchie, so erlangt es nun Bedeutung weit über die deutschen Grenzen hinaus.

Giscards Nachfolger François Mitterrand, in Kohls innenpolitischem Duktus eigentlich ein «Soz», wird gleich zu Beginn

«Ohne dass es geplant war, ergriff François Mitterrand meine Hand. Noch nie verspürte ich eine solche Nähe zu unseren französischen Nachbarn»: Frankreichs Staatspräsident Mitterrand und Kanzler Kohl am 22. September 1984 in Verdun.

der Kanzlerschaft zum wichtigsten Gesprächspartner: Viermal treffen sich die beiden im Lauf des ersten Amtsjahres. Spaniens Regierungschef Felipe González, auch er ein Sozialist, wird sogar zum Freund.

In Kohls Weltbild, das natürlich durch seine Jugendzeit und die Bewunderung Adenauers geprägt ist, sind die USA und ihre Präsidenten die gleichsam natürlichen Anführer der westlichen Welt, fast ebenbürtig folgt jedoch der Nachbar Frankreich, mit dem schon sein Vorbild mal machtvolle, mal symbolische Gesten der Versöhnung getauscht, ja: zelebriert hatte. Im Sommer 1962 fielen Adenauer und Charles de Gaulle nebeneinander in der Kathedrale von Reims auf die Knie – ein Bild, das sich dem kollektiven Gedächtnis eingeprägt hat.

Zweiundzwanzig Jahre später folgt die nächste Demonstration deutsch-französischer Aussöhnung, diesmal auf den einstigen Schlachtfeldern von Verdun, wo im Ersten Weltkrieg etwa 700 000 Soldaten beider Länder zu Tode kamen. Vor der Treppe des sogenannten Beinhauses, in dem 150 000 Opfer die letzte Ruhestätte fanden, stehen Särge mit den Staatsflaggen beider Länder; und was dann, am 22. September 1984, geschieht, beschreibt der Kanzler so: «Die Wolken hingen tief, es regnete in Strömen, und ein eiskalter Wind blies uns ins Gesicht. Wir blieben stehen. Trommelwirbel, Trompetenklang. Ohne dass es geplant war, ergriff François Mitterrand meine Hand, und wir verharrten beide lange Hand in Hand. Noch nie verspürte ich eine solche Nähe zu unseren französischen Nachbarn.»

In den Monaten der deutsch-deutschen Wende wird dem Kanzler diese Nähe äußerst nützlich sein und Kohl die Herzlichkeit zwischen dem kleinen Sozialisten und dem großen Christdemokraten als «Glücksfall für unsere beiden Völker» bezeichnen.

Die beiden sind es auch, die einen schrittweisen Abbau der Grenzkontrollen zunächst innerhalb Kerneuropas vorantreiben. Dass innerhalb weniger Jahre die Schlagbäume geschleift und Grenzübertritte erleichtert werden, hat dem zupackenden Christdemokraten zwar gelegentlich den Ruf eines «Populisten» eingetragen, aber die Bürger des alten Kontinents entscheidend einander nähergebracht; Kinder von heute können sich die oft kilometerlangen Staus zu Ferienbeginn an den Schlagbäumen kaum noch vorstellen. Selbst ihre Eltern haben vergessen, wie sie ein Pappschild mit der Aufschrift «E» (für Europa) aufs Armaturenbrett legten, um an der Grenze schneller abgefertigt zu werden.

Das Bild der Versöhnung über Gräbern, vor allem natürlich die anrührende Geste des französischen Staatspräsidenten, lassen bei Kohl und seinen Beratern die Idee keimen, auch 1985, zum bevorstehenden 40. Jahrestag des Weltkriegsendes, einen ähnlich symbolischen Akt zu inszenieren, diesmal mit amerikanischem Hauptdarsteller. US-Präsident Ronald Reagan wird Anfang Mai ohnehin zum Weltwirtschaftsgipfel in Bonn erwartet; zu diesem Anlass sind nun ein Besuch im ehemaligen Konzentrationslager Bergen-Belsen und ein Abstecher zu einem Soldatenfriedhof in der Nähe von Bonn vorgesehen. Kohl persönlich wählt eine Gedenkstätte im rheinland-pfälzischen Bitburg aus – in dessen Umgebung werden gerade die ersten atomaren Mittelstreckenraketen vom Typ «Pershing» stationiert, zu deren Aufstellung sich die Deutschen im Laufe der Nachrüstungsdebatte verpflichtet haben.

Doch die geplante Inszenierung gerät zum Fiasko, als sich herausstellt, dass sich unter den 2000 von den Amerikanern getöteten deutschen Soldaten auch 48 Angehörige der früheren Waffen-SS befinden. Reagan versucht vergeblich, Bitburg aus dem Programm zu streichen; Kohl beharrt auf dem Besuch und schätzt die Aufregung der Medien, speziell in Nordamerika, völlig falsch ein. Nun erst beginnt die Recherche auf dem Friedhof, die ergibt, dass 32 der dort gebetteten Mitglieder der SS – also

Die geplante Versöhnungsgeste über Gräbern geriet zum Fiasko: US-Präsident Ronald Reagan und Kanzler Kohl auf dem Soldatenfriedhof Bitburg, mit Ehefrauen Nancy und Hannelore, 5. Mai 1985.

rund zwei Drittel – an ihrem Todestag jünger als 25 Jahre alt waren. Und der Kanzler schlussfolgert, «dass viele dieser blutjungen Soldaten gar keine Chance hatten, dem Einberufungsbefehl zur Waffen-SS zu entgehen». Von dem anderen Drittel spricht er nicht.

Er hat sich von diesem Staatsbesuch allzu viel versprochen. Er will gemeinsam mit Reagan demonstrieren, dass ein solcher Krieg nie wieder möglich sein darf, und er will den Schulterschluss mit den USA betonen. Er will mit einer richtungweisenden Rede zum 40. Jahrestag der deutschen Kapitulation auffallen; aber die hält dann, in aller Welt stark beachtet, der neue Bundespräsident Richard von Weizsäcker, dessen Nominierung Kohl hatte verhindern wollen. Zum Weltkriegsgedenken wird die Rivalität zwischen Kanzler und Staatsoberhaupt erstmals offenkundig: Der Präsident spricht von deutscher Schuld und Verstrickung, von moralischer Verpflichtung und dem Wunsch zur Wiedergutmachung, wenn die überhaupt möglich sei. Kohl, der – wie Weizsäcker – im Krieg einen Bruder verlor, ist indes überzeugt, dass sich in Deutschland eine solche Vergangenheit nie wiederholen werde.

Das Treffen in Bitburg hat aber auch eine innenpolitische Komponente: Wenige Tage später geht die CDU in Nordrhein-Westfalen in eine aussichtslos erscheinende Landtagswahl, da kann die Aufmerksamkeit der Weltpresse gewiss nützlich sein. Und Kohl will zudem noch die Medien diesseits und vor allem jenseits des Atlantiks bezwingen und «eine Schlammschlacht, wie ich sie noch nicht erlebt hatte» siegreich beenden.

Das kann unmöglich alles gelingen.

Als Reagan erwägt, die Reise nach Deutschland vollends abzusagen, verweist Kohl auf die Bündnispartnerschaft innerhalb der NATO: Auch ein US-Präsident müsse «in der Lage sein, die Gefallenen zu ehren».

Die Zeremonie in Bitburg dauert schließlich ganze zehn Minuten; und auch der Wirtschaftsgipfel geht, wie der Kanzler vermerkt, «mit einem mageren Ergebnis» zu Ende. Reagan wirkt leicht beleidigt, und seine Gattin Nancy hätte die Reise am liebsten gar nicht angetreten.

Und bald darauf trifft der redselige Bonner Regierungschef ein weiteres Mal den falschen Ton. Der neue starke Mann der Sowjetunion Michail Gorbatschow ist erst wenige Monate im Amt, als Kohl zwei Mitarbeitern des US-Magazins «Newsweek» im November 1986 ein Interview gewährt. Darin erklärt er, der eloquente Russe sei ein «moderner kommunistischer Führer», der zwar – im Unterschied zum früheren Schauspieler Reagan – «nie in Kalifornien und nie in Hollywood» gewesen sei, aber von öffentlicher Beeinflussung sehr wohl etwas verstehe: «Goebbels verstand auch etwas von PR. Man muss doch die Dinge auf den Punkt bringen.»

Hätten er oder sein Regierungssprecher Friedhelm Ost den Punkt in diesem Absatz früher gesetzt, hätte sich das Verhältnis zu Gorbatschow schneller so gut entwickelt, wie es einige Jahre später geschah. Der Sowjetführer aber muss dem Kanzler erst einen Beschwerdebrief schreiben, ehe Kohl sich für «die dumme Bemerkung» entschuldigt, die er in seinen Memoiren freilich nicht erwähnt. Zweifellos erschwert sie anfangs einen vertrauensvollen Umgang mit dem Kremlchef.

Dann, im September 1987, kommt der oberste Einheitssozialist Erich Honecker zu seinem ersten und einzigen offiziellen Besuch nach Bonn, zwei Jahre vor seinem Sturz, drei Jahre vor dem Ende des zweiten deutschen Staats. Das Medieninteresse ist gewaltig: 2400 Journalisten aus aller Welt haben sich für den spektakulären Gipfel akkreditiert.

«Das bislang Unvorstellbare wurde wahr» – mit diesen dramatischen Worten beschreibt der Altkanzler Honeckers Visite auf westdeutschem Boden. Doch zunächst graust ihm bei der Vorstellung, dem Gast mit dem ganzen zeremoniellen Aufwand

«Das bislang Unvorstellbare wurde wahr»: Helmut Kohl beim Staatsempfang für den DDR-Staatsratsvorsitzenden Erich Honecker im September 1987 in Bonn.

wie Hymnen, Ehrenbataillon, Staatsflaggen Reverenz erweisen zu müssen. Sorgfältig hat er sich auf seine Rede, «eine meiner wichtigsten», vorbereitet, die er beim Abendessen in der Godesberger Redoute vorträgt und die das DDR-Fernsehen in voller Länge live sendet.

Sie ist diplomatisch geschickt. Kohl klammert Trennendes nicht aus, wenn er Gemeinsamkeiten oder bereits Erreichtes betont. Mehrfach erwähnt er den Wunsch nach «Einheit der Nation», oder er zitiert die Präambel des Grundgesetzes, die vom «deutschen Volk» fordere, «in freier Selbstbestimmung die Einheit und Freiheit Deutschlands zu vollenden».

Dem Gast, der darin ebenso gut eine Provokation entdecken könnte, ist das gleichgültig. «Er blickte stur geradeaus und zeigte keine Reaktion, auf keinen Fall aber wirkte er beleidigt oder düpiert», beobachtet der Kanzler erleichtert.

Aktenforscher können als Ergebnis dieses Arbeitsbesuchs den seltenen Befund erheben, dass sich die Aufzeichnungen der einen kaum von den Protokollen und Notizen der anderen Seite unterscheiden, wie es im diplomatischen Sprachgebrauch sonst üblich ist. Als Resultat dieses insgesamt zwölfstündigen Dialogs fertigt Honecker eine 170-seitige Nachschrift als «Vorlage für das Politbüro» an; offenbar hatte er in Taschen, Jacken oder Uhren Tonbandgeräte versteckt, die selbst Gespräche im kleinsten Kreis oder winzige Details aufzeichnen. Nach der Wende findet sich die Akte in der Hinterlassenschaft des DDR-Außenministeriums.

Erst in seinen Memoiren gibt Kohl einen Hinweis auf den damals bereits labilen Gesundheitszustand seines Gastes: «Manchmal hatte ich den Eindruck, dem fünfundsiebzigjährigen SED-Chef sei alles zu viel. Je länger die Unterredung dauerte, umso spärlicher wurden seine Äußerungen und umso kürzer fielen seine Antworten aus.» Mit Honecker scheint ein Wandel nicht möglich und eine Wende schon gar nicht.

Dass es aber außerhalb der deutsch-deutschen Beziehungen zu einem allmählichen Umschwung im einst starren Ostblock kommt, bemerken zuerst die Diplomaten und Kommuniqué-Interpreten, und ein Raunen geht durch Experten- und Beraterzirkel, als sich im Oktober 1986 US-Präsident Reagan in Reykjavík mit Gorbatschow trifft, dem Exponenten der von ihm so genannten «Macht des Bösen». Die Amerikaner können lange kaum glauben, wie viel Abrüstung ihnen da angeboten wird. Zwei Jahre später, im Oktober 1988, testet Kohl in Moskau die Nachgiebigkeit seines Gastgebers. Er will wissen, ob Gorbatschow auch die deutsche Frage als «offen» betrachte – und erhält als Antwort nur einen vagen Hinweis auf den «Fahrplan der Geschichte».

Der wird gerade in diesen Monaten neu geschrieben. Im Dezember 1988 gibt der Kremlchef vor dem UNO-Plenum ausdrücklich jeden Weltherrschaftsanspruch auf; damit hat sich die Breschnew-Doktrin, die den Ostblock so lange aneinandergekettet hatte, mit einem Schlag erledigt.

Und Kohls Berater Teltschik ist elektrisiert. Denn das kann nur bedeuten, dass für den internationalen Umgang künftig andere Regeln gelten – etwa «das Recht aller Völker und Staaten, ihr Schicksal frei zu bestimmen» oder «die Achtung der Integrität und der Sicherheit jedes Staates», wie es in der gemeinsamen Erklärung heißt, die die außenpolitischen Experten aus Moskau und Bonn lange vorbereiten und die Kohl und Gorbatschow bei dessen Gegenbesuch in Bonn im Juni 1989 gemeinsam unterschreiben: «Jeder hat das eigene Recht, das eigene politische und soziale System frei zu wählen.» Also geht es nun um «die uneingeschränkte Achtung des Selbstbestimmungsrechts der Völker». Das bedeutet letztlich das Ende der DDR, das Ende des Warschauer Paktes. Es bedeutet Eigenständigkeit für die bisherigen Vasallen der Sowjetunion.

Für Helmut Kohl wird weniger das offizielle Kommuniqué als vielmehr ein mitternächtlicher Spaziergang zum «Schlüssel-

«Der Rhein sucht seinen Weg – wie die Einheit»: Helmut Kohl und sein Gast Michail Gorbatschow bei dessen erstem Staatsbesuch in Deutschland, Juni 1989.

erlebnis» der Gorbatschow-Visite: Gast und Gastgeber setzen sich dabei auf die Mauer, die das Kanzleramt von der Rheinpromenade trennt. Und während sie auf das Wasser blicken, sprechen beide von der Notwendigkeit, «eine neue Perspektive für die Zukunft zu entwickeln». Selbst wenn man in der Lage sei, so beschreibt der Hausherr seine Vision, einen solchen Strom zu stauen, werde der Rhein sein Ziel finden: «So ist es auch mit der deutschen Einheit» – auf deren Zustandekommen der Kanzler allerdings erst in ferner Zeit hofft.

En détail steht der aktuelle Fortgang der Geschichte natürlich noch nicht fest. Eben erst, im Mai, hat die SED-Spitze das Ergebnis der Kommunalwahlen massiv gefälscht, um den Kommunismus weiter erblühen zu lassen. Anfang Juni lässt die Pekinger Führung auf dem «Platz des Himmlischen Friedens» einige hundert Bürgerrechtler zusammenschießen; und Honeckers Kronprinz Egon Krenz begrüßt das Blutbad. Die damals noch kleine Gruppe der Bürgerrechtler und Regierungskritiker in der DDR fürchtet seitdem eine ähnlich erbarmungslose «chinesische Lösung».

Aber viele Menschen im siechen Arbeiter- und Bauernstaat beschließen zu handeln: Sie packen ein paar Habseligkeiten ein und fahren nach Ungarn, um von dort einen Weg nach Österreich zu erkunden – oder sie flüchten sich in die westdeutschen Botschaften in Warschau, Prag und Ost-Berlin.

Es braut sich etwas zusammen.

Kapitel 10

«UNVERRÜCKBAR WIE EIN EICHENSCHRANK»: DIE WENDE

Die drei Wochen nach Kohls Rückkehr vom Wolfgangsee Ende August 1989 zählen gewiss zu den wichtigsten und aufreibendsten Phasen seiner Kanzlerschaft. Schon für den ersten Arbeitstag hat er seinen langjährigen Vertrauten Heiner Geißler ins Kanzleramt einbestellt. Als der Parteimanager seine Papiere auf dem Besuchertisch ausbreitet, um mit dem CDU-Vorsitzenden den für Anfang September nach Bremen einberufenen Parteitag vorzubereiten, eröffnet der Chef dem völlig verdutzten früheren Freund, er werde ihn den Delegierten nicht für eine Wiederwahl vorschlagen. Immerhin: Er hat Mut und sagt es ihm ins Gesicht.

Geißler, der bereits seit Monaten gegen Kohl intrigiert, trägt in seinem Zorn den Bruch noch am gleichen Tag in die Öffentlichkeit – die sich nun auf ein wochenlanges Gezänk, eine Revolte, gar einen Kanzlersturz einstellt und die Chancen möglicher Gegenkandidaten erörtert.

Unterdessen hält der Regierungschef engen Kontakt zur kommunistischen Führung in Budapest, wo sich 117 DDR-Bürger in die westdeutsche Botschaft geflüchtet haben – und ebnet damit indirekt den Weg zur deutschen Einheit.

Zudem plagt ihn eine Prostata-Erkrankung so sehr, dass er eigentlich auf den Operationstisch gehört.

Das Murren in seiner Partei wird derweil lauter: Schon seit einigen Jahren begleitet Geißler das Wirken seines Vorsitzenden, der ihn in sein jetziges Amt gelotst hat, mit Argwohn und zuweilen einer Schmähkritik, die Kohl nur selten verborgen bleibt. Der Generalsekretär, der die Parteiarbeit durchaus erfolgreich modernisiert hat und sich immer mehr zum General berufen fühlt statt zum Sekretär, schart einen eigenen Stab ihm ergebener Mitarbeiter um sich, die sich oft genug über die wirren Zustände und Zuständigkeiten in der Regierungszentrale mokieren, weil sie sich selbst für die Besseren halten.

Einige Zeitungen melden sogar, Geißler habe sich in kleinem Kreis vernichtend über den Kanzler geäußert: «Der kann es nicht.» Und der Adlatus wird mit der bösen Bemerkung zitiert: «Helmut Kohl hat die Union in die Macht geführt. Er wird sie auch wieder hinausführen.»

Der Generalsekretär kann dabei auf desaströse Umfrageergebnisse verweisen: Nur zwei Jahre nach seinem Wahlerfolg über den SPD-Herausforderer Johannes Rau ist der regierende Christdemokrat auf dem Tiefpunkt seines Ansehens angelangt; lediglich 17 Prozent der Befragten nennen ihn im April 1989 «entschlusskräftig», nur 23 Prozent halten ihn für «kompetent».

Geißler sieht schwarz für seine Partei. Stimmenverluste bei Regionalwahlen kreidet der Manager nicht der eigenen Arbeit, sondern seinem Vorsitzenden an, und intern ist die Rede davon, dass die CDU nicht mehr mit der erfolgreichen Kanzlerschaft Kohls punkten könne, sondern im Gegenteil mit einem «Kanzlermalus» zu kämpfen habe. Vor allem der nordrhein-westfälische Landeschef Kurt Biedenkopf, aber auch der Stuttgarter Ministerpräsident Lothar Späth argumentieren in ihren Wahlkämpfen offen gegen die Regierungsarbeit in Bonn.

Rolf Zundel, der angesehene Bonner Korrespondent der

«Zeit», zieht im Januar 1989 einen treffenden Vergleich: Kohl sei ein «Kanzler wie ein Eichenschrank, an dem man sich zwar immer wieder stößt, den zu verrücken aber alle aufgegeben haben». Nur der Generalsekretär und seine wenigen Freunde nicht.

Biedenkopf plädiert wieder einmal für eine Trennung der Ämter, fordert also einen Wechsel im Parteivorsitz, wobei ihm klar ist, dass dann auch ein anderer Regierungschef gefunden werden muss. Denn der Kanzler Kohl hat solche Gedankenspiele stets abgelehnt – eine Teilung der Macht kommt für ihn längst nicht mehr in Frage.

Im Sommer 1989 – nach der Europa-Wahl, bei der die Union mit einem Stimmenverlust von 8,2 Prozent abgestraft wird, aber trotzdem knapp stärkste Partei bleibt – greift Geißler die Idee wieder auf und sondiert unter den Mitgliedern des Präsidiums die Chancen einer solchen Revolte. Er findet aber nur einige verhaltene Befürworter. Richard von Weizsäcker etwa unterstützt zwar Geißlers Kritik am Erscheinungsbild der Regierung und der mangelnden Überzeugungskraft des Kanzlers, doch der amtierende Bundespräsident muss sich kraft Amtes von der Parteiarbeit fernhalten.

Der niedersächsische Regierungschef Ernst Albrecht fühlt sich zwar von Kohl hintergangen, traut sich die Rolle eines Kanzlermörders aber nicht zu, weil «dazu verletzte Eitelkeit nicht ausreicht». Und manche der Gesprächspartner Geißlers, etwa Hessens Ministerpräsident Walter Wallmann, ein treuer Gefolgsmann des Pfälzers, berichten dem Kanzler oder dessen Bonner Stallwache Eduard Ackermann von den seltsamen Aktivitäten des Generalsekretärs, der sich immer offener auch inhaltlich von seinem Vorsitzenden distanziert.

Es scheint, als überschätze Geißler in jenen Monaten seine eigene Rolle und Stellung in der CDU. Als Kohl ihm nun höchstpersönlich eröffnet, er habe in der Partei keine Zukunft mehr, versucht er mit den wenigen Gleichgesinnten – darunter die populäre Bundestagspräsidentin Rita Süssmuth, Arbeitsminister Norbert Blüm und natürlich Späth, der ihm nachfolgen soll, falls Kohl nach seiner Abwahl als Parteivorsitzender auch vom Kanzleramt zurücktritt – einen Befreiungsschlag.

Am darauffolgenden Sonntag trifft er sich mit den Kohl-Gegnern zu einer Strategiesitzung in der baden-württembergischen Landesvertretung in Bonn. Einige Stunden lang erörtern die Frondeure, wer in Bremen antreten soll – Süssmuth oder Späth – und wie deren Chancen jeweils einzuschätzen seien.

Doch schon einen Tag später fällt der virtuelle Aufstand ganz real in sich zusammen: Vor dem Präsidium deutet Späth an, er werde sich nicht um den Chefsessel bemühen, und auf der anschließenden Vorstandssitzung demonstrieren alle vermeintlichen Verschwörer ihre Loyalität zu Kohl. Er kann von Stund an ziemlich sicher sein, den Bremer Parteikonvent unbeschadet im Amt zu überstehen. Der Putsch ist abgesagt – auch, weil es für ihn keinen wirklichen Nachfolger gibt: Er hat ja die potenziellen Kandidaten in sein System eingebunden.

Noch vor dem Parteitag, am 24. August, erlaubt die ungarische Regierung den ostdeutschen Botschaftsbesetzern die Ausreise. Tags darauf kommen der Regierungschef Miklós Németh und sein Außenminister Gyula Horn zu einem geheim gehaltenen Besuch ins Gästehaus nach Gymnich und kündigen eine baldige Öffnung des «Eisernen Vorhangs» an, wofür Kohl ihnen einen Kredit über eine halbe Milliarde Mark verspricht. Aber er tut noch mehr: Er telefoniert sogleich mit dem Kremlherrn und sondiert dessen Haltung zur Grenzöffnung. Später schildert Kohl die Reaktion des Russen: «Gorbatschow schwieg zunächst. Dann antwortete er: ‹Die Ungarn sind gute Leute.›»

Ungarns Entschluss und Gorbatschows Reaktion darauf lassen kaum einen Zweifel: Der Ostblock wird sich auflösen. Die Mitglieder des maroden Warschauer Pakts können ihre Zukunft selbst bestimmen. Offen bleibt indes die Frage, was geschehen soll, wenn einzelne Regierungen dies alles nicht wollen. Die Gefahr, dass eingefleischte «Realsozialisten» lieber an ihrer überkommenen Ideologie festhalten, ist damit noch längst nicht gebannt.

In der Woche vor dem Bremer Konvent wird Kohl in Bonn von heftigen, überfallartigen Schmerzen im Unterleib geplagt, die in der Nacht zum 8. September «unerträglich» werden. Seine Frau weilt in Ludwigshafen; der Patient weiß keinen anderen Rat, als sich «im Schlafanzug durch den Kanzlergarten» zum Büro der Grenzschützer zu schleppen. Die Sicherheitsbeamten bringen ihn im Polizeiauto ins nahe Johanniter-Krankenhaus, wo ihm eine sofortige Operation der Prostata angeraten wird. Als der Patient beharrt, er müsse sich in Bremen pünktlich der Partei und seinen Widersachern stellen, er könne keinesfalls seine Teilnahme absagen, wird er fortan medikamentös versorgt; einer der behandelnden Ärzte bleibt während der gesamten Veranstaltung in der Nähe, und der, so Kohl, «weiß seitdem, was wirklicher Stress ist».

Unter Qualen kann der Vorsitzende den Kongress auf dem traditionellen Presseabend mit der sensationellen Mitteilung aus Budapest eröffnen, in vier Stunden, um Mitternacht, werde die Grenze nach Österreich dauerhaft geschleift, würden Minen entfernt und Zäune abgebaut. Am nächsten Tag verlassen 6000 DDR-Bürger den Ostblock durch das Loch im einstmals kaum überwindbaren Zaun, und der Parteitag hat plötzlich ein neues, ein richtiges Thema: Wie geht die innerdeutsche Entwicklung weiter? Warum eigentlich sollten wir in diesem historischen Moment den Kanzler wechseln? Nur weil ein paar harmlose Wahlen verloren gingen? Der Parteichef muss allerdings ertragen, dass ihn nur noch 77 Prozent der Delegierten wiederwählen – das bis dahin schlechteste Ergebnis seit sechzehn Jahren.

Auch die «Putschisten», die in diesem Augenblick vollends der Mut verlässt, werden vergleichsweise milde abgestraft: Späth muss, weil ihm neun Stimmen fehlen, auf seinen Sitz im Parteipräsidium verzichten, das nach seiner Ansicht ohnehin zu wenig in die aktuelle Politik eingreifen darf; später stürzt er über eine angebliche «Traumschiff»-Reise, reüssiert aber als Unternehmensmanager der früheren Carl-Zeiss-Werke in Jena. Biedenkopf, der bei aller überragenden Intelligenz oft zu Fehlschlüssen neigt, akzeptiert nach der Wende das (zuvor Geißler unterbreitete) Angebot, die CDU in Sachsen anzuführen. Dort macht er seine Sache gut, ist jedoch in Dresden zu weit entfernt vom Kanzler, um ihn gefährden zu können. Norbert Blüm darf sogar weitere acht Jahre als Arbeits- und Sozialminister dienen und verbirgt hinter einer nimmermüden Parole («Die Renten sind sicher!»), dass er die Bevölkerungsentwicklung, die Geburtenstatistik und die damit verbundenen Risiken für Konjunktur und Arbeitsmarkt schlicht ignoriert.

Seinen eigentlichen Widersacher Heiner Geißler schafft Kohl elegant und erfolgreich ins politische Abseits: Er lässt ihn noch in Bremen zum Stellvertreter im Parteivorsitz wählen – mit der Folge, dass der Putschist Kohls siegreichen Auftritt beklatscht, als habe stets Harmonie geherrscht. Von Stund an darf sich der Ex-General nur noch in Fernsehtalkshows, nicht aber in der Partei zu Wort melden.

Noch während Kohls Klinikaufenthalt schreitet der Verfall der DDR fort. Über Ungarns offene Grenze gelangen in nur drei Wochen 25 000 Ostdeutsche nach Österreich und in den Westen. Dort sind seit Jahresanfang schon etwa 100 000 legale Übersiedler eingetroffen, denen das SED-Regime seit Januar 1989 die Ausreise erlaubt hatte. Die westdeutschen Botschaftsgebäude in Prag, Warschau, Ost-Berlin füllen sich mit Flüchtlingen. «Ein Staat auf Rädern», kommentiert Altkanzler Brandt so treffend wie bissig.

In jenem Herbst geht es in der Bundesrepublik zu wie in einem Notstandsgebiet: Regierungsbeamte suchen per Hubschrauber Quartiere, Kasernen werden umgewidmet, Turnhallen vom Technischen Hilfswerk möbliert, mancherorts sogar leerstehende Wohnungen beschlagnahmt, Sonderzüge als Unterkünfte in die Nähe der innerdeutschen Grenze rangiert. Die DDR blutet aus. Eine Lawine schwillt an von Menschen, die ihren Staat ebenso satthaben wie den Mangel – an Recht und Gerechtigkeit, Reisefreiheit, Wohlstand, Selbstbestimmtheit. Etwas respektlos vergleicht der aus Texas stammende US-Außenminister James Baker im Gespräch mit dem Bundespräsidenten die Fluchtbewegung mit einer «durchgehenden Herde von Rindern».

Willy Brandt hat schon Anfang September die Dynamik der neuen Massenbewegung erkannt und benannt, als er im Bundestag zum 50. Jahrestag des Zweiten Weltkriegs spricht: «Ich will offen meinem Empfinden Ausdruck geben, dass eine Zeit zu Ende geht.» Die alte Zeit hat sich überlebt.

Auch Kanzler Kohl verfolgt, zunächst noch im Krankenhaus, dann zu Hause in Oggersheim, die Explosion der Flüchtlingszahlen, den Ansturm auf die Botschaftsgebäude. Ihm bleibt nur das Telefon: Mehrfach spricht er mit Gorbatschow und bittet ihn, auf die DDR und die Regierung der damaligen Tschechoslowakei einzuwirken, um den Flüchtlingen zu helfen; ein Kontakt mit Honecker kommt nicht zustande – auch der SED-Mann ist erkrankt. Kohl berät sich mit seinem Außenamtschef Genscher, der gerade in New York bei der UN-Vollversammlung ist; der wiederum bittet seinen sowjetischen Amtskollegen Eduard Schewardnadse und den DDR-Kollegen Oskar Fischer um Hilfe.

Noch im Rückblick wirkt die Situation gespenstisch: Während die DDR kurz vor ihrem 40. Geburtstag am Abgrund steht, ist deren Führungskraft Honecker nicht zu erreichen, und der westdeutsche Kanzler, ebenfalls ans Bett gefesselt, kann nicht wirklich eingreifen. Sein Vize, der während seines Sommerurlaubs in Berchtesgaden einen Herzinfarkt erlitt, muss sich zwar auch noch schonen, ist aber, von einem Arzt ständig begleitet, wenigstens aktionsfähig.

Dem diplomatischen Druck von allen Seiten gibt die DDR-Führung am 30. September schließlich nach und erlaubt die Ausreise der mehr als 3000 Botschaftsflüchtlinge aus Prag in die Bonner Republik. Seltsame, hilflose Bedingung: Die Sonderzüge müssen statt auf direktem Wege über DDR-Territorium rollen. Zwischen Kanzler und Vizekanzler entbrennt ein Wettstreit, wer von ihnen den Festsitzenden, die erst auf diesem Umweg das gelobte Land erreichen können, die Angst nehmen darf. «Ich wollte damals unbedingt nach Prag reisen», bekennt Kohl später. Doch seine Ärzte spielen nicht mit. Er muss zu Hause bleiben.

So erlebt Genscher, eben erst aus New York zurückgekehrt, den Höhepunkt seiner politischen Laufbahn. In Prag wird ihm das Glück zuteil, jenen, nicht nur für ihn «unvergesslichen Moment» zu zelebrieren, als er vom Balkon der überfüllten Botschaft den Tausenden die Nachricht von der Ausreiseerlaubnis verkündet: «Wir sind heute zu Ihnen gekommen, um ...» Begleiter berichten, er habe vor Rührung mit den Tränen gekämpft. Für den liberalen Juristen, der seine Jugendjahre in Halle verbrachte, ist es die Schlüsselszene auf dem Weg zur Einheit: Die Wucht wird spürbar, mit der die Ostdeutschen von nun an ihre Staatsführung bedrängen. «Ein politischer Urstrom», erkennt Genscher damals, schiebt sich ungehindert durch die DDR.

Doch erstmals gibt es Gewalt und Verletzte während jener friedlichen Revolution, die gerade beginnt. Hunderte von Menschen versammeln sich entlang der Strecke, auf denen die Sonderzüge gen Westen rollen, und suchen eine Chance aufzuspringen – natürlich ein aussichtsloser Wunsch, denn überall an den Gleisen, besonders in den Bahnhöfen, sind Mitarbeiter der Staatssicherheit postiert. Besonders im Dresdner Hauptbahnhof eskaliert die Lage. «Mit unerbittlicher Härte», so schildert es Kohl, lässt der SED-Bezirkschef Hans Modrow – der

«Wir sind heute zu Ihnen gekommen, um …»: Die Bonner Delegation um Außenminister Hans-Dietrich Genscher auf dem Balkon der Bonner Botschaft in Prag, 30. September 1989.

im Politbüro wegen Rechtsabweichung einen schweren Stand hat – Volkspolizei und Wasserwerfer auf jene los, die rund um den Bahnhof Reisefreiheit für sich selbst suchen. Auf Fotos, die heimlich in den Westen geschleust werden, sind die brutalen Angriffe dokumentiert.

Während Ost-Berlin sich auf die Jubelfeierlichkeiten zum DDR-Geburtstag vorbereitet, wächst der Widerstand in Leipzig. Dort haben sich Bürgerrechtler schon seit Wochen in der Nikolaikirche zu den sogenannten Montagsgebeten eingefunden, am 25. September ziehen sie anschließend erstmals ins Freie, auf die Ring-Straße, wo 5000 Demonstranten offen ihre Forderung verkünden: «Wir wollen raus!» Eine Woche später wechselt der Slogan und zielt diesmal auf die eigene Regierung: «Wir bleiben hier!» Und am 9. Oktober sind es schon 100 000 Demonstranten, die nun eine neue, geschichtsträchtige Parole gefunden haben: «Wir sind das Volk!» Mitte November ändert sich die Devise ein weiteres, letztes Mal: «Wir sind *ein* Volk!»

An jenem 9. Oktober werden die Weichen für das Ende der DDR gestellt. In Leipziger Vororten warten Betriebskampfgruppen mit schwerem Gerät auf einen Einsatzbefehl, Sanitätspersonal ist für Spät- und Nachtdienste zwangsverpflichtet. Es knistert im ganzen Land, selbst in Kleinstädten ist die Unruhe zu spüren. Am Nachmittag rufen der Dirigent Kurt Masur und drei lokale SED-Funktionäre über den Stadtrundfunk alle Bürger zum «friedlichen Dialog» auf.

Und in Bonn warnt Helmut Kohl, der seinen Genesungsurlaub nun doch abgebrochen hat, in seiner Eigenschaft als CDU-Chef die DDR-Oberen vor weiterer «Repression nach innen und Abschottung nach außen». Der Kanzler will sich offenbar nicht in die innere Entwicklung eines Nachbarlandes einmischen; der Parteivorsitzende braucht diese Rücksicht nicht zu nehmen.

Von diesem Tag an verläuft jene innere Entwicklung in der DDR wie zwangsläufig, nur von der Kraft und Entschlossenheit ihrer Menschen gesteuert, nicht aber von politischen Akteuren. Gorbatschow, Jubelgast in Ost-Berlin, wo er zu Staatschef Honecker den berühmten Satz «Wer zu spät kommt, den bestraft das Leben!» gesagt haben soll – tatsächlich lautet die korrekte Übersetzung jenes russischen Zitats: «Schwierigkeiten lauern auf den, der nicht auf das Leben reagiert» –, ist über die Lage höchst besorgt. Er hält es für möglich, dass manche Demonstrationen aus dem Westen ferngesteuert und die Fluchtwilligen aktiv angelockt werden.

Kohl sucht sein Misstrauen am Telefon zu zerstreuen: Die Bundesregierung sei nicht an Chaos und Unruhen interessiert, vielmehr an Reformen. Gorbatschow, so berichtet der Kanzler, habe darauf nur ein einziges deutsches Wort erwidert: «Gut!»

Keine zwei Wochen nach dem Staatsjubiläum, am 18. Oktober, tritt Honecker von allen Ämtern zurück. Sein Nachfolger Egon Krenz wendet sich am gleichen Abend in einer Fernsehansprache an jene Bürger, die seinen Staat noch nicht verlassen haben, und benutzt dabei erstmals das Wort von einer «Wende», das er dem Bonner Regierungschef in einem Ferngespräch in der folgenden Woche erläutert: Er sei zur «Wende» fest entschlossen, dies bedeute «jedoch keinen Umbruch». Dann spielt er auf Kohls Operation im Vormonat an und wünscht dem Kanzler, leicht beflissen, «beste Gesundheit».

Der Umbruch im Leben des Egon Krenz folgt wenige Tage später. Am 4. November versammeln sich zur größten Demonstration in der kurzen Geschichte der DDR eine halbe Million Menschen auf dem Berliner Alexanderplatz. Zu den Rednern gehören Bürgerrechtler, Schriftsteller, aber auch der langjährige Spionagechef Markus Wolf; alle verlangen von ihrer Regierung innere Reformen, mehr Freiheiten, mehr Bürgerrechte. In den Worten der Dichterin Christa Wolf: «Demokratie – jetzt oder nie!»

Die meisten Demonstranten fordern nicht die Wiedervereinigung, nicht den Abriss der Mauer. Sie träumen von einer besseren DDR, einem grunderneuerten sozialistischen Staat auf deutschem Boden – dem doch gerade die Bürger in hellen Scharen davonlaufen: An diesem und dem nächsten Tag verlassen 15000 Flüchtlinge ihr Land, am 8. November sind es 11000. Diese Menschen trauen ihrem Staat, ihrer Regierung keine Kraft mehr zu; und die Führung sich selbst offenbar auch nicht: Am 7. November tritt der Ministerrat, einen Tag später das Politbüro zurück, das höchste Gremium der Einheitspartei.

Währenddessen bereitet sich Kohl sorgfältig auf eine seit längerem geplante, fünftägige Reise nach Polen vor, die am Nachmittag des 9. November in Warschau beginnt. Der Kanzler hat mit der polnischen Regierung über Ort, Art und Umfang einer Versöhnungsgeste lange verhandeln lassen: Im oberschlesischen Annaberg will er den polnischen Ministerpräsidenten umarmen – um so deutlich zu machen, dass die Zeit der Gewalt vorbei sei. Nach einer weiteren Änderung des Reiseplans wird Annaberg (wo nach dem Ersten Weltkrieg deutsche Freischärler polnische Bürger angriffen) durch das Städtchen Kreisau ersetzt – auch dies ein Symbol für den Widerstand gegen Hitler; dort soll der mächtige Kohl nun dem schmächtigen Polen die Hand reichen.

Dabei wäre eine andere Geste den polnischen Gastgebern viel lieber: Sie wünschen sich – und werden vom französischen Staatspräsidenten François Mitterrand dazu ermuntert – gerade angesichts der Wirren in der DDR eine ausdrückliche Anerkennung ihrer Westgrenze an Oder und Neiße. Dass der regierende Historiker aus Bonn einen solchen Akt der Akzeptanz von Realitäten unter juristischen Vorwänden – es gebe keine gemeinsame Grenze zwischen Polen und der Bundesrepublik – ablehnt, kann selbst sein Chefberater Teltschik nicht verstehen; denn die Nachkriegsordnung, die einen CDU-Kanzler stets zur Rücksicht auf die Vertriebenenverbände zwang, ist ja offenkundig ins Wanken geraten.

Nach der Landung in Warschau trifft sich Kohl mit Arbeiterführer Lech Wałęsa, dem entscheidenden Wegbereiter der Wende im Ostblock. Dieser verblüfft den Gast mit der Prognose, dass die Berliner Mauer «spätestens in ein bis zwei Wochen» fallen werde.

Sie fällt schon am selben Abend, als der Kanzler beim Festbankett mit den Gastgebern zusammensitzt. Zweimal wird er von der Tafel zum Telefon gerufen: Aus Bonn erstattet seine Stallwache Rudolf Seiters Bericht über den sensationellen Auftritt des Politbüromitglieds Günter Schabowski, der vor der Presse eine neue Reiseregelung angekündigt hat. Zwei Stunden danach ruft Eduard Ackermann, der ebenfalls in Bonn geblieben ist, seinen Chef an den Apparat: «Herr Bundeskanzler, im Augenblick fällt gerade die Mauer!» Kohl fragt zurück: «Ackermann, sind Sie sicher?» Und beide erinnern sich später mit dem gleichen Satz an dieses Telefonat: «Es verschlug mir fast die Sprache.»

Kohl unterbricht den Polen-Besuch zur Enttäuschung seiner Gastgeber, eilt nach Berlin zu einer Kundgebung vor dem Schöneberger Rathaus, wo er vom «linken Pöbel» ausgepfiffen wird, und kann, da er auf der Rednertribüne eingekeilt ist, nicht ans Telefon gerufen werden, über das Gorbatschow ihm eine Warnung zukommen lassen will: Es dürfe in Berlin kein Chaos entstehen, und erst recht nicht dürften Einrichtungen der in der DDR stationierten Sowjetarmee angegriffen werden.

Hätte sich dieses Szenario bewahrheitet, wäre eine harte Reaktion der Besatzungsmacht wahrscheinlich gewesen. Nur: Sie war überflüssig, niemand dachte daran, den Kreml in diesen wirren Tagen zu provozieren. Es ist jedoch der russische Botschafter in Ost-Berlin, der diese Sorge nach Moskau übermittelt.

Stets auf der Suche nach abhörsicheren Telefonen, fliegt der Kanzler samt Begleitung abends nach Bonn, spricht mit der britischen Premierministerin Margaret Thatcher, mit US-Präsident George Bush, am nächsten Morgen mit Mitterrand und Egon

Krenz, mittags mit Gorbatschow. Die immer gleiche Botschaft – so schreibt Kohl in seinen Memoiren – lautet: «Wir wollen die DDR nicht entvölkern, zumal ein solcher Exodus mit schweren ökonomischen Schäden und Problemen verbunden ist. Die Menschen sollten vielmehr in ihrer angestammten Heimat bleiben.» Die «Eiserne Lady» in London ruft er deshalb als Erste an, weil er zu Recht vermutet, dieses Gespräch werde «das schwierigste» werden.

Doch auch der vermeintliche Freund Mitterrand steht nicht wirklich fest an seiner Seite. In seinem Tagebuch notiert der Franzose an jenem Wochenende: «Diese Leute spielen mit einem Weltkrieg, ohne es zu bemerken.»

Viel weniger dramatisch sieht Gorbatschow inzwischen die Lage. Nun ist keine Rede mehr von militärischer Intervention: Der Mann in Moskau spricht ganz einfach von «historischen Veränderungen» in einer «neuen» Welt. Da schaut der Kanzler erleichtert seinen am Telefon mithörenden Teltschik an und sagt zu ihm, ganz Pfälzer: «Die Birn is g'schält.»

Und doch bleiben entscheidende Fragen noch offen: Wie stehen die westeuropäischen Nachbarn zu einem gravierend sich verändernden Verhältnis zwischen den beiden Deutschlands, das womöglich in einen Einheitsstaat mündet? Was wird dann aus der Europäischen Gemeinschaft, der NATO; was geschieht mit Berlin, das weiter unter Besatzungskontrolle steht? Soll der neue, von 80 Millionen Menschen bevölkerte Koloss neutral werden? Wer garantiert dann seinen Schutz?

Am folgenden Wochenende lädt Mitterrand die europäischen Staats- und Regierungschefs zum Sondergipfel nach Paris, wo die Ängste vor einem erstarkten Deutschland deutlich werden. Beim Dessert faucht Thatcher ihren Amtskollegen an und warnt wortreich vor einer Wiedervereinigung. Als dieser cool entgegnet, niemand werde seine Landsleute daran hindern können, ihr Schicksal selbst in die Hände zu nehmen, da – so berichtet es der

Am Tag nach dem Mauerfall in West-Berlin: Redner Willy Brandt, der Berliner CDU-Oppositionsführer Eberhard Diepgen, der Regierende Bürgermeister Walter Momper und Helmut Kohl vor dem Schöneberger Rathaus.

Kanzler – «stampfte Thatcher außer sich vor Wut mit den Füßen auf und schrie: ‹Das sehen Sie so, sehen Sie so!›» Selbst Gastgeber Mitterrand springt dem Freund aus Bonn nach diesem Ausbruch nicht bei.

Helmut Kohl spürt, dass Teltschik recht hat – er muss dringend die internationale «Meinungsführerschaft» anstreben und darf nicht nur auf die neueste Entwicklung in der zerfallenden DDR reagieren. Denn der gerade gewählte Ministerpräsident Hans Modrow hat inzwischen die Idee einer «Vertragsgemeinschaft» vorgetragen, wonach die beiden deutschen Staaten ihr Verhältnis und ihre Beziehungen ausführlich regeln sollten. Dem wollen der West-Premier und seine Souffleure nun einen eigenen Vorschlag gegenüberstellen, der beide Möglichkeiten enthält: «konföderative Strukturen» (das Zwei-Staaten-Modell) und «Föderation», also praktisch den Einheitsstaat.

Teltschik, der seine Sätze gern nummeriert, entwirft den Gedanken eines «Zehn-Punkte-Programms»; eine Expertengruppe brütet bis zum Samstag über dem Inhalt. Ein Fahrer bringt das Exposé nach Oggersheim.

Dort, in der Abgeschiedenheit der pfälzischen Provinz, wird nun übers Wochenende die deutsche Einheit vorbereitet und konzeptionell strukturiert. Es fällt auf, dass an den Beratungen vermeintlich wichtige Entscheidungsträger nicht teilnehmen: der Außenminister und Koalitionspartner Genscher, Kohls Vordenker Teltschik, der Chef der Bruderpartei CSU, Theo Waigel, auch nicht der spätere Manager der Einheit, Wolfgang Schäuble. Anwesend sind außer dem Hausherrn lediglich Gattin Hannelore, die den Text am Ende in ihre Reiseschreibmaschine tippt, und die langjährigen Freunde, Pfarrer Erich Ramstetter wie dessen Bruder Fritz, ein pensionierter Lehrer. Am Telefon profitiert Kohl darüber hinaus vom Know-how des Staatsrechtlers Rupert Scholz und des hessischen Parteifreundes Walter Wallmann.

Als Voraussetzung für eine gedeihliche Zukunft nennt das

Papier in Punkt fünf eine «demokratisch legitimierte Regierung» in der DDR, also freie Wahlen. Erst im zehnten Punkt ist, ganz vorsichtig, das eigentliche Ziel des Plans erwähnt: «Wie ein wiedervereinigtes Deutschland schließlich aussehen wird, das weiß heute niemand. Dass aber die Einheit kommen wird, wenn die Menschen in Deutschland sie wollen, dessen bin ich sicher.» Fristen, Termine, die Frage der Bündniszugehörigkeit wie auch der Anerkennung der Oder-Neiße-Grenze – das alles fehlt.

Als das Papier am Montag fertig ist, werden weder der Koalitionspartner noch der Oppositionsführer oder Freund Mitterrand eingeweiht, auch nicht der am meisten betroffene Gorbatschow. Einzig US-Präsident George Bush, der den Russen zwei Tage später auf einem Kriegsschiff vor Malta treffen will, wird vorab informiert – alle anderen kurz vor Beginn der Bundestagssitzung, auf der Kohl das Programm öffentlich macht.

Der Kremlchef ist außer sich vor Zorn. Noch in seinen Memoiren tadelt er, Kohl habe «eine Reihe ultimativer Forderungen an die innere Umgestaltung der DDR als Vorbedingung für die Verwirklichung dieses Plans» aufgestellt. Als auch Freunde im Westen über das undiplomatische, unabgestimmte Vorgehen zu maulen beginnen, wird der Außenminister auf Beruhigungstour geschickt: Ausgerechnet Genscher, der bei der Konzeption der Expertise nicht gefragt wurde, soll nun Thatcher, Mitterrand und Gorbatschow Vorzüge, Feinheiten und Absichten der Initiative erläutern.

Er berichtet später, wie wütend der Russe noch immer ist, als er in Moskau vorspricht: «Eigentlich sollte man mit einem solchen Dokument erst nach entsprechenden Konsultationen mit den Partnern an die Öffentlichkeit gehen.» Der KPdSU-Generalsekretär redet sich in Rage: «Hält der Kanzler das nicht mehr für nötig?» Und dann, als Schlussakkord: «Er meint zu glauben, dass seine Musik gespielt wird – Marschmusik.»

Gorbatschow hat den Kern entdeckt: Der Kraftmeier vom

Rhein hält nichts von Diplomatie, Diplomaten, Noten und Konferenzen. Wenn er einmal entschlossen auf eigene Faust vorgeht, dann wird klar: Helmut Kohl traut eigentlich nur sich selbst.

Kapitel 11

«DER MANTEL DER GESCHICHTE»: AUF DEM WEG ZUR EINHEIT

Seit Helmut Kohl das Zehn-Punkte-Programm dem Bundestag präsentiert hat, ist das Wort in der Welt, auch wenn es keiner ausspricht. Während die Demonstranten auf dem Leipziger Ring «Wir sind *ein* Volk!» skandieren, vermeiden es die meisten westeuropäischen Staatsmänner und die Kommentatoren, jenen Begriff überhaupt in den Mund zu nehmen: Wiedervereinigung. Selbst der Kanzler redet gegenüber seinem Freund François Mitterrand von der «Einheit des deutschen Volkes». Denn die Frage aller Fragen ist ungeklärt: Wie sollen sich zwei Teile zu einem Ganzen fügen, wenn sie zwei gegensätzlichen, hochgerüsteten Bündnissystemen angehören?

Es mutet ein wenig kleinkariert an, wenn Helmut Kohl seinen erklärten Gegenspieler, den damaligen Bundespräsidenten Richard von Weizsäcker, noch heute dafür tadelt, er habe nach dem Mauerfall kein einziges Mal das berühmte Wort verwendet. Auch Walter Momper erscheint ihm als dummer Tor, weil er als Bürgermeister den Berlinern zugerufen hat, es gehe «nicht um Wiedervereinigung, es geht um ein Wiedersehen». Lag das denn nicht nahe? War nicht alles andere damals noch Vision – oder gar Illusion?

Dabei ist es Kohl selbst, der bei internen Besprechungen, aber auch bei Begegnungen oder Telefonaten mit ausländischen Staatsmännern vor einer allzu stürmischen Entwicklung warnt. Gegenüber Teltschik oder Schäuble lässt er durchblicken, es werde bestenfalls «fünf bis zehn Jahre» dauern, bis eine Vereinigung möglich sei. Im Gespräch mit dem britischen Botschafter im Januar 1990 terminiert er die Einheit auf «das Jahr 1995».

Allerdings ändern sich die Verhältnisse in Ost-Berlin schneller als erwartet. Anfang Dezember 1989 streicht die plötzlich zum Leben erwachte DDR-Volkskammer den Führungsanspruch der SED aus der Verfassung, zwei Tage danach treten Politbüro und Zentralkomitee zurück. Erich Honecker und einige seiner Genossen werden aus der bisherigen Einheitspartei ausgeschlossen. Und die Bürger laufen der DDR immer noch davon, als gäben sie ihr keine Zukunft mehr. Eine Vereinigung erscheint als rettender Ausweg – auch wenn Literaten wie Günter Grass und Publizisten wie der «Spiegel»-Chefredakteur Erich Böhme («Ich möchte nicht wiedervereinigt werden») die DDR lieber als reformierten Zweitstaat erhalten wissen wollen. Beide haben im Westen gut reden.

Bei den Verbündeten herrscht weiterhin Skepsis vor. Während des Europa-Gipfels in Straßburg Ende November sieht sich der Kanzler einer «tribunalartigen Befragung» ausgesetzt: Der Italiener Giulio Andreotti warnt vor einem aufkommenden «Pangermanismus», der Holländer Ruud Lubbers, ein Christdemokrat, mahnt wie Margaret Thatcher vor einem zu mächtigen Deutschland, das allein wegen seiner Bevölkerungszahl den Kontinent destabilisieren werde. Thatcher – erbost über Kohls einseitig verkündetes Zehn-Punkte-Programm – droht gar mit einem Veto, sollte der Kollege nicht ausdrücklich die Unverletzlichkeit der Nachkriegsgrenzen anerkennen, und ruft schließlich verzweifelt aus: «Zweimal haben wir die Deutschen geschlagen! Jetzt sind sie wieder da!»

In die Defensive gedrängt, erklärt der Kanzler in Straßburg sein Ziel, nationale und europäische Interessen zu verschmelzen: «Deutsche Einheit und europäische Einigung sind zwei Seiten der gleichen Medaille.»

Die angestrebte Einigung Europas ist sogar viel mehr: Sie ist die Voraussetzung dafür, dass Deutschlands Partner ihre Furcht vor der Wiedervereinigung überwinden können. Denn aus solchen «Ängsten kann nichts Gutes erwachsen», ruft der Kanzler vor der Ruine der Dresdener Frauenkirche Zehntausenden von Menschen zu. Sie haben sich dort am 19. Dezember zu einer, wie Kohl behauptet «spontanen», Kundgebung nach seinem Treffen mit dem DDR-Ministerpräsident Hans Modrow eingefunden.

Tatsächlich ist seine Rede viel zu gut, um aus dem Stegreif gehalten zu sein. Sie ist von höchster Emotionalität getragen und mahnt dennoch zur Besonnenheit: «Wir wollen, dass die Menschen in ihrer Heimat bleiben und hier ihr Glück finden können.»

Weil Kohl fürchtet, die Menge könne plötzlich die erste Strophe des Deutschlandlieds anstimmen, hat er auf der Tribüne eigens einen Dresdener Kantor postieren lassen, der – falls nötig – den Choral «Nun danket alle Gott» intonieren soll. Die Sorge ist überflüssig. Die Zuhörer sind nach der 16-minütigen Rede so ergriffen wie diszipliniert, und dem Kanzler, schildert Horst Teltschik, «schnürt es die Kehle zu, als er seine Ansprache mit den Worten beendet: Gott segne unser deutsches Vaterland.» Nachts im Hotelzimmer, im Kreise seiner Getreuen, ahnt er den Verlauf der nächsten Monate voraus: «Ich glaube, wir schaffen die Einheit. Ich glaube, das ist nicht mehr aufzuhalten, die Menschen wollen das.»

Das ist die neue Erfahrung an jenem Dezembertag: Fortan verlässt er sich auf seine Fähigkeit, herauszuhören, was die Mehrheit wünscht; zu DDR-Offiziellen wie Modrow, dessen Stellvertreter de Maizière, aber auch zu Bürgerrechtlern oder

Kanzler Kohl vor der Ruine der Dresdener Frauenkirche auf der Kundgebung am 19. Dezember 1989: «Ich glaube, wir schaffen die Einheit. Ich glaube, das ist nicht mehr aufzuhalten, die Menschen wollen das.»

den Kirchen wahrt er dagegen Distanz. Er hält nichts von den etablierten Parteien, die in der DDR den Part von «Blockflöten» spielen, und ebenso wenig von den neuen, die sich nun zur Vorbereitung freier Wahlen in der «Allianz für Deutschland» zusammenfinden. Für ihn besitzen sie keine demokratische Legitimation. Er hält sie alle, bestenfalls, für Amateure – gutwillig, aber blauäugig. Nach der Wahl stellt sich heraus, dass die meisten ihrer Wortführer von der Staatssicherheit gelenkt waren: die Christdemokraten Martin Kirchner und Lothar de Maizière, der Bürgerrechtler Wolfgang Schnur sowie Ibrahim Böhme, der Star der Ost-SPD.

Einzig zu Bärbel Bohley, der tapferen Künstlerin, der Jeanne d'Arc unter den DDR-Bürgerrechtlern, wird er später engeren Kontakt knüpfen; sie verschafft ihm Einblick in die Szene dieser mutigen Untergrundler, die er anfangs allesamt für – protestantische – Träumer hielt.

Schon lange vor der auf den 18. März 1990 vorgezogenen Volkskammerwahl erkennt er, dass jener «Lastenausgleich» in Höhe von 15 Milliarden Mark, den Modrow von ihm fordert, die falsche Wirkung hätte – nämlich eine Stabilisierung der DDR, die er nun nicht mehr will. Viel sinnvoller wäre doch die Summe angelegt, wenn sie der kriselnden Sowjetunion zugutekäme.

Mitterrand, den Kohl in den ersten Tagen des neuen Jahres auf dessen Landsitz bei Bordeaux besucht, bestärkt ihn in diesem Schwenk: Frankreich – so der Präsident – respektiere den Willen von Millionen Menschen, wenn sie «zueinander kommen» wollten. Schon wieder ein Durchbruch. Und der Kanzler persönlich organisiert über seinen Agrarminister Ignaz Kiechle die Lieferung von 120000 Tonnen Fleisch in die darbende UdSSR. Gorbatschow soll seinen guten Willen spüren.

Seit Mitte Januar spielen die Expertengruppen der Bundesregierung alle denkbaren Szenarien durch. Die Montagsdemonstranten in der DDR haben inzwischen buchstäblich eine neue

Devise ersonnen: «Kommt die D-Mark, bleiben wir. Kommt sie nicht, gehn wir zu ihr!» Ein Bonner Team um den Wirtschaftsreferenten im Kanzleramt, Johannes Ludewig, empfiehlt für das Gebiet der DDR eine Währungsreform nach dem Vorbild jenes legendären Neuanfangs 1948, und der Verfassungsexperte des Bundesfinanzministeriums Bruno Schmidt-Bleibtreu entdeckt bereits den «Königsweg» zur deutschen Einheit: Die DDR soll sich auf Artikel 23 des Grundgesetzes berufen, ihre künftigen Bundesländer sollen der West-Verfassung somit einfach beitreten.

Die andere Möglichkeit – eine neue Verfassung für Gesamtdeutschland – wird von allen Staatsrechtlern und besonders vom Innenminister als «unpraktikabel» abgelehnt. Schäuble fürchtet eine «Stunde null» vor dem Inkrafttreten, eine Zeit endloser Diskussionen über Einzelheiten eines Entwurfs und damit eine Phase der Instabilität und Unsicherheit ausgerechnet in einem Moment, in dem Rechtsfragen von höchster Bedeutung sind.

In jenen Tagen Anfang Februar 1990 werden in Bonn die Weichen für eine Entwicklung gestellt, an deren Ende die DDR im westlichen Teil Deutschlands aufgehen wird. Schon die Freizügigkeit an der Grenze hat die DDR-Wirtschaftsordnung ins Chaos gestürzt, nun werden freie Wahlen und eine Währungsunion den Einheitsprozess vollenden, denn dem ersten Schritt in die Freiheit folgt unerbittlich der nächste. Reisefreiheit erzwingt eine freie ökonomische Ordnung und lässt Planwirtschaft obsolet werden, weil nun der Markt den Preis bestimmt. Und sie erzwingt freie Wahlen, weil dem Staat sonst die Bürger davonlaufen.

Da bleibt nicht viel Raum für den Fortbestand angeblicher sozialistischer Errungenschaften – etwa das «Recht auf Arbeit», das in der Marktwirtschaft sinnlos erscheint, oder das «Recht auf Wohnung», die es schon im Arbeiter- und Bauernparadies oft nicht gab. Immerhin – der grüne Pfeil an Ampelkreuzungen darf bleiben, und der Anspruch auf Kinderbetreuung, in der DDR weit praktiziert, schleicht sich zwei Jahrzehnte nach der Wiedervereinigung langsam auch in den westlichen Teil des vereinten Landes. Vielleicht war doch nicht alles schlecht in der DDR?

Damals, im Februar 1990, wird der Wahltermin für Ostdeutschland fixiert, und am 6. Februar legt Helmut Kohl persönlich den Grundstein für seinen späteren Wahlerfolg: Er verkündet, nach einem Mittagessen mit Finanzminister Waigel und Ex-Wirtschaftsminister Lambsdorff, bei der Währungsunion solle eine Umtauschrelation von 1:1 gelten. Alle Ökonomen halten einen solchen Kurs für völlig unrealistisch; aber der Kanzler beharrt darauf, dass «damit den Menschen in der DDR signalisiert würde, dass es um Solidarität unter Gleichberechtigten ging und nicht um eine herablassende Geste des reichen Vetters gegenüber seinem armen Verwandten».

Das psychologische Argument ändert nichts am ökonomischen Fehler: Die DDR steht nachweislich vor dem Staatsbankrott. Ihre aktuelle Wirtschaftsleistung tendiert, nicht zuletzt wegen der vielen Flüchtlinge, gegen null. Der von Kohl verkündete Umtauschkurs ist ein Geschenk des Westens, von dessen Kosten sich damals keiner der Beteiligten annähernd einen Begriff machen kann. Es ist, nach dem Zehn-Punkte-Programm, schon der zweite Alleingang des Kanzlers – und der fordert das erste, bedeutsame Opfer im deutschen Einigungsprozess: Bundesbankpräsident Karl Otto Pöhl.

Pöhl hat nach Gesprächen in der Zentrale der Ost-Berliner Notenbank vor der Presse erklärt, wer glaube, die schnelle Einführung der Westmark in der DDR werde «auch nur ein einziges Problem lösen», hänge einer «Illusion» an. Buchstäblich zur selben Stunde teilt Kohl der Unionsfraktion das Gegenteil mit; das Kabinett werde am folgenden Tag Einzelheiten der Währungsunion beschließen. Der Währungshüter lässt sich seinen Zorn über die mangelhafte Abstimmung zwischen dem

Kanzleramt und der – eigentlich völlig unabhängigen – Zentralbank nicht anmerken, warnt aber tags darauf im Kabinettskreis vor «riesigen Transferzahlungen» von West nach Ost. Doch er fügt sich dem Primat der Politik, indem er vage voraussagt, «am Ende» werde Deutschland wohlhabender sein. Einige Monate später reicht er seinen Rücktritt ein. Niemals hat ein deutscher Regierungschef derart ungeniert die Macht der Bundesbank beschnitten.

Gewiss, Kohl kann reichlich politische Gründe für seine Offerte anführen: Es gilt, die Ausreisebewegung aus der DDR zu stoppen und den Verbliebenen ein Angebot zu unterbreiten, das sie nicht ablehnen können. Doch es gibt keinen einzigen ökonomisch triftigen Grund für den Umtauschkurs von 1:1, der für alle Guthaben von «natürlichen Personen» gelten soll. Die «fünf Weisen», der Sachverständigenrat zur Begutachtung der wirtschaftlichen Entwicklung, nennen die Währungsunion «voreilig» und ein «falsches Mittel». Kohl indes unterstellt seinen Kritikern eine «Krämerseele»; Deutschland dürfe nicht «in dieser Schicksalsstunde aus finanziellen Ängsten vor der Einheit zurückweichen».

Viel drastischer, viel ehrlicher beschreibt Horst Teltschik des Kanzlers Kalkül: «Ich bin immer wieder beeindruckt, wie sorgfältig Kohl politische Entscheidungen der Regierung mit solchen wahlpolitischen Überlegungen verknüpft, und das oft zu einem Zeitpunkt, an dem noch niemand über Wahltermine nachdenkt. Hier beweist sich immer wieder das taktische Geschick des Parteivorsitzenden und Bundeskanzlers in einer Person.»

Noch im Februar 1990 folgt die nächste Schlüsselszene auf dem Weg zur Einheit. Kohl spricht in Moskau mit Gorbatschow, und dieser wiederholt einen Satz, den er in den Wochen zuvor gegenüber Staatsgästen aus aller Welt fallen ließ: «Die Deutschen selbst müssen ihre Entscheidung treffen.» Der Gast fragt nach: «Meinen Sie damit, die Frage der Einheit sei eine Entscheidung der Deutschen?» «Im Kontext der Realitäten», ergänzt der Russe. Berater Teltschik notiert auf Kohls Spickzettel für das anschließende Pressegespräch, der Kremlchef habe in einer «Botschaft für alle Deutschen den Schlüssel zur Lösung der deutschen Frage» überreicht. Die Frage der Bündniszugehörigkeit des vereinten Landes bleibt allerdings noch offen – und die Antwort einer weiteren historischen Stunde vorbehalten.

In seinen «Erinnerungen» stellt sich Kohl selbst die Frage, wie ein solch schneller Gesinnungswandel – er nennt es «Metamorphosen» – bei Gorbatschow zu erklären ist. Und er liefert gleich die Antwort: Der damals noch mächtige kommunistische Reformator habe ihm vertraut – und der Zufall habe es gewollt, dass am Vortag in Bonn das Abkommen über deutsche Lebensmittel-Hilfslieferungen an die Sowjetunion unterzeichnet worden sei.

Vor der ersten freien Wahl zur Volkskammer spielt der Kanzler seine Lieblingsrolle – die des Wahlkämpfers: In sechs DDR-Großstädten erreicht er mehr als eine Million Zuhörer. Und es ist nicht zuletzt seiner Präsenz und seiner Taktik zuzuschreiben, dass 93 Prozent der Wahlberechtigten am 18. März zu den Urnen gehen. Das Ergebnis gilt als Sensation, weil Kohls «Allianz» nur knapp die absolute Mehrheit verpasst – die Demoskopen hatten auf einen Erfolg der SPD gesetzt.

Sein Problem: Er kann den Wahlsieger de Maizière nicht ausstehen. Dieser bietet schon äußerlich ein Gegenbild zum Pfälzer: klein, spröde, introvertiert, aber dabei formaljuristisch begabt. Beim Vieraugengespräch möchte ihn der Kanzler am liebsten durch den weltläufigen Manfred Stolpe ersetzt wissen, der freilich der SPD angehört. Doch de Maizière, der – wie sich später herausstellt – als «IM Czerny» die Stasi über innerkirchliche Angelegenheiten informiert hatte, beharrt auf seinem Anspruch gegen Stolpe – der wiederum, wie sich erweist, in Stasi-Akten als «IM Sekretär» geführt wurde.

In einer raschen Folge internationaler Begegnungen und Konferenzen wird nun über mögliche Konsequenzen der Einheit nachgedacht. Die vier Siegermächte beraten gemeinsam mit den Deutschen am Katzentisch («Zwei plus Vier») über die Zukunft West-Berlins, das ja formal gesehen noch immer dem Besatzungsstatut unterworfen ist. Und im Telefonat mit US-Präsident George Bush ventiliert Kohl die Idee, ob nicht auch die Amerikaner Gorbatschow helfen könnten, seine Perestroika im Amt zu überstehen.

Dazu kommt es nicht; Bush möchte die bisherige Co-Supermacht nicht auch noch öffentlich demütigen. Aber bei Gesprächen im Weißen Haus und in Camp David Ende Mai akzeptiert der Kremlchef wie beiläufig den Vorschlag des Gegenübers, die (vereinigten) Deutschen sollten selbst entscheiden, zu welchem Bündnis sie gehören wollten. Als Gorbatschow dazu nickt, «waren die Amerikaner verblüfft», wie die Protokollführerin und spätere Außenministerin Condoleezza Rice notiert – für sie ein «Wendepunkt».

Sechs Wochen darauf, am 15. Juli, bricht Kohl nach Moskau und in den Kaukasus auf, um die Sowjetunion zu den entscheidenden Zugeständnissen für die Wiedervereinigung zu bewegen – oder, wie böse Zungen behaupten, ihr die DDR endgültig abzukaufen. Im Gepäck hat er eine Bürgschaft über fünf Milliarden Mark, eine Übernahmegarantie für alle Zahlungsverpflichtungen der DDR gegenüber der Sowjetunion sowie die Zusage, Bonn werde auch die jährlichen Stationierungskosten russischer Soldaten in Ostdeutschland in Höhe von 1,25 Milliarden Mark für einige Zeit übernehmen.

Den Kanzler umweht «der Mantel der Geschichte», den zu ergreifen schon Bismarck geraten habe – so erklärt es der Christdemokrat seinem Gastgeber. Nach zwei Stunden ist fast alles geregelt: die Bündniszugehörigkeit, der Abzug der Sowjetsoldaten aus der DDR, das russische Plazet zur Wiedervereinigung und vollen Souveränität Deutschlands, und Teltschik schreibt, wieder einmal, in sein Tagebuch: «Welch eine Sensation!»

Sie ist noch nicht vollendet, denn der historische Moment braucht noch historische Bilder. So ist ein Ausflug zu Gorbatschows kaukasischer Datscha im Dorf Archys verabredet, und dort kaum angekommen, bittet der Kremlführer zum gemeinsamen Spaziergang an den nahen Gebirgsbach Selemtschuk. Kohl in Strickjacke, der Hausherr im Pullover; nur der arme Teltschik muss ohne Sekretärin handschriftlich das Abschlusskommuniqué entwerfen. Als seien beide im Basar, feilschen sie plötzlich noch einmal über die Obergrenze der künftigen Bundeswehr – Gorbatschow will sie auf 350000 Mann festlegen, Kohl beharrt auf «370000» und findet, das sei «der größte Abrüstungsschritt, den je ein moderner Staat unternommen hat». Das «betretene Schweigen», das der Auseinandersetzung folgt, bricht der Russe, so beschreibt es der damalige Regierungssprecher Hans Klein als Zeuge der Szene, «mit spitzbübischem Lächeln», drei Worten und einem Scherz: «Na gut, 370000!» Und dann: «Die Differenz von 20000 übernehmen wir!»

Danach gehen die Bilder um die Welt – zwei Staatsmänner im legeren Outfit, die Geschichte schreiben. Ganz so war es nicht, aber die Nachwelt hat sich daran gewöhnt. Archys ist Teil einer erstaunlichen Entwicklung, die erst am 3. Oktober ihren Höhepunkt erreicht. Und spitze Rechner mögen festhalten, dass es Kohl in nachfolgenden Telefonaten mit Gorbatschow gelingen wird, die direkten Kosten für das Zustandekommen der Einheit auf 15 Milliarden Mark zu begrenzen – exakt jene Summe, die Modrow in Dresden als Lastenausgleich für die DDR erbeten hatte.

Zwei Wochen später, in Kohls Urlaubsort St. Gilgen am Wolfgangsee, gerät das ganze Einigungswerk dann noch einmal in höchste Gefahr. Beim Kanzler erscheinen unangemeldet der DDR-Premier de Maizière und sein Unterhändler für den geplanten Vertrag, Günther Krause. Beide sagen ihrem Land einen baldigen Bankrott, ein «Chaos» voraus: Mit der Währungsunion, die seit 1. Juli in Kraft ist, müssen alle Löhne, Rechnungen, Renten in Westmark bezahlt werden – Geld, das der Staat nicht hat. Nur rasches Handeln könne da helfen – die DDR müsse, so fordern die beiden, bereits am 14. Oktober der Bundesrepublik beitreten, und am selben Tag sollten die ersten gesamtdeutschen Wahlen stattfinden. Dieser Vorschlag spielt dem Kanzler in die Karten. Als begeisterter Wahlkämpfer ist er sofort hellwach; die kurze Krise ist rasch vergessen: Das deutsch-deutsche Trio genießt «einige Schoppen», Krause spielt am Klavier «herrliche Stücke, zu denen wir gemeinsam sangen» – es ist, schildert Kohl, «eine prächtige Stimmung».

Die Laune kippt am nächsten Tag, als de Maizière entgegen der Absprache mit dem Bonner Kollegen, und ohne seinen Koalitionspartner SPD zu informieren, den Wahltermin öffentlich macht: Ganz so einfach sind Wahlen – das müsste Kohl seit dem Frühjahr 1982 wissen – selbst bei aller Euphorie nicht anzusetzen. Die ostdeutschen Sozialdemokraten, die sich überrumpelt fühlen, verlassen die Regierung, und die Unterhändler für den Einigungsvertrag haben alle Mühe, auch die zornigen West-Genossen wieder einzufangen: Denn deren Zustimmung wird für einige vorgesehene Grundgesetzänderungen dringend gebraucht. Schließlich einigen sich die Kontrahenten auf den 3. Oktober als Tag der Wiedervereinigung sowie auf den 2. Dezember als Wahltermin.

Genau so lange kann die DDR die von ihren Oberen befürchtete Pleite gerade noch abwenden. In der letzten Sitzung der Volkskammer beklagt PDS-Chef Gregor Gysi den «Untergang der DDR», und Lothar de Maizière sagt leise ade.

Nur 13 Monate nach dem CDU-Parteitag in Bremen, auf dem Kohl seine innerparteilichen Widersacher erfolgreich niedergerungen hat, versammelt sich am 1. Oktober, zwei Tage vor der

Vereinigung, die CDU zu ihrem ersten gesamtdeutschen Konvent in Hamburg. Helmut Kohl erzielt bei der Wahl zum Vorsitzenden mit einer Zustimmung von 98 Prozent ein Ergebnis, das früher nur aus den Staaten des eben zerfallenden Ostblocks gemeldet wurde, und er schreibt in sein Tagebuch: «Ich war begeistert!»

Schon vorher hat er sich vom Deutschen Wetterdienst bestätigen lassen, dass in der ersten Oktoberwoche – also am künftigen Nationalfeiertag – in der Regel ein Wetter zu erwarten sei, bei dem «die Menschen im Freien feiern können».

«EIN HARTER BROCKEN»

Am ersten Tag der deutschen Einheit, am 3. Oktober 1990, ist das Wetter in Berlin-Mitte wie erhofft gut, selbst zur frühesten Morgenstunde. Auf dem Podium vor dem Reichstagsgebäude stehen im gleißenden Scheinwerferlicht vor Fernsehkameras aus aller Welt ein glücklich dreinschauender Bundeskanzler, der huldvoll die Menge grüßt, neben ihm seine überschwänglich strahlende Ehefrau Hannelore und an ihrer Seite ein etwas brummig wirkender Vizekanzler Genscher, der wieder einmal nicht die Hauptrolle spielt. Links außen verharrt Altkanzler Brandt, der – so beobachtet es Kohl – «seine Ergriffenheit nicht verbergen» kann, dass er diesen Tag und diesen Anlass noch erleben darf.

Auf der gegenüberliegenden Seite des Festpodests, neben Bundespräsident Weizsäcker, steht der allzeit grau wirkende letzte DDR-Premier Lothar de Maizière. Schon seine Körperhaltung verrät, dass er neben der verständlichen Freude über das Erreichte diesen Tag auch als persönlichen Verlust betrachtet: Er verliert seine DDR-Heimat, seinen Platz in einer Nischengesellschaft, den er zuweilen als Hort der Geborgenheit empfand.

Während der letzten Monate, in denen Bonn und Ost-Berlin so intensiv um die Regeln der Einheit rangen, ist Kohls Abneigung gegen sein Pendant aus dem zweiten deutschen Staat gewachsen. Der Pfälzer nimmt dem auffällig reservierten Parteifreund so ziemlich alles übel: dass er die DDR-CDU vertritt, die Kohl damals noch für eine Ansammlung von Krypto-Kommunisten hält, welche sich als Blockflöten bedingungslos der SED unterworfen haben; dass er dem Nachwende-Premier Hans Modrow in dessen Kabinett als bürgerliches Aushängeschild gedient hat; dass er den Kanzler in der Terminsache der ersten gesamtdeutschen Wahl zu Verrenkungen und Ausweichmanövern zwang.

Der Bruch zwischen den beiden ist absehbar. Lothar de Maizière, halb so geschichtsversessen wie Kohl, will sich von seinem mächtigen Gegenüber nicht unterkriegen lassen – und muss doch immer wieder nachgeben. Er will möglichst viel DDR in das vereinte Land hinüberretten; Kohl indes betrachtet wie sein Intimus Schäuble die Einheit als Anschluss des kleineren deutschen Teils an den größeren und erfolgreicheren.

Der Ost-Berliner Premier hat den Bonnern drei für ihn entscheidende Vorschläge zum Einigungsvertrag unterbreitet; nur einer ist akzeptiert worden: Die von der damaligen sowjetischen Besatzungsmacht befohlene Bodenreform gegen «Junker» und Großgrundbesitzer im Osten soll nicht rückgängig gemacht werden – dies entspricht übrigens auch dem Wunsch der Sowjets.

Aber die beiden anderen Ideen, mit denen der kleine Jurist in die Geschichtsbücher einziehen will, werden von Kohl höchstpersönlich niedergebügelt: Die Bundesrepublik Deutschland heißt seit diesem 3. Oktober 1990 eben nicht «Bund deutscher Länder», wie de Maizière es wünscht, und vor allem ist die Nationalhymne die alte geblieben. Dass ihm der Text der DDR-Hymne von Johannes R. Becher («Auferstanden aus Ruinen ...») zugemutet werden soll, empört den Kanzler.

Die Festgäste am 3. Oktober 1990, dem Tag der deutschen Einheit, vor dem Berliner Reichstag; (von links) SPD-Kanzlerkandidat Oskar Lafontaine, Willy Brandt, Hans-Dietrich Genscher, Hannelore Kohl, Helmut Kohl, Richard von Weizsäcker, Lothar de Maizière.

Mit Kohl und seinem ostdeutschen Pendant prallen zwei Welten aufeinander, die auch während der Feierstunde nicht zusammenfinden. Schon wenige Wochen später trennen sich die Wege der beiden unterschiedlichen Charaktere.

Als das Feuerwerk vorbei ist, kommt die Realität ans Licht. Die Einheit ist keineswegs vollendet: Die DDR-Bürger wurden so systematisch überwacht, dass noch über Jahre neue Details der Ausforschung und Kontrolle auftauchen werden; der Grundsatz «Rückgabe vor Entschädigung» erbittert viele, die im guten Glauben Eigentum erworben hatten; umgekehrt erhalten die von der sowjetischen Bodenreform Betroffenen ihren Grundbesitz nicht zurück. Ähnlich paradox die offizielle Haltung zum DDR-Unrechtssystem: Es gilt im Nachhinein als rechtsstaatlich, um nicht alle Rechtsfälle neu aufrollen zu müssen. Doch dieses Prinzip führt dazu, dass selbst der berüchtigte Ex-Stasichef Erich Mielke nicht wegen seiner Mittäterschaft zur Verantwortung gezogen werden kann.

Vor allem aber auf ökonomischem Gebiet stellt sich zur grenzenlosen Überraschung des Kanzlers, seiner Fachminister und der wissenschaftlichen Experten bald das entscheidende Manko heraus: Die DDR-Statistiker haben systematisch Wirtschaftszahlen gefälscht, Erfolgsdaten erfunden und ihrem Staat damit einen Weltrang verschafft, den er tatsächlich nie verdient hat. Auf die falschen Zahlen gestützt, hat das Institut der deutschen Wirtschaft soeben prognostiziert, dass sich die Einheit schon nach kurzer Anschubfinanzierung rechnen, also für die öffentlichen Haushalte positiv auswirken werde. Und im Einigungsvertrag, unter dem die Tinte noch trocknet, ist (in Artikel 25) die Rede von «Erlösen» aus dem Treuhandvermögen, mit denen zunächst die alten Schulden der DDR zu tilgen sind und die in einem zweiten Schritt zur Vermögensbildung der DDR-Bürger beitragen sollen. Träumereien am gesamtdeutschen Kamin.

Hinzu kommen hausgemachte Pannen im Einigungsprozess:

Warum eigentlich müssen die westdeutschen Rentenkassen, in die Beamte und Selbständige nichts einzahlen, für die Altersversorgung der ostdeutschen Neubürger aufkommen – und nicht etwa die Steuerzahler, also alle? Und warum wird die Bundesanstalt für Arbeit, an die Beamte und Selbständige keine Beiträge abführen, anstelle der Steuerzahler zuständig für das wachsende Heer ostdeutscher Arbeitsloser?

Es gehört gewiss nicht zu Helmut Kohls Stärken, eigene Versäumnisse einzuräumen. Umso bemerkenswerter, dass er in seinen Memoiren – freilich versteckt – zugibt: «Ein harter Brocken war die Sozialpolitik. Wie sehr uns gerade auf diesem politischen Feld Fehler unterliefen, sollten wir erst später spüren. Für den Moment blieb uns keine andere Wahl.»

Das ist so richtig wie falsch. Die Eile, mit der sich Kohl und Schäuble der Konstruktion des gesamtdeutschen Staates widmen, ist natürlich getragen von der verbreiteten Sorge, noch mehr DDR-Bürger könnten ihren Staat im Stich lassen – und von der Hoffnung, die Bleibenden seien in der Lage, die Landschaften zum Blühen zu bringen.

Andererseits hätte man auch die Wahrheit sagen, Farbe bekennen, Wählern vermeintlich Unpopuläres abverlangen können. Das wäre wohl die vom Kanzler strikt abgelehnte «andere Wahl» gewesen: indem beide – die Ostdeutschen, aber eben auch die Westdeutschen – für die Einheit Opfer erbringen. In den vornehmen Worten des Bundespräsidenten Richard von Weizsäcker: «Der Gemeinsinn war ja da, aber er wurde nicht abgerufen. Es war ein schweres Versäumnis.»

Im Rückblick betrachtet, ist es das Verdienst des SPD-Kanzlerkandidaten Oskar Lafontaine, im ersten gesamtdeutschen Wahlkampf auf die kommenden Kosten, Risiken und Lasten der Wiedervereinigung aufmerksam gemacht zu haben. Allerdings zwingt er damit Kohl und die Koalition zu folgenschweren Fehlschlüssen: Sie gaukeln den Bürgern vor, die Einheit sei zum Nulltarif zu haben; es bedürfe keiner solidarischen Anstrengung auch der Westdeutschen, um die Lasten zu schultern.

Stattdessen wirft sich Kohl mit dem Versprechen, die Einheit sei auch ohne Steuererhöhungen möglich, in den Wahlkampf – und gewinnt. Dabei ist die Parole so dumm wie falsch, denn im Einheitsjahr hätte kein Wähler dem Kanzler eine Erhöhung etwa der Mehrwertsteuer übelgenommen. Nun aber, da die Vereinigungskosten explodieren, schleppt sich Kohls Kabinett mit Winkelzügen und Täuschungen voran, um nicht offen der Lüge überführt zu werden: Unvermeidlich aufzubringende Gelder werden in Schattenhaushalten versteckt, als seien es Risiken für «Bad Banks» – im Fonds «Deutsche Einheit» etwa schlummern Verbindlichkeiten über 95 Milliarden Mark, im Kreditabwicklungsfonds 90 Milliarden, die Altlast der DDR-Wohnungswirtschaft beträgt 46 Milliarden, für die Treuhand müssen 144 Milliarden Mark übernommen werden.

Der einzige Christdemokrat, der Kohl offen widerspricht, ist einmal mehr der Bundespräsident, der schon am Tag der deutschen Einheit mahnt: «Kein Weg führt an der Erkenntnis vorbei: Sich zu vereinen heißt teilen lernen.» Kohls Parteifreunde halten das für das Wortspiel eines Intellektuellen, und der Kanzler selber sieht in Zweiflern und Nörglern schlicht «Gegner der Einheit».

Stets muss die Regierungskoalition neue Ausreden erfinden, um nicht als Steuerlügner zu gelten; für einen deutschen Anteil an den Kosten des Golfkriegs 1991 oder für die Bahnreform wird eine befristete Abgabenerhöhung als «Solidaritätszuschlag» erhoben – warum nicht gleich für die Einheit?

Der Kanzler ist eigentlich auf dem Höhepunkt seines Ansehens, gewählt von fast 54 Prozent der Deutschen; der CDU-Chef auf dem Gipfel seiner Macht, eben noch bestätigt von 98 Prozent der Parteitagsdelegierten – und doch wirkt Kohl seltsam kraftlos, wie ausgelaugt. Gewiss waren die Monate seit dem Bremer

Parteitag die anstrengendsten, aber auch die glücklichsten seines Lebens, da fällt die Rückkehr in den Alltag naturgemäß schwer. Man verkehrt mit den Größen der Welt, duzt sich (seit November) mit Russlands Gorbatschow, schickt dessen US-Widerpart George Bush einen original Pfälzer Saumagen, den dessen Frau (angeblich) mit Behagen verzehrt – und muss daheim über Abschreibungsmöglichkeiten der bisherigen Zonenrandförderung nachsinnen oder darüber, ob es vernünftig wäre, das Ministerium für Jugend, Familie und Gesundheit in drei einzelne Ressorts aufzuspalten.

Ist da nicht, im Zenit des Schaffens und der Schaffenskraft, ein Rücktritt angezeigt? Die Wähler würden einen solchen honorigen Schritt sicher akzeptieren; die Ehefrau sowieso. Und tatsächlich, so berichtet es später Wolfgang Schäuble, habe Kohl damals «mit dem Gedanken gespielt, aufzuhören». Es bleibt ein Gedankenspiel.

Seit dem Attentat eines geistig Verwirrten auf Schäuble hat sich zwischen dem Kanzler und dem Manager der Einheit eine neue Beziehung entwickelt: mehr als eine Freundschaft, eher eine Partnerschaft zwischen Gleichgesinnten und Gleichberechtigten. Es ist, analysiert Kohl selbst, wie die «Beziehung zwischen einem älteren und einem jüngeren Bruder». Binnen acht Wochen und bis zur Erschöpfung hat der Innenminister den Vertrag ersonnen, strukturiert und ausgehandelt, in dem auf eintausend Seiten alle rechtlichen Voraussetzungen für die Vereinigung zweier Staaten geschaffen wurden. Zehn Tage nach den Einheitsfeiern fallen die Schüsse. Zwei Tage nach dem Anschlag besucht der Kanzler den Schwerverletzten in der Intensivstation: «Als ich die Station verließ, weinte ich wie ein kleines Kind.»

Und Kohl kümmert sich. Er legt fest, welche Minister wann ins Krankenhaus fahren sollen, um dem Querschnittsgelähmten Mut zuzusprechen; er stellt ihm erst den Vorsitz der Unionsfrak-

Die «Beziehung zwischen einem älteren und einem jüngeren Bruder»: Wolfgang Schäuble, der im Oktober 1990 Opfer eines Attentats geworden war, nach der Entlassung aus dem Krankenhaus mit seinem Mentor Helmut Kohl.

tion im Bundestag in Aussicht, dann bekräftigt er in intensiven Gesprächen mit dem Rekonvaleszenten, dass er «auch nach dem Attentat der richtige Mann als mein Nachfolger» sei – «und zwar sowohl als Bundeskanzler als auch als Parteivorsitzender».

Aber Schäuble muss sich erst noch an seine neuen Lebensumstände gewöhnen, an den Rollstuhl, an das Dasein eines Schwerstbehinderten. Er fordert – und benötigt – Zeit, um seine Kräfte zu prüfen. Doch viel Zeit zum Nachdenken räumt die Politik ihren Akteuren nicht ein.

Schäuble will später nicht ausschließen, dass Kohls Rücktrittsgedanken – die er ja nur gegenüber dem Parteifreund, nicht etwa im Präsidium oder gar in der Öffentlichkeit äußert – als Heilmittel für den Genesenden, als Aphrodisiakum gewissermaßen gedacht waren, eine Hilfe, aber auch ein Spiel. Es ist der Beginn eines zehn Jahre währenden Dramas um Königsthron und Königsmord, ewiges Kronprinzentum und Erbfolgestreit – wie es unter Brüdern, die gleichzeitig Konkurrenten sind, eben so zugeht.

Auch die Dritte in jenem Bund, der am Ende krachend zerbrechen wird, ist in diesem Jahr 1991 von einem Bundeskanzler auserwählt, der Personalentscheidungen zunehmend unter dem Aspekt des Machterhalts betrachtet: Im Alleingang, ohne Diskussion mit den Parteigremien, schlägt Kohl als Ersatz für den von der Politik enttäuschten Ex-Premier de Maizière dessen frühere Pressereferentin Angela Merkel als stellvertretende CDU-Vorsitzende vor. Damals wirkt sie auf westliche Journalisten noch gehemmt, blaustrümpfig und gelegentlich überfordert. Sie hatte zuvor an der Ost-Berliner Akademie der Wissenschaften eine Karriere als Physikerin begonnen. Ihr Dissertationsthema: «Berechnung von Geschwindigkeitskonstanten von Elementarreaktionen am Beispiel einfacher Kohlenwasserstoffe».

Als er sie 1990 zum ersten Mal trifft, ist der Kanzler, von jeher mit einem Blick fürs Personal ausgestattet, sogleich für sie eingenommen: Er nennt sie bald flapsig «das Mädchen», beruft sie, gleichsam als Repräsentantin Ostdeutschlands, ins Bundeskabinett und lässt sich von ihr im Oktober 1991 zu Testzwecken auf eine zehntägige Dienstreise nach Chile und Brasilien begleiten. Dabei will er wissen, was sie, als DDR-Pfarrerstochter, früher von seinen Reden gehalten habe – und er ist von ihrer höflichen Reaktion angetan: Sie nämlich schweigt. Zum Jahresende wird sie Kohls einzige Stellvertreterin in der Parteiführung, Schäuble fast gleichzeitig, nach langem Zaudern, Chef der Bundestagsfraktion.

Während der Koalitionsverhandlungen im Januar 1991 spielt nicht nur der Kanzler, laut Schäuble, mit Rückzugsgedanken. Auch beim Vizekanzler reift der Entschluss zur Abkehr von der Tagespolitik, den er im Jahr darauf vollzieht. Niemals kann Genscher verwinden, dass er als Außenminister in die internationalen Verhandlungen zur Wiedervereinigung so wenig einbezogen worden ist: Helmut Kohl, stets im Rampenlicht, ist der Macher, Genscher sein Ausputzer, allenfalls. Nun fordert die FDP für Ostdeutschland ultimativ ein «Niedrigsteuergebiet», um Unternehmen Anreize für Investitionen und Arbeitsplätze zu gewähren. Kohl lehnt die Idee schroff ab, weil sie «eine erneute Teilung Deutschlands» bedeute und trickreichem Missbrauch die Tür öffne. Die Liberalen müssen widerwillig nachgeben, weil sie an die CDU gefesselt sind. Seit jener Nacht steht für Genscher der Abgang fest, er sucht nur noch den richtigen Zeitpunkt.

Bei Kohl jedoch schwindet die Nach-Wahl-Depression, die allen Kanzlern seit Brandt den Start in die neue Legislatur vergällt: Sie sind nach hektischen Wahlkämpfen urlaubsreif, aber statt Urlaub bekommen sie zähe Koalitionsverhandlungen bis tief in die Nacht. Kohl spürt, dass er gerade jetzt gebraucht wird; so lange nämlich, wie Schäuble zögert, gibt es zum amtierenden Kanzler in der Union keine Alternative. Er stürzt sich, angriffslustig und autoritär, in die Alltagsarbeit wie selten zuvor.

«Die Stimmung war nicht gerade glänzend» – so beschreibt Kohl seine ersten Monate als neugewählter gesamtdeutscher Kanzler. Es kriselt nicht nur in der Koalition. Die CDU, eben noch auf Bundesebene gestärkt, verliert mit dem Rücktritt des Stuttgarter Regierungschefs Lothar Späth einen Hoffnungsträger – er hatte sich zu fragwürdigen Konditionen zu einer Schiffstour einladen lassen –, auch zwei wichtige Landtagswahlen gehen in diesem Frühjahr 1991 verloren, erst in Hessen, danach in Kohls Heimat Rheinland-Pfalz, deren christdemokratisches Führungspersonal sich nach dem Rückzug Bernhard Vogels binnen vier Jahren selbst zerfleischt hat. Der Kanzler persönlich war zu vierzehn Wahlkampfauftritten unterwegs – vergebens. Die CDU sackt auf 38 Prozent ab, und der bekennende Pfälzer leidet darunter «wie ein Hund». Bei der Bundestagswahl hatte er – erstmals in seiner so sehr mit Ludwigshafen verbundenen Karriere – das Direktmandat im Wahlkreis für sich erobert, jetzt häufen sich die Rückschläge.

Und weil zur gleichen Zeit Finanzminister Theo Waigel immer neue Schuldenberge erblickt, beschließt das Kabinett nun «folgerichtig», wie Kohl den Schwenk plötzlich nennt, eine Abkehr von allen unsinnigen Wahlkampfversprechen und erhebt einen «befristeten» Zuschlag auf die Lohn-, Einkommen- und Körperschaftssteuer in Höhe von 7,5 Prozent, dessen Aufkommen zwar immer noch nicht für die Einheit, aber als deutscher Beitrag zum Golfkrieg und zum demokratischen Aufbau im Baltikum gedacht ist. Die «Bild»-Zeitung zeigt auf ihrer Titelseite über sechs Spalten einen liegenden Kanzler – den Umfaller des Jahres. Nach einer Unterbrechung wird der «Soli» zum Januar 1995, nun in Höhe von 5,5 Prozent, wiedereingeführt – jetzt endlich mit dem ehrlichen Ziel, die Lebensverhältnisse in Ost und West anzugleichen; er ist zu Kohls 80. Geburtstag im April 2010 immer noch in Kraft.

Lieber wäre er in den Sphären der Weltpolitik geblieben;

jetzt gibt es statt Ehre nur Ärger. Dass er darauf zuweilen gereizt reagiert, zeigen Anfang Mai 1991 Fernsehbilder aus dem anhaltinischen Halle: Eine Gruppe linker Störer greift den Regierungschef beim Betreten des Rathauses an, er wird mit Eiern und Tomaten beworfen. Was macht der Kanzler, der die jungen Männer um Haupteslänge überragt? Er verliert die Beherrschung, rennt auf einen der Werfer zu, will ihn am Kragen packen – da ist er plötzlich wieder Helle, der große Bub aus Ludwigshafen. Seine Sicherheitsbeamten können ihn nur mit Mühe davon abhalten, zuzuschlagen.

Wenige Wochen später folgt ein parlamentarischer Höhepunkt im fortdauernden Einigungsprozess: Die 1990 noch verschobene Frage, welches die künftige Hauptstadt sein solle, steht am 21. Juni im Bonner Bundestag zur Entscheidung an. Helmut Kohl erinnert die Abgeordneten an eine Szene vor vier Jahren: «Im Juni 1987 stand ich mit Ronald Reagan vor dem Brandenburger Tor, als er rief: ‹Herr Gorbatschow, öffnen Sie dieses Tor!› Wenn mich damals jemand gefragt hätte – es hat mich aber keiner gefragt –, was die deutsche Hauptstadt sei, hätte ich gesagt: Berlin.» Im Grunde seines Herzens sieht er das immer noch so, aber als erfahrener Taktiker möchte er sich der Mehrheitsmeinung anschließen – doch die bleibt monatelang unklar. In der SPD stehen sich Bonn- und Berlin-Befürworter gleich stark gegenüber. Die CSU votiert fast geschlossen für Bonn, die ostdeutschen Parlamentarier natürlich dagegen.

Vor der Entscheidung verhält sich Kohl neutral, beauftragt Wolfgang Schäuble, die Lage zu ventilieren, und seinen Ex-Generalsekretär Geißler, nach Kompromissmöglichkeiten zu fahnden. Noch am Morgen der Abstimmung ist Berlins Regierender Bürgermeister Eberhard Diepgen überzeugt, Bonn werde das Rennen machen. Und während sich Kohl als «Schiedsrichter», als «Friedensstifter» (Schäuble) geriert, gelingt es dem Fraktionschef mit einer eindrucksvollen Rede, die Stimmung zugunsten

Halle, Mai 1991: Nur mit Mühe können Personenschützer den erregten Kanzler Helmut Kohl davon abhalten, die Eierwerfer am Kragen zu packen.

der alten und neuen Hauptstadt zu drehen: Am Abend votieren 338 Abgeordnete für Berlin, achtzehn weniger für Bonn.

Aber der Kanzler neidet dem Kronprinzen den Triumph: «Auch ohne Schäubles fulminante Rede wäre die Abstimmung so ausgefallen, wie es geschah», schreibt er später – denn der wahre Sieger sei doch kein Geringerer als er selbst: «Ohne meine parteiinterne Vorarbeit und meinen verdeckten, aber unermüdlichen Einsatz für Berlin wäre die Sache nicht gelaufen.»

Ein Machtinhaber, der dem erklärten Nachfolger einen Erfolg nicht gönnt: Der Erbe wird viel Geduld brauchen.

Kapitel 12

«DAS LIED VON DER KRISE»: KANZLER-DÄMMERUNG

Zu den größten Leistungen in Kohls Kanzlerschaft zählt der von ihm mit Leidenschaft forcierte Schub in der Europapolitik, die seit den Römischen Verträgen 1957 meist zäh gegen Widerstände einzelner Länder und oft genug auch gegen die veröffentlichte Meinung zu Hause betrieben werden musste. Seine Überzeugung, deutsche und europäische Einigung seien «zwei Seiten derselben Medaille», hat dieses Engagement gewiss erleichtert – denn damit war das Angebot an die kleineren Partner verbunden, künftig am deutschen Wohlstand, am internationalen Handelsaustausch, an den milliardenschweren Segnungen des Agrarmarkts teilhaben zu dürfen.

Wer die Europäische Gemeinschaft zu Beginn seiner Kanzlerschaft mit der Europäischen Union von heute vergleicht, der muss erkennen: Der Europapolitiker Kohl hat seine Sache über die Maßen gut gemacht. Er hat die Integration – zuweilen gegen den erbitterten Protest etwa aus Großbritannien, aber auch an deutschen Stammtischen – vorangetrieben. Er hat sich unbeirrt für die Einführung der Währungsunion und damit für den Euro entschieden. Und er hat keineswegs, wie ihm Kritiker damals gern, aber leichtfertig vorhielten, die D-Mark für die Einheit geopfert: Die Idee einer europäischen Wirtschafts- und Währungsunion ist viel älter als jenes Zehn-Punkte-Programm aus Ludwigshafen, wo es unter anderem heißt: «Die Europäische Gemeinschaft darf nicht an der Elbe enden, sondern muss die Offenheit auch nach Osten wahren.»

Die Europapolitik Helmut Kohls und seiner Zeitgenossen ist ein mühsamer Prozess, sie vollzieht sich Schritt für Schritt und oft genug Schrittchen für Schrittchen. Sie leidet darunter, dass die Zahl der Skeptiker immer größer scheint als die der Befürworter, und sie krankt an einem eklatanten Mangel an Führungsfiguren, die dem Publikum die Vorteile eines gemeinsamen Wirtschafts- und Währungsraums plausibel machen könnten.

Kohls Vorgänger Schmidt hat diese Skepsis verstärkt, indem er immer wieder die Brüsseler Behörden als «bürokratische Monster» geißelte und populistisch fragte, warum Traktorensitze innerhalb Europas genormt und Krümmungswinkel von Bananen oder Salatgurken einheitlich festgesetzt sein müssten. Die Wahrheit ist unpopulär: Sie müssen nicht. Aber es kommt dem Handel, der Exportwirtschaft, dem Wohlstand zugute, wenn einheitliche Kriterien gelten.

Kohl indes bemüht sich all die Jahre sehr wohl darum, den Bürgern und Wählern seine Idee eines künftig supranationalen, gemeinsamen Europas nahezubringen, aber weder die Stammtische noch die Kommentatoren oder Publizisten mögen auf ihn hören: Es gilt als vernünftig, die fast irrational geliebte Mark zu verteidigen, und als opportun, den Brüsseler Bürokratismus, der sich allzu gerne demokratischer Kontrolle entzieht, zu geißeln. Und es ist seltsamerweise höchst unpopulär – man denke an die Klagewut des ewigen CSU-Rebellen Peter Gauweiler, der gegen alle, auch vorteilhafte Reformen erst einmal vor Gericht zieht –, über die Vorteile eines zusammenwachsenden Europas nachzusinnen oder sie wenigstens nachträglich anzuerkennen. Skepsis wirkt interessanter, klüger sogar.

Durch das kleine holländische Städtchen Maastricht, gleich neben Aachen an der Grenze gelegen, rollt – so das Bild des Kanzlers – im Dezember 1991 langsam ein Zug, «und wer jetzt aufsteigen will, steigt auf». Sein Ziel ist nichts weniger als eine möglichst unumkehrbare europäische Integration. Kohl sagt schon damals voraus: «Wenn dieses Europa 1999 von Kopenhagen bis Madrid, von Den Haag bis Rom eine gemeinsame Währung haben würde, wenn über 350 Millionen Menschen in einem gemeinsamen Raum ohne Grenzkontrollen lebten, würde niemand mehr in einer europäischen Amtsstube den Prozess der politischen Einigung aufhalten können.»

Typisch für die quälend langen europäischen Prozeduren: Für Kopenhagen gilt Kohls Vorhersage dann doch nicht, weil Dänemark aus Tradition zurückhaltend ist; stattdessen für Slowenien, das damals gerade erst aus dem zerfallenden Vielvölkerstaat Jugoslawien entsteht.

Aber der Kanzler hat recht: Die europäische Integration, die Gemeinschaftswährung, die Vereinheitlichung von Gesetzen und gesellschaftlichen Vorstellungen entwickeln im Lauf der Jahre eine ungeahnte Eigendynamik. Ist Anfang der achtziger Jahre noch von der «Eurosklerose» auf dem mühsamen Weg zu einer Union die Rede, so konstatieren die Kritiker jetzt lieber eine «Euroskepsis»; und Kohl stellt hoffnungsvoll fest: «Von einer schweren Krankheit waren wir zu einer Befindlichkeitsstörung übergegangen.»

Allerdings warnt er auch immer wieder vor Rückfällen. Etwa in einer seiner letzten Regierungserklärungen zu diesem Thema im Jahr 1993: «Wenn wir jetzt sagen dürfen, wir haben gemeinsam viel in der Europäischen Gemeinschaft erreicht, dann müssen wir auch sagen, dass sich dies auf Dauer nur absichern lässt, wenn es politisch abgesichert wird. Eine Art gehobene Freihandelszone reicht dazu nicht aus. Wir brauchen diese Politische Union. Ich halte es für einen schweren Fehler, dass mancher Zeitgenosse glaubt, dass die schrecklichen Erfahrungen in dem Gebiet des früheren Jugoslawien auf diesen Teil Europas beschränkt sind und dass Rassismus, Nationalismus und Fremdenfeindlichkeit in anderen Teilen Europas, auch in Deutschland, für alle Zeit gebannt sind. Manche wollen nicht wahrhaben, dass Friede und Freiheit keineswegs etwas Selbstverständliches sind – das keiner Anstrengung mehr bedarf.»

Er ist noch immer kein guter Redner. Aber seine Botschaft ist klar: Er glaubt an ein Europa, das von Vernunft zusammengehalten wird, und er hofft, dass dies im westlichen Teil des Kontinents schon weitgehend erreicht ist. Im Rückblick muss man festhalten: Die deutsche Einheit gelingt ihm wohl nur, weil er mit der Einigung Europas ein höheres, übergeordnetes Ziel verfolgt; genau dies und seine tiefe Bindung an westliche Werte machen seine Behauptung so glaubhaft, auch ein größeres, wiedervereinigtes Deutschland werde keinen Sonderweg beschreiten, sondern wie bisher an der Seite der Partner marschieren.

Mit Geduld und Beharrlichkeit hat Helmut Kohl ein Ziel erreicht, das ihn schon als Schüler nach dem Weltkrieg umtrieb – ein Europa ohne Grenzen, ohne Kontrollen, ohne Feindseligkeiten zwischen Nachbarn. Das Europa der 27 ist inzwischen ein Erfolgsmodell, und zwar für jedes einzelne Land: Die Kleinen profitieren von den Zuwendungen der Größeren, und die Großen ziehen Nutzen aus dem einheitlichen Handelsgebiet, in dem es keinen Papierkram an den Grenzen, kaum noch Wechselstuben, vor allem aber keinen Chauvinismus gegenüber den Nachbarn mehr gibt. Die wenigen Ausnahmen – etwa das Gezerre zwischen Slowenien und Kroatien oder der Namensstreit um Makedonien – bestätigen die Regel.

Stattdessen gilt, dank der in Maastricht beschlossenen Kriterien, ein Rahmen für eine gemeinsame Wirtschafts- und Finanzpolitik, in dem sich Haushaltsdefizit, Inflationsrate und Zinssätze jeweils bewegen; und je größer der Erfolg der gemeinsamen

Währung, desto größer die Anziehungskraft auf jene Länder, die der Währungsunion noch nicht beigetreten sind. Am Ende des ersten Jahrzehnts nach Ausgabe der Euro-Scheine und -Münzen lässt sich feststellen: Die gemeinsame europäische Währung ist inzwischen, seit die Skeptiker verstummt sind und alle Bürger Nutzen mit Risiko vergleichen können, eine wirtschaftliche Großtat, vergleichbar der Währungsreform Ludwig Erhards 1948.

Das Gleiche gilt für jene Übereinkunft, die das luxemburgische Dorf Schengen weltweit bekannt macht: Dort verpflichteten sich die Innenminister aller Länder zum innereuropäischen Abbau von Personenkontrollen; und dass selbst das EU-Nichtmitglied Schweiz mittlerweile dem Abkommen beitrat, zeigt die Attraktivität der Regel.

Es fehlt nur – dies ist eine bei Europawahlen oft bestätigte Erkenntnis – eine PR-Lobby, die den Bauern in Irland oder Polen, den Protestwählern überall, die mit ihrer Europa-Stimme den heimischen Regierungsklüngel abstrafen wollen, und den viel zu vielen Nichtwählern klarmachen können, dass das Europa von heute allemal besser ist als jenes vor fünfzig oder gar hundert Jahren. Die Fortschritte, stets ein Kompromiss, sind für Bürger und Wähler schwer zu erkennen, wenn sie ihnen nicht immer wieder deutlich gemacht werden. Daran hapert es überall.

Kohl spricht von einer «geschichtlichen Stunde», als der Bundestag ein Jahr später das Vertragswerk von Maastricht ratifiziert: Am 1. Januar 1993 wird der europäische Binnenmarkt Realität, 36 Jahre nach Abschluss der Verträge von Rom. Aber er, der als Kanzler an mehr als fünfzig europäischen Gipfeltreffen teilgenommen hat, gibt sich – abgesehen von jener staubtrockenen Regierungserklärung – keine große Mühe, Europa und die Kraft der Gemeinsamkeit den Wählern und Bürgern oder auch nur seinen Parteifreunden näherzubringen.

Ist Europa der Vorbote für die allseits spürbare Parteienverdrossenheit? Sind seine Bürger auch ohne Wahl zufrieden (wären sie es nicht, könnten sie ja wählen)? Und gilt das Gleiche nicht zunehmend für Wahlen in Deutschland, wenn es den früheren Volksparteien immer schwerer fällt, ihre Anhänger zu mobilisieren?

Parteichef Kohl macht sich darüber zwar pflichtgemäß Gedanken: «Die Lockerung von Bindungen» treffe alle Volksparteien; «die Individualisierung der Lebensverhältnisse in der Gesellschaft macht vor politischen Einstellungen nicht halt.» Aber wenn sein Lieblingsfeind Richard von Weizsäcker derlei Erkenntnisse ausspricht, dann müssen sie plötzlich falsch sein. Da hilft dem Kanzler nur noch Hohn: Plötzlich hört er «das Lied von der Krise der Parteien, von hoher Stelle mitgesungen und von Teilen der Medien verstärkt – in der ersten Strophe über Machtgier und Populismus und in der zweiten über mangelnde Führungskraft und selbstherrliches Überhören von Volkes Stimme».

Als ob Kritik am Erscheinungsbild der deutschen Parteien und ihrer Führung nur deswegen unangebracht wäre, weil sie vom Bundespräsidenten stammt. Aber so denkt Kohl, als Weizsäcker in einem Interview 1992 Parteien und Politikern ein paar Wahrheiten vorhält – sie seien «machtversessen auf den Wahlsieg» und «machtvergessen bei der Wahrnehmung der inhaltlichen und konzeptionellen politischen Führungsaufgaben». Käme die harsche Kritik von der Meinungsforscherin Elisabeth Noelle-Neumann, die 1976 für Kohl die «Schweigespirale» erfand (der zufolge Bürger lieber schweigen als gegen einen Trend zu wählen), er würde wohl stillhalten.

Nun aber verliert der Kanzler – als Hauptadressat der präsidialen Schelte – das Maß: Einerseits sei Weizsäckers Interview «kaum erhellend und schon gar nicht brisant», andererseits hält er dem Bundespräsidenten in seinem Zorn vor, «er wäre niemals in das höchste Staatsamt gekommen, wenn die Unionsparteien in ihrer ‹Machtversessenheit› nicht Wahlen gewonnen hätten, um mit ihrer Stimmenmehrheit in der Bundesversammlung Richard von Weizsäcker zum Bundespräsidenten zu wählen!».

Das ist es gerade, was das Staatsoberhaupt geißelt – die Kungeleien der Parteien, die zunehmende Distanz zu den Bürgern, die falsche Priorität, ihre eigenen Ziele seien allemal besser als der Versuch, Probleme objektiv, gar gemeinsam lösen zu wollen. Um das zu erkennen, liefert die Geschichte der bundesdeutschen Präsidentenwahlen abschreckende Beispiele: Der erste, Theodor Heuss, wurde gewählt, weil Adenauer dessen liberale Partei als Koalitionspartner brauchte. Der zweite, Heinrich Lübke, musste als Ersatzmann für Adenauer dienen, weil der zu spät erkannt hatte, über welch geringe Machtbefugnisse ein Bundespräsident verfügt. Auch der dritte, Gustav Heinemann, wurde nicht seiner aufrechten Persönlichkeit wegen gewählt, sondern weil diese Personalie einen bevorstehenden Koalitionswechsel ankündigte. Der vierte, Walter Scheel, war das nette Leichtgewicht unter den Präsidenten, aber auch er wurde nicht aus diesem Grund gewählt, sondern weil wieder einmal ein Freidemokrat an der Reihe war. Dessen Nachfolger Karl Carstens, ein ehrbarer Mann, zuvor Chef der CDU/CSU-Bundestagsfraktion, musste versorgt werden, nachdem ihm Helmut Kohl den bisherigen Job weggenommen hatte. Der amtierende Präsident aber macht sich, so der wütende Kanzler, einer «Diffamierung» schuldig, weil er Dinge beim Namen nennt, wie sie eben sind – auch dank Kohl.

Die Schelte prallt allerdings wirkungslos an ihm ab: Schon vor der nächsten Präsidentenwahl geht er exakt nach dem Muster vor, das das Staatsoberhaupt rügt, doch alle Kanzler oder Parteichefs vor ihm hielten es so: Nicht der Beste, sondern der Nächstliegende wird gewählt. Kurz, viel zu kurz erwägt Kohl, den Sozialdemokraten Richard Schröder fürs höchste Amt im Staate vorzuschlagen; als dann die üblichen Bedenkenträger aufwachen, wird die kühne, überparteiliche Nominierung eines angesehenen Theologen aus dem Osten sogleich gestoppt – Kandidat soll stattdessen der unbekannte sächsische Justizminister Steffen Heitmann werden, den Kohl ein Wochenende lang im Privathaus zu Oggersheim auf seine Tauglichkeit testet. Kohl fühlt sich gewissermaßen zur letzten Instanz berufen, hat dazu aber natürlich kein Mandat. Diesmal schäumt die CSU und setzt Roman Herzog durch, den Ex-Präsidenten des Bundesverfassungsgerichts. Keine schlechte Wahl, aber keine Wahl durch Kohl. Seine «Fortune», auf die er sonst so stolz ist, nimmt ab.

Er wäre so gern der Organisator, der Postenverteiler, der Strippenzieher, der Alleinherrscher in Deutschland. Als bloßer Machthaber fühlt er sich offenbar nicht ausgelastet.

Sogar noch nach dem Ende seiner Kanzlerschaft wirkt sein Stil der Personalführung fort: 1999 wird Richard Schröder abermals nicht zum Staatsoberhaupt gewählt, sondern der Wessi Johannes Rau, der als Ex-Premier von Nordrhein-Westfalen bedient sein muss. Und fünf Jahre später darf nicht Kohls ungeliebter Nachfolger Wolfgang Schäuble ins Schloss Bellevue, sondern der CDU-Beamte Horst Köhler, weil die FDP gegen Schäuble wegen dessen möglicher Verwicklungen in weiteren Spendensachen ein Veto eingelegt hat.

Kungelei als Tradition. Die Geschichte der Bundespräsidentenwahlen in der Bundesrepublik Deutschland ist ein Lehrstück in Sachen Machtversessenheit der Parteien und zugleich ein Beitrag zum allgemeinen Politikverdruss. Aber den Parteien scheint das egal – Kohl sei Dank.

REGENT IM KOLLEKTIVEN FREIZEITPARK

Er wird im November 1994 zum vierten Mal als Kanzler der Bundesrepublik Deutschland bestätigt – äußerst knapp, mit nur einer Stimme Mehrheit, weil ihm mindestens drei Abgeordnete aus den Reihen der Koalition die Gefolgschaft verweigern. Das schlechte Ergebnis scheint symptomatisch – Kohl wirkt inzwischen verbraucht, dem Land fehlt es an Schwung und Ideen. Nur Überhangmandate verhelfen ihm zu einem sicheren Vorsprung gegenüber seinem SPD-Herausforderer Rudolf Scharping. Achtunddreißig Minister hat er in diesem Jahrdutzend entlassen und überlebt.

Er spürt den Mangel, vermag die Lücke aber nicht zu füllen. Er beschreibt sie nur: «Die Zukunft Deutschlands kann nicht gesichert werden, wenn wir unser Land als kollektiven Freizeitpark organisieren.» Sein Leiden am Zustand der «verfetteten» Gesellschaft, das mit zahlreichen bösen Angriffen auf ihn noch gesteigert wird, ist natürlich auch ein Stück Selbstkritik. Immerhin hat der Mahner in diesem Freizeitpark seit langem das Sagen.

«Viele Probleme der jetzigen Bundesrepublik waren Probleme der alten Bundesrepublik. Wir hätten sie auch ohne die deutsche Einheit lösen müssen», erkennt der Kanzler zu Beginn seiner letzten Amtszeit und fordert «längst überfällige Korrekturen». Er tadelt sein Land, ein «Land mit immer jüngeren Rentnern und immer älteren Studenten, ein Land mit immer kürzerer Lebensarbeitszeit, immer kürzerer Wochenarbeitszeit und mit immer mehr Urlaub».

Natürlich hat er recht. Aber er zieht aus seinen Einsichten keine Schlüsse. Aus dem jährlich fälligen Rentenbericht geht ebenso wie aus den Zahlen der demographischen Entwicklung hervor, dass die Ruhestandsbezüge eben auf Dauer nicht so «sicher» sind, wie die Regierung stets behauptet. Korrekturen scheinen unumgänglich.

Kohl interessiert sich dafür so wenig wie für das von immer neuen Kostenexplosionen erschütterte Gesundheitssystem, in dem Ärzte, Krankenhäuser, Pharmaindustrie, aber auch Patienten in einer unheilvollen Allianz jeweils für sich das Beste suchen, dabei aber das Ganze überfordern. Damit tragen die Beteiligten selbst dazu bei, dass ihre Warnungen vor einer «Zweiklassenmedizin» in Deutschland Wirklichkeit werden: Nur der reiche Privatpatient kann sich manche Zusatzleistungen erlauben, die der Mehrheit der gesetzlich Versicherten künftig nicht mehr offenstehen.

Dass der Sozialstaat unbezahlbar zu werden droht, ahnte bereits in den siebziger Jahren Kohls Vorgänger Helmut Schmidt – aber wie jenem fehlt auch dem Nachfolger der Mut, eine an fortwährende Prosperität gewöhnte Bevölkerung mit der harten Wirklichkeit zu konfrontieren. Der Kanzler betreibt Machterhalt durch Gefälligkeitsdemokratie. Er muss darauf bauen, dass der Wohlstand stetig steigt, um die Kassen so füllen zu können, wie es der Verteilungsstaat verlangt. Wenn aber die Konjunktur lahmt und die Reserven der öffentlichen Mittel abschmelzen, sind Reparaturen unausweichlich. Unter dem Christdemokraten jedoch werden, außer in allgemeinen Wendungen über den «Freizeitpark», die Probleme noch nicht einmal thematisiert.

Etwa in der Rentenversicherung: Schon damals braucht diese Sozialkasse einen jährlichen Zuschuss aus dem Steuersäckel in Höhe von 70 Milliarden Mark; und es ist abzusehen, dass in wenigen Jahren jeder Beschäftigte «seinen» eigenen Rentner wird finanzieren müssen. Solange die Zahl der Alten wächst, die der jungen und erwerbstätigen Beitragszahler aber schrumpft, stößt das System offensichtlich alsbald an seine Grenzen.

Und ähnlich sieht es ab Mitte der Neunziger in der Arbeitslosenversicherung aus: Der durch die Einheit ausgelöste Aufschwung verebbt; deshalb muss eine immer geringere Zahl von Beschäftigten für die wachsende Schar der Erwerbslosen aufkommen. Damit steigen für Unternehmen und Arbeitgeber die Lohnnebenkosten, was neue Entlassungen heraufbeschwört – eine Belastung, die sich zunächst im deutschen Osten, danach aber auch im Westen bemerkbar macht.

Diese Probleme zu erkennen und, vor allem, zu lösen, wäre wieder eine Aufgabe für Sozialminister Blüm gewesen, und wenn der versagt, für die Planungsabteilung in der Regierungszentrale, und wenn die nichts bemerkt, für den Kanzler höchstselbst. Helmut Kohl aber hat in seiner Regierungszeit niemals mit Überzeugung für die nötigen Reformen geworben; dazu fehlt ihm der Mut. In all seinen Wahlkämpfen hat er den Eindruck gewonnen, die Wähler wollten nicht die Wahrheit erfahren, sondern Versprechungen glauben. Er denkt, sie seien wie er – sie wollten sich das Leben schönreden.

Kohls christlich-liberale Koalition hat sechzehn Jahre lang Zeit, den Arbeitsmarkt und das Sozialsystem zu reformieren; stattdessen verschlimmert sie das Übel mit immer neuen Wohltaten.

Der Kanzler ist kein innenpolitischer Reformator. Sowenig er zu Beginn seiner Amtszeit die «geistig-moralische Erneuerung» anpackt, so wenig empfänglich zeigt er sich an deren Ende für Themen, die vor allem auf jüngere Wähler zielen – den Abbau der Staatsverschuldung, den Reformstau, Bildung, Ausbildung, Kindererziehung.

Nur einmal reagiert er schnell: Nach der Reaktorexplosion im ukrainischen Tschernobyl im April 1986 schafft er praktisch über Nacht aus den zuständigen Abteilungen des Innenministeriums ein eigenes Ökoressort, das auf die Sorgen der Bürger eingehen soll. Und besetzt das Amt mit seinem Freund Walter Wallmann, weil ihm der bisher für Umweltfragen zuständige CSU-Innenminister Friedrich Zimmermann als verlängerter Arm von Franz Josef Strauß gilt.

Diese Neugründung ist seine einzige bemerkenswerte Tat auf diesem Gebiet. Ihm fehlt der Zugang zum Thema, wie Wallmanns Nachfolger Klaus Töpfer resigniert feststellt, bevor er als Umweltdirektor zur UNO nach Nairobi entschwindet. Kohls Credo ist das in zahlreichen Wahlkämpfen erprobte «Weiter so!», das zu Konrad Adenauers Zeiten ganz ähnlich lautete: «Keine Experimente!» Dem «Enkel», dessen Karriere einst in der Chemieindustrie begann, fehlt die Einsicht, dass eine ökologisch sinnvolle Politik nicht zwangsläufig zum Nachteil der Volkswirtschaft sein muss.

Gewiss hat er sich auch verbraucht. Was früher seine Stärke war – Trends zu erkennen, Stimmungen im Volk zu wittern –, funktioniert nach der Kraftanstrengung, die in der Einheit gipfelt, nicht mehr. Er hat die Herausforderung durch den Klimawandel schlicht ignoriert. Probleme wie Waldsterben, Ozonloch oder CO_2-Emissionen kümmern ihn im Grunde nicht; er lässt seine Minister gewähren, bis die ihr schwieriges Handwerk verstehen; dann dürfen sie gehen.

Kohl hat andere Leidenschaften: Schon in den Achtzigern entdeckt er ein Thema, das die meisten seiner Landsleute noch keineswegs umtreibt – höchstpersönlich forciert er die Privatisierung des Fernsehens in Deutschland. Da ist ihm keine Rechtskonstruktion zu kompliziert, kein Verkabelungsaufwand zu groß – er beseitigt das Monopol der von ihm als «Linkskartell» geschmähten öffentlich-rechtlichen TV-Sender, indem er – übrigens in seiner Pfalz – «Kabelpilotprojekte» durchsetzt, aus denen das duale Rundfunksystem in Deutschland entsteht. Das hilft zwar einem Filmhändler, der dank seines Einsatzes zum «Medienmogul» wird; doch es befördert nur sehr bedingt die von ihm gewünschte konservative Werteorientierung – denn so etwas findet im privaten Fernsehen erst recht nicht statt.

Ein Jahrzehnt später ist dieses Engagement erloschen. Es weicht einer gewissen Gleichgültigkeit. Er merkt nicht, dass sich seine Wähler – sogar seine jüngeren Parteifreunde – neuen Feldern zuwenden, etwa der Frage, wie mit der Natur, ihren Reserven und Ressourcen nachhaltig umzugehen sei. Er hat die Grünen noch als halbkommunistischen Revoluzzerhaufen in Turnschuhen erlebt, die den Bundestagspräsidenten im Plenum ein «Arschloch» nennen. Jetzt wäre es Zeit, die CDU für diese Themen zu öffnen – und sei es aus Gründen des Machterhalts.

Immerhin trifft sich eine kleine Gruppe von CDU-Parlamentariern mit Grünen-Kollegen zur «Pizza-Connection», um Gemeinsamkeiten zu erkunden. Doch sonst wirkt Kohls CDU wie erstarrt. Parteisekretär Peter Hintze vermag deren Wähler noch mit einer Kampagne zu mobilisieren, die vor «Roten Socken», also einer Regierungsbeteiligung ehemaliger DDR-Funktionsträger warnt – aber diese Aktion ist so borniert wie unverschämt: Hat nicht die Union die Mitglieder der alten Ost-CDU, die «Blockflöten», kurzerhand aufgesogen wie ein Schwamm? Worin besteht eigentlich der Unterschied zu früheren SED-Kadern, mit denen die SPD um keinen Preis zusammenarbeiten soll?

Gerade der Zerfall der alten Parteibindungen, der Niedergang der einstigen Volksparteien zeigt doch, dass neue Konstellationen möglich und nötig sind: Prinzipiell muss jede Partei mit einer anderen koalieren dürfen – sofern es dafür ausreichende Gemeinsamkeiten gibt. Es gehört zum Grundprinzip der Demokratie, dass sie Mehrheiten braucht und dass ihre Repräsentanten dabei notfalls nachhelfen müssen.

Kohl jedoch verliert lieber eine Wahl, als seinem Nachfolger eine Chance zu geben – für neue Konstellationen, für neue Gedanken, für Reformen. Mit seiner letzten Amtszeit endet auch die Bonner Republik. Immerhin: Für den Beginn der Berliner Republik hat er Zeichen gesetzt, die Architekturelite der Welt in die Hauptstadt geholt und dort, wo früher die Brache von Berlin-

Mitte war, ein echtes Zentrum verwirklicht. Den neuen Reichstag hat er mit einer neuen Kuppel versehen lassen und seinen Nachfolgern ein imposantes Kanzleramt vererbt. Auch eine historische Leistung.

Kapitel 13

«MEIN EHRENWORT»: ABSCHIED VON DER MACHT

Seit Gerhard Schröders legendärem Fernsehauftritt nach der Bundestagswahl 2005 wissen wir, wie schwer es Machtmenschen fällt, eine Niederlage einzugestehen. Sie halten sich für unbezwingbar. Ähnlich geht es Helmut Kohl sieben Jahre zuvor, am Ende seiner Kanzlerschaft. Er will nicht wahrhaben, dass seine Zeit abgelaufen ist, dass sich das Publikum nach sechzehn Jahren einen neuen Regierungschef, ein neues Gesicht, einen neuen Stil herbeisehnt. Allerdings bleibt Kohl am Wahlabend auch im Scheinwerferlicht souverän, er ist kein schlechter Verlierer wie sein Nachfolger.

Es ist Zeit für einen Neuanfang: Nicht oft in der Geschichte der Bundesrepublik haben die Wähler einen Machtwechsel ermöglicht. 1961 waren CDU-Anhänger aus Protest gegen den 85-jährigen Patriarchen Konrad Adenauer in Scharen zur FDP übergelaufen, die den Kanzlerabschied trotz ihres Wahlversprechens aber erst zwei Jahre später durchsetzen konnte. 1969 begann für die Union die bittere Oppositionszeit, 1982 kam die Rückkehr an die Macht – und immer lag die kommende Wende schon länger in der Luft.

Auch jetzt hat der demoskopiebesessene Kanzler die Umfragewerte natürlich im Kopf. Seit der Wahl 1994, als das triste

Ergebnis für die Union (41,4 Prozent) nur durch Überhangmandate im Parlament erträglich wurde, waren CDU/CSU in der Wählergunst kontinuierlich auf ein Niveau zwischen 40 und 36 Prozent abgesackt, während umgekehrt die SPD auf fast 44 Prozent zulegte.

Wahlkämpfer Kohl hat den Umschwung gespürt: «Mit einer Niederlage habe ich gerechnet», behauptet er in seinem «Tagebuch», einer Sammlung von Notizen, die er freilich erst einige Jahre später veröffentlichen lässt. Schon einige Tage vor der Wahl 1998 bereitet er Schäuble in einem kurzen Gespräch darauf vor, im Ernstfall den Parteivorsitz und die unbequeme Rolle des Oppositionsführers im Bundestag zu übernehmen. Und er behauptet, wenn auch im Nachhinein, eigentlich habe er schon «in der Mitte der Legislaturperiode ausscheiden wollen», die nun gerade zu Ende geht.

Doch wie alle Patriarchen oder Alleinherrscher findet er stets Gründe, die gegen einen freiwilligen Rückzug sprechen: etwa die nur knappe Mehrheit gegenüber der Opposition (vier Mandate) oder sein fester Wille, «unter allen Umständen den Prozess der europäischen Einigung unumkehrbar zu machen», wozu auch die Gemeinschaftswährung gehöre: «Ich habe die Einführung des Euro zu meiner eigenen Schicksalsfrage gemacht.»

Würde ein Kanzler Schäuble die neue Währung bekämpfen, die doch nahezu alle EU-Mitglieder wünschen, die alle Fachleute für richtig halten und gegen die nur Außenseiter, Träumer oder Stammtischpolitiker polemisieren? Würde Kanzler Schäuble den Vertrag von Maastricht kündigen? Wohl kaum.

Wer nicht aufhören will, weil er einem langjährigen Weggefährten die Kraft, den Verstand oder die Fähigkeit abspricht, seine Politik erfolgreich fortzuführen, der hat ohnehin schon verloren – und sein Nachfolger damit auch. Hätte Helmut Kohl, der Historiker, die letzten Amtsjahre seines Vorbilds Adenauer studiert, als der Alte vergeblich den Zug der Zeit aufhalten wollte, hätte er erkannt, dass historische Größe allein noch keinen Wahlerfolg garantiert. So gesehen ist das Lob Joschka Fischers im Bundestag, der Kanzler sei «drei Zentner fleischgewordene Geschichte», bei genauer Betrachtung mit unziemlich vielen Widerhaken versehen.

Helmut Kohl hätte sich an seinen eigenen Aufstieg in Mainz erinnern können, als er den dortigen Ministerpräsidenten Altmeier nach 22-jähriger Regentschaft aus dem Amt hievte. Jedem Wechsel wohnt eine Chance inne.

Tatsächlich streiten Kohl und Schäuble spätestens seit 1997 um die Führungsrolle. Freilich nicht unter vier Augen, schon gar nicht im Parteipräsidium oder im Kanzleramt; sie reden auch nicht von gleich zu gleich, von Bruder zu Bruder, sondern – nun wieder – von Lehrling zu Meister, vom Jungen zum «Alten», wie ihn Schäuble oft nennt. Sie formulieren ihre Ansprüche in aller Öffentlichkeit, um gegen den Rivalen zu sticheln. So schlägt Schäuble in einem Interview «den Kelch der Kanzlerschaft» nicht aus, worauf Kohl im Fernsehen seine neue Kandidatur anmeldet, ohne den Kronprinzen oder gar ein Parteigremium zu konsultieren. Der Lehrling ist gekränkt, bleibt aber loyal.

Wenige Stunden nach dem Leipziger Parteitag im Herbst 1997, bei dem die Delegierten ihr Führungsproblem nur hinter vorgehaltener Hand erörtern und Kohl einen schwachen Auftritt hat, benennt der Kanzler völlig überraschend im Fernsehen den Fraktionschef als Nachfolger, lässt aber offen, für welches Amt und zu welchem Zeitpunkt.

Seitdem ist der Zweikampf offensichtlich: Kohl will Schäuble als Thronfolger, falls er irgendwann geht; wenn möglich, will er aber bleiben. Schäuble dagegen möchte über Termin und Art des Stabwechsels mitbestimmen.

Ein früherer Rivale, Heiner Geißler, nennt Kohl – nur halb ironisch – «das regierende Haupt einer Erbmonarchie», und Joschka Fischers Spott zielt auf den Kern, nämlich das von

Schäuble selbst so gefürchtete «Prinz-Charles-Syndrom»: «Der ewige Kanzler installiert den ewigen Kronprinzen.»

Die beiden, der Kanzler und sein Erbe, hätten sich in dieser Lage viel zu sagen; sie tun es aber nicht. Sie belauern einander. Keine gute Voraussetzung, um gemeinsam in den Wahlkampf zu ziehen.

Dagegen macht es sich die SPD, die ebenfalls über zwei mögliche Spitzenkräfte verfügt, leichter: Sie lässt die Wähler in Niedersachsen im Frühjahr 1998 entscheiden, ob nun Gerhard Schröder oder sein saarländischer Kollege Oskar Lafontaine die besseren Chancen hat. Der jugendliche Elan des dann gekürten Herausforderers aus Hannover bringt neuen Schwung in den Wahlkampf. Kohl sieht, buchstäblich, alt aus.

Am 27. September 1998, dem Tag seiner größten Niederlage, demonstriert der Christdemokrat Business as usual. Vor dem Kirchgang in Oggersheim besucht er sein Wahllokal und lässt sich am Nachmittag nach Bonn chauffieren, wo er die Ergebnisse der Wählernachfragen studiert, die dem Amtsinhaber traditionell zwei Stunden vor Ultimo übermittelt und um 18 Uhr als «Wahlprognose» im Fernsehen gesendet werden. Jetzt hat er es schwarz auf weiß, dass seine Zeit zu Ende geht.

Doch statt nun mit dem Nachfolger über eine Strategie für die Zukunft zu reden oder wenigstens gemeinsam Trost zu suchen, setzt er sich – wenn man seinem «Tagebuch» glauben mag – still und allein an seinen Schreibtisch neben Fahne und Aquarium und sinnt stolz über vergangene Taten und das bis dahin von ihm Erreichte nach: «Bei aller Enttäuschung über die schwere Wahlniederlage, die ich natürlich nicht so einfach wegstecken kann, ist jetzt vor allem auch die Stunde, persönlich Bilanz zu ziehen.» Seine Karriere sei ihm «nicht in die Wiege gelegt» worden, und auch nicht, «dass ich einmal Ministerpräsident von Rheinland-Pfalz und später sechzehn Jahre lang deutscher Bundeskanzler werden würde. Ein Quäntchen Glück gehört dazu.»

«Liebe Freunde, das Leben geht weiter»: Helmut Kohl am Abend der Wahlniederlage, 27. September 1998.

Erfordert eine so dramatische Niederlage nicht auch einen Moment selbstkritischer Besinnung? Hätte ein Kandidat Schäuble – gar ein Kanzler Schäuble – besser abschneiden können? Diese Frage stellt sich der einsame Verlierer nicht, jedenfalls nicht in seinem «Tagebuch».

Gegen 17.30 Uhr lässt er sich in die nahegelegene Parteizentrale fahren, geht ins kleine Präsidiumszimmer, vorbei an den Parteifreunden Norbert Blüm, Erwin Teufel und Volker Rühe, die sich gemeinsam mit Schäuble in einen Nebenraum zurückgezogen haben, alle «sehr betroffen», wie Letzterer berichtet. Nach und nach löst sich die Gruppe «in gedrückter Stimmung» auf und traut sich schließlich in die Nähe des Vorsitzenden, der an diesem «Waterloo»-Tag auch seinen Wahlkreis Ludwigshafen verliert, auf dessen Eroberung er 1990 noch so stolz war.

Unter vier Augen unterrichtet er seinen Erben von der Absicht, noch am selben Abend den Vorsitz niederzulegen und ihn bei dieser Gelegenheit als Nachfolger vorzuschlagen. Sonst nichts, kein Wort des Bedauerns, der Erklärung, keine Bitte um Verständnis. Die beiden verstehen sich schon nicht mehr. Sieht so der Start in eine neue Ära aus?

Aus ihrer selbstverschuldeten Tristesse zieht die Parteispitze eine Stunde später in den großen Saal des Konrad-Adenauer-Hauses um, wo die versammelten Mitarbeiter, Gäste, Journalisten vor laufenden Kameras den Trupp der Verlierer schon erwarten. Einige Parteifreunde beklatschen ihren Anführer und suchen ihn mit «Helmut, Helmut!»-Rufen zu trösten – Ovationen bei einer Beerdigung. Dann betritt der Noch-Kanzler das Rednerpodium, nennt die Niederlage «bitter» und fügt, nun ganz Staatsmann, die Selbstverständlichkeit an, er sei bereit, das Wählervotum zu akzeptieren; er werde als Kanzler und Parteichef zurücktreten, er wünsche dem Sieger Schröder «eine glückliche Hand» – und wendet sich dann direkt an die um ihn Versammelten: «Liebe Freunde, das Leben geht weiter.»

Ein Gemeinplatz als Parole des Tages – die Zuhörer jedenfalls sind verblüfft und begleiten den Verlierer mit Beifall zum Ausgang, von wo er direkt ins Fernsehstudio eilt. Auch dort, in der von jeher so genannten «Elefantenrunde», zeigt er sich als fairer Demokrat, der sogleich höchst politische Schlüsse aus dem Wahlergebnis zieht: «Rot-Grün muss regieren!»

Das ist keine Binse, wie die meisten Zuschauer wohl denken; die Botschaft ist an all jene gerichtet, die Gerhard Schröders damalige Vorliebe für eine Große Koalition kennen und die, wie etwa Wolfgang Schäuble, noch hoffen, dass trotz des Wahldesasters eine Regierungsbeteiligung der Union vielleicht möglich wäre – in einer Partnerschaft mit der SPD, die dem amtlichen Wahlergebnis zufolge 40,9 Prozent der Stimmen erreicht, während die CDU/CSU auf 35,1 Prozent abrutscht.

Im TV-Studio verhält Kohl sich anders als sonst: Normalerweise wird er nach Auftritten, wenn die Scheinwerfer ausgeschaltet sind, jovial und erklärt Technikern wie Diskutanten den Lauf der Welt. Diesmal verschwindet er in seinem Bungalow und taucht erst am Montag zu den Parteisitzungen wieder auf. An diesem Abend sieht er nur sich selbst als Verlierer, nicht seine Partei, schon gar nicht Schäuble.

Der andere Verlierer, den Kohl womöglich für einen Gewinner hält, empfindet die Reaktion als Kränkung. Wolfgang Schäuble hat geglaubt, mit seinem Vorgänger wenigstens in diesen schweren Stunden gemeinsam trauern, hoffen oder planen zu können. Ersatzweise greift er sich den früheren Generalsekretär, Verteidigungsminister Rühe, fährt mit ihm zusammen ausgerechnet ins Kanzleramt, dessen Chefzimmer ihm nach diesem Wahlergebnis verschlossen bleiben wird, und erörtert die Lage, so schlecht, wie sie nun ist.

«Wir saßen bis tief in die Nacht zusammen», berichtet Schäuble später über die Trostlosigkeit der Wahlnacht. Sie waren «ein bisschen sentimental, wärmten wehmütig alte Anekdoten auf und redeten über dies und das», erinnert sich der Erbe, der an diesem Tag seine eigentliche Erbschaft, das Regierungsamt, verliert.

Während Helmut Kohl wenige Schritte entfernt, im Bungalow, noch einmal seine Karriere überdenkt, tratschen seine Getreuen beim Wein über ihre Zukunft – und die verpassten Chancen. Ein Fehler liegt auf der Hand: Sie waren ihm zu lange treu.

Schon nach der letzten, knapp gewonnenen Bundestagswahl 1994 hatten die beiden genauso beisammengesessen, und Rühe hatte Schäuble gefragt, warum Kohl die Macht so sehr liebe, dass er offenbar ewig Kanzler bleiben wolle. Da hatte Schäuble dem Minister im Dialekt seiner badischen Heimat geantwortet: «Er isch es halt so gern.»

Nun endlich geht die so lang ersehnte Last des CDU-Parteivorsitzes, wenn auch nicht der «Kelch der Kanzlerschaft», auf ihn über; dabei hatte er sich den Wechsel doch ganz anders vorgestellt: Parteiarbeit, das unablässige Strippenziehen, das Kohl in Perfektion beherrscht, liegt dem erfahrenen Manager nicht, schon gar nicht am Herzen. Schäuble war ein erstklassiger Kanzleramtschef, ein sachkundiger Innenminister, ein allseits geachteter Fraktionsvorsitzender: Natürlich wäre er trotz seiner Schwerbehinderung – die er mit Ehrgeiz und höchster Disziplin erduldet – lieber Kanzler statt Oppositionsführer. Diesen Lebenstraum lässt der Vorgänger platzen; und er verhindert durch seine pure Präsenz in der Fraktion, im Parteipräsidium – zu dessen Sitzungen der Ehrenvorsitzende stets Zugang hat – einen geschmeidigen Übergang der Verantwortung.

Kohl braucht lange, viel zu lange, um über den Dissens mit dem Nachfolger auch nur nachzudenken: Im Frühjahr 1999 erkennt er laut «Tagebuch» ein «Grundproblem» im Verhältnis zu dem Erben, «das womöglich schon seit längerer Zeit existiert. Meine bloße Anwesenheit scheint ihn mehr und mehr zu irritieren.»

Natürlich spielt der physische Unterschied zwischen den

beiden Parteiführern eine wichtige Rolle: hier der gewichtige Altkanzler, der alles besser weiß, dort der schmale Grübler im Rollstuhl, der zwar viel besser reden kann als der Vorgänger; aber Reden sind bei diesem Neustart zunächst nicht gefragt. Jetzt lautet die Devise «Alles auf Anfang». Genau den vereitelt Kohl, weil er von Politik so wenig lassen kann wie von dem Vorsatz, seine «reichen Erfahrungen» überall einbringen zu wollen.

Ein guter Vorgänger geht in Urlaub, auf Weltreise, zur Kur, um dem Nachfolger wenigstens eine Chance zur Einarbeitung zu geben. Ein schlechter beäugt ihn eifersüchtig und schadenfroh.

Helmut Kohl hat das Wahlergebnis falsch verstanden: Er glaubt inzwischen, er und seine Erfahrungen würden der Partei wieder aufhelfen. Tatsächlich aber will die Mehrheit der Bürger vor allem einen anderen Kanzler. Der hätte, wenn Kohl nicht so sehr am Amt geklebt hätte, womöglich gar Schäuble heißen können. Doch das will Kohl unbedingt weiter verhindern – für einen hohen Preis, wie sich bald erweist.

DIE VERLORENE EHRE DES EWIGEN KRONPRINZEN

Der Altbundeskanzler, in Berlin und in seiner Partei noch immer ständig präsent, weltweit als Staatsmann hofiert und unermüdlich im Einsatz für den eigenen Nachruhm, wird schon ein Jahr nach seinem Rücktritt Zeuge, wie seinem Nachfolger die Führung entgleitet, und Schäuble kann diese Entwicklung kaum beeinflussen: Es sind Staatsanwälte in Augsburg, die der Aussage des deutsch-kanadischen Geschäftsmanns Karlheinz Schreiber nachgehen, er habe dem damaligen CDU-Schatzmeister Walther Leisler Kiep 1992 in der Schweiz einen Koffer mit Bargeld in Höhe von einer Million Mark überreicht. Wofür war das Geld bestimmt?

Im November 1999 wird Kiep per Haftbefehl unter dem Verdacht der Steuerhinterziehung gesucht, und aus Kanada feuert Schreiber, ein früherer Gefolgsmann von Franz Josef Strauß, die öffentliche Neugier und die Ermittlungen mit immer neuen Behauptungen an. Kohl und Schäuble erklären, sie hätten «nichts von diesem Vorgang gewusst», schon gar nicht, dass das Geld als Gegenleistung für die Lieferung von Spürpanzern aus Bundeswehrbeständen nach Saudi-Arabien gedacht war.

Den Fahndern bestätigt Kiep, er habe die Spende an die Parteizentrale weitergeleitet und später mit den zwei Parteibuchhaltern als Dank für deren «Leistung» geteilt; jedenfalls aber korrekt versteuert. Ins «Tagebuch» schreibt der Ex-Kanzler: «Mich bestürzt diese Nachricht, da ich von alldem nichts wusste.»

In zahllosen Interviews meldet sich Schreiber zu Wort, der als Kaufmann gelegentlich Waffensysteme oder Flugzeuge vom Typ «Airbus» vermittelte, und erinnert Kohl wie Schäuble daran, dass er die CDU schon 1984 mit einer Summe von 100 000 Mark unterstützt habe. Die Spende selbst ist unstrittig. Quälend lange bleibt offen, ob Wolfgang Schäuble oder die Schatzmeisterin Brigitte Baumeister diesen Betrag bar in Empfang nahm. Französische Medien reichern das Rätsel mit weiteren Ungereimtheiten an: So seien nach der Privatisierung der einst volkseigenen Raffinerie im ostdeutschen Leuna durch einen französischen Mineralölkonzern Gelder in Millionenhöhe geflossen, angeblich auch nach Bonn. Doch Beweise gibt es nicht. Es sind Mutmaßungen, die suggerieren, dass der Kanzler – wenn er schon als Parteichef brisante Zahlungen entgegennehmen ließ – vor finanziellen Anfechtungen nicht gefeit war.

Dieses Mal ist es nicht die «Hamburger Medienmafia», die Kohl bedrängt. Jetzt, am 16. Dezember 1999, als in Berlin zum ersten Mal der Parlamentarische Untersuchungsausschuss zur Aufklärung der von Schreiber ausgelösten Spendenaffäre zusammentritt, ist es der Altkanzler selbst, der in der ZDF-Sendung «Was nun, Herr Kohl?» unbekümmert bekennt, er habe zwischen 1993 und 1998 Spenden in Höhe von «1,5 bis 2 Millionen Mark» an den Konten der Partei vorbei «entgegengenommen». Später werden daraus 2,17 Millionen Mark, die er von ungenannten Gönnern erhielt, und denen habe er sein «Ehrenwort» gegeben, ihre Namen geheim zu halten.

Ist einer der Gönner etwa Schreiber? Und floss das Geld genau deshalb über Kiep in Kohls schwarze Kasse? Andererseits kann Schreiber selbst bei gutem Willen nicht als Mann gelten, dem gegenüber ein Ehrenwort gegeben und über ein Jahrzehnt gehalten werden müsste.

Im Fernsehen begründet der CDU-Ehrenvorsitzende das Schwarzgeldkonto mit dem Argument, dass «die anderen Parteien» – also PDS, SPD und FDP – auf Vermögen aus der Zeit vor der Wiedervereinigung oder als Entschädigung für NS-Konfiskationen zurückgreifen konnten, dagegen «war unsere Kassenlage in den neunziger Jahren schwierig. Wir waren dringlicher denn je auf Parteispenden angewiesen», und manche Geldgeber hätten auf «Anonymität» bestanden.

Das wäre, wenn es denn stimmt, ein erstaunlicher Verhaltenswechsel: Bis etwa 1980 pochten viele Spender darauf, ihre Gabe von ihrer persönlichen Steuerschuld abziehen zu können – und belasteten damit den Steuerzahler. In Phase zwei des ewigen Dramas, in den achtziger Jahren, beharrten wiederum die Empfänger, also die Parteien, darauf, dass der Staat – also wieder die Steuerzahler – ihnen ein Aufgeld auf die eingesammelten Spenden in gleicher Höhe überweist. Nun, in der vorerst letzten Phase, wollen die Gönner angeblich einfach nur so spenden, ohne eigenen Vorteil, ohne Namensnennung; und nur der Empfänger Kohl versündigt sich, weil er den von ihm so genannten «Bimbes» nicht anmeldet und damit gegen das Parteiengesetz verstößt.

Warum belastet er sich selbst? Eine Flucht nach vorn? Ein Fehler? Es wusste doch niemand sonst von den Geldern. Gewiss haben die Buchhalter ihn darüber informiert, dass Staatsanwälte Einblick in die Unterlagen nehmen wollen; aber hierbei geht es um das Verfahren gegen Kiep. Hat Kohl womöglich Angst davor, dass in den CDU-Bilanzen Merkwürdigkeiten entdeckt werden könnten und dann über Monate, gar Jahre über eine «gekaufte Regierungspartei» geschrieben und geredet würde – so wie zur Zeit der Flick-Affäre über eine «gekaufte Republik»?

Und warum nennt er diesen seltsamen Zeitraum von fünf Jahren – um zwei Bundestagswahlkämpfe abzudecken, für deren Kosten die Spenden herhalten sollten? Mit dieser – vergleichsweise läppischen – Gesamtsumme von gut zwei Millionen Mark, die auch durch eine Erhöhung der jährlichen Mitgliedsbeiträge um ganze drei Mark (!) hätte aufgebracht werden können? Und warum hat er die vorher geübte Praxis geändert, Spenden korrekt in der Parteizentrale abzuliefern? Zwischen 1989 und 1992 waren das nach Auskunft der CDU «zwei bis drei Millionen Mark».

Auch sein neuer Anwalt, den er erstmals eine Woche zuvor aufsucht und um Rat fragt, warnt ihn vor dem TV-Auftritt: «Das ist wie eine Selbstanzeige», beschwört Stephan Holthoff-Pförtner seinen Mandanten, «das können Sie nicht tun.» Doch Kohl will genau das – seine Schuld eingestehen, Verantwortung übernehmen, weiter am Denkmal des Einheitskanzlers feilen und das Bild vom Herrn der schwarzen Kassen vergessen machen. Der Anwalt, Miteigentümer der «Westdeutschen Allgemeinen Zeitung», den CDU-Fraktionskollege und Sozius Ronald Pofalla dem Parteifreund empfahl, gibt nach.

«Ein Fehler», räumt Kohl vor der TV-Kamera ein, sei es gewesen, das Geld jenseits der Parteibuchhaltung zu verbergen. Aber: «Ich wollte mit diesem Fernsehauftritt meine persönliche Integrität unterstreichen. Dass ich nicht käuflich bin, ist für mich die wichtigste Botschaft gewesen.»

In seinem «Tagebuch» sieht er sich als Opfer einer Kampagne, «mich zu kriminalisieren und auf diese Weise meine sechzehnjährige Kanzlerschaft zu diskreditieren». Und um diesen Vorwurf zu kontern, beichtet er, wie ein kleiner Bub, einen echten, wenn auch nicht ausdrücklich strafbewehrten Gesetzesverstoß, den er offenbar für minder schwer hält?

Nach diesem denkwürdigen Geständnis ihres Ehrenvorsitzenden geht durch die Union, die wegen der Widersprüche um die Schreiber-Spenden ohnehin gebeutelt ist, ein Erdbeben nach oben offenen Ausmaßes. Die einen fordern Kohl auf, trotz Ehrenworts die Namen der Spender zu nennen. Andere bezweifeln, dass es überhaupt welche gibt.

Der SPD-Obmann im Untersuchungsausschuss, Frank Hofmann, versteigt sich zu der Forderung, Kohl müsse so lange in Beugehaft genommen werden, bis er sein Schweigen breche. Dabei weiß der Jurist Hofmann, dass Beschuldigte ein Aussageverweigerungsrecht haben – ein Grundprinzip der Strafprozessordnung. Kohl beklagt zu Recht die Infamie, mit einer solchen Maßnahme die Öffentlichkeit beeinflussen zu wollen – im Wissen um die Unsinnigkeit dieser Drohgebärde.

Aber er liegt fehl mit der Einschätzung, jetzt ahne er, «zu welchem Hass diese Leute fähig sind». Hass? Es ist eher ein Mangel an Respekt vor einer Lebensleistung, ein fast zwangsläufiges Spiel in der von Weizsäcker getadelten und von Kohl verteidigten Parteiendemokratie, deren Manager und Matador er ein Berufsleben lang war. Jetzt ist er gekränkt und hat sich das doch nur selbst zuzuschreiben. Er hat den «Fehler» eingeräumt, aber er, der gläubige, wenn auch nicht fromme Katholik, tut so, als habe er für diese Beichte die Absolution schon empfangen. Ein Fehler ist nicht dadurch ungeschehen, dass man ihn einen Fehler nennt. Fehleranalyse wäre, wie in der Naturwissenschaft, die unabdingbare Folge – wenn nicht gar, wie in der Moraltheologie, Reue. Es gibt sie nicht bei ihm.

Und was ist mit den Spendern? Alte Widersacher nutzen die Gelegenheit zur Abrechnung. Heiner Geißler ist überzeugt, «dass es keine Spender gibt». Norbert Blüm will gerne, «bis zum Beweis des Gegenteils», an Kohls Version glauben – hat aber dennoch mit dem Altkanzler gebrochen: «Der ist für mich gestorben.»

Andere, die Kohls Haltung und sein Ehrenwort zumindest respektieren – wie der Hamburger Bürgermeister Ole von Beust –, wundern sich, dass die Begünstigten des Ehrenworts nicht wenigstens später ihre Deckung verlassen und dem Elder Statesman zu Hilfe eilen. Auch zehn Jahre nach dem Fernsehinterview hat nicht einer dieser – vermeintlichen – Ehrenmänner Kohl von seinem «Ehrenwort» entbunden. Vielleicht steckt doch mehr hinter dem Rätsel, als Kohl glauben machen will. Weder seine Einlassungen noch der Parlamentarische Untersuchungsausschuss können die Ungereimtheiten auflösen: So blieb trotz aller Recherchen stets die Frage offen, an wen warum auf welchem Weg die vom CDU-Chef gesammelten Gelder gingen – und was damit bezweckt oder gar erreicht wurde.

In jenem Dezember 1999 nutzt die neue Parteiführung die unvermutete Chance, sich von ihrem langjährigen Übervater abzunabeln; und es ist die CDU-Generalsekretärin Angela Merkel, die mutig und ohne Absprache mit Wolfgang Schäuble vorwegmarschiert. Sie ruft die Partei mit einem fulminanten Beitrag in der «Frankfurter Allgemeinen» auf, «laufen zu lernen, in Zukunft auch ohne ihr altes Schlachtross». Kohl («sie will den Bruch mit mir») versteht den Aufsatz, wie er gemeint ist – «als knallharte Aufforderung, möglichst bald alle Ämter niederzulegen», darunter den Ehrenvorsitz seiner Partei.

Es gibt zu viel «Ehre» in diesem unehrlichen Spiel. Aber Kohl begreift nicht – will nicht begreifen –, dass es für die Ablösung des «Patriarchen», wie Schäuble seinen Ziehvater nun auch öffentlich nennt, höchste Zeit ist. Oder will der Vorgänger den

Nachfolger so demontieren, wie es einst der Parteiheros Konrad Adenauer mit Ludwig Erhard vormachte?

Am ersten Weihnachtsfeiertag 1999 führen Kohl und Schäuble ein offenbar äußerst unweihnachtliches Telefongespräch: «Auch Schäuble will den endgültigen Bruch, die Trennung von mir.» Drei Tage später teilt die Bonner Anklagebehörde mit, sie habe «aufgrund mehrerer Strafanzeigen» geprüft, ob gegen den Altkanzler ein Ermittlungsverfahren einzuleiten sei; es geht um Vorwürfe des Betrugs, der Geldwäsche, des Meineids; übrig bleibt der «Verdacht der Untreue» gegenüber der CDU. Tatsächlich zeugt es von einem Niedergang der Rechtskultur, wenn anonyme Briefschreiber, gar Denunzianten Staatsanwälte zu offenbar unsinnigen Ermittlungen verleiten können. Andererseits hat Kohl nach eigenem Geständnis seinen Geldgebern ebenjene Anonymität zugesichert, die er nun beklagt.

Am 18. Januar 2000 folgt der Showdown. Vor einer eigens einberufenen Präsidiumssitzung der CDU geraten Schäuble und Kohl morgens um halb neun in offenen Streit. Der Parteichef wirft dem Patriarchen vor, es gebe gar keine Spender, nur deswegen blieben ihre Namen im Dunkeln. Im «Tagebuch» hat Kohl die Auseinandersetzung protokolliert: «Schäuble sagt in höchster Erregung, er frage mich jetzt ein letztes Mal, ob ich die Namen der Spender nennen werde. Als ich darauf mit nein antworte, sagt er wörtlich: ‹Dann bleibt mir nichts anderes übrig, als meinen Rücktritt zu erklären.› Darauf sage ich: ‹Das wirst du nicht tun.› Schäuble verlässt äußerst aufgewühlt mein Zimmer und ruft mir noch zu: ‹Dieses Büro werde ich in meinem Leben nie wieder betreten!›»

Auf ähnliche Weise erinnert sich der neue Parteichef an diesen dramatischen Moment. Er schreit den Ex-Kanzler an: «Ich habe in meinem Leben viel zu viel Zeit mit dir verbracht, und es wird keine Minute mehr geben!»

Kohl zählt diese Szene «zu den schlimmsten Erfahrungen

meines Lebens». Am selben Abend verzichtet er auf den CDU-Ehrenvorsitz, knapp vier Wochen später Schäuble auf den Partei- und Fraktionsvorsitz. Der Nachfolger sieht sich von «Intrigen» umgeben, benennt aber keine Intriganten. Sein Bruder Thomas, CDU-Innenminister in Stuttgart, wird in einem Gefühlsausbruch sehr viel deutlicher: «Ich verabscheue Kohl. Und ich kann da für die ganze Familie sprechen.» Die CDU verliert derweil dramatisch an Sympathiewerten, binnen vier Monaten stürzt sie in der Sonntagsfrage von 48 auf 31 Prozent ab.

Am Monatsende beschließt ein «kleines Familientreffen» im Hause Kohl auf Anraten des Anwalts, den Schaden wiedergutzumachen, der seiner CDU durch die illegale Spendenpraxis entstanden sei und den das Bundestagspräsidium auf 6,5 Millionen Mark beziffert. Das Ehepaar Kohl nimmt dafür eine Hypothek in Höhe von 500000 Mark auf das Haus in Oggersheim auf. Es erhofft sich weitere Spenden, die dieses Mal mit Namen und Adressen bezeichnet und veröffentlicht werden sollen.

Innerhalb von fünf Wochen sammelt der Altkanzler, diesmal legal, mehr als acht Millionen Mark. Zu den 30 Geldgebern zählen Erich Schumann, einer der Verleger der «Westdeutschen Allgemeinen Zeitung», ein eingeschriebener Sozialdemokrat und einst Rechtsbeistand von Willy Brandt. Der Berufskollege von Kohls Anwalt überweist 800000 Mark auf ein Anderkonto, fast so viel wie Kohls alter Freund Leo Kirch (1 Million). Drittgrößter Spender ist Jens Odewald, einst Kaufhof-Chef, dann Vorsitzender des Vereins «Wir für Deutschland», mit 700000 Mark, gefolgt vom früheren Nestlé-Chef Helmut Maucher (500000 Mark). Der Filmproduzent Artur Brauner gibt 50000 Mark. Zu den sonstigen, den «Kleinspendern», zählen Prominente aus der Unterhaltungsbranche oder die Schauspieler Uschi Glas und Heiner Lauterbach.

Wegen seiner Haltung wird WAZ-Verleger Schumann drei Monate später aus der SPD ausgeschlossen, und Kohl kommentiert diese kaum glaubliche Entscheidung mit Empörung: «Die Partei Willy Brandts muss sich schämen. Das Denken in Freund-Feind-Kategorien scheint über die Vernunft zu triumphieren.»

Doch diese Geisteshaltung ist auch ihm selbst nicht ganz fremd; die Millionen-Spende seines Freundes Leo Kirch, dem er drei Jahre lang nach dem Ende der Kanzlerschaft als Berater dient und der 2003 eine spektakuläre Firmenpleite erleidet, erwähnt er in seinem «Tagebuch» lieber nicht.

Die Sammelaktion gilt juristisch als Schadenswiedergutmachung, da Kohl die Beträge direkt an die CDU weiterleiten lässt; und da er geständig ist, scheinen die Bedingungen des Paragraphen 153a der Strafprozessordnung erfüllt: Das Verfahren wegen Untreue wird gegen Zahlung einer Geldbuße in Höhe von 300000 Mark, die sich an seiner Kanzlerpension, nicht an den Beraterverträgen bemisst, im Frühjahr 2001 eingestellt; die Summe geht zu gleichen Teilen an die Staatskasse und an die Christiane-Herzog-Stiftung. Helmut Kohl hat sein Ziel erreicht: Er gilt als nicht vorbestraft. «Er kauft sich frei», ärgert sich der «Spiegel».

Und Kohl schreibt als Schlusssatz unter seine «Tagebuch»-Notizen: «Meiner Ehre und Würde wegen musste ich so handeln.» Auf der Strecke bleibt Wolfgang Schäuble, über dessen Ehre der Einheitskanzler schweigt.

Kapitel 14

«DIE HAND, DIE SEGNET, WIRD GEBISSEN»: ELDER STATESMAN

Die Spendenaffäre wirft einen langen Schatten auf Kohls neues Leben als Kanzler außer Dienst. Dabei gerät fast in Vergessenheit, dass er nach dem Abschied von der Macht seine Rolle als Elder Statesman zunächst in vollen Zügen zu genießen scheint. Als er noch am Wahlabend die Niederlage unumwunden einräumt, wirkt er sogar ein bisschen erleichtert – und die mit den üblichen Demutsposen verbundene Ankündigung seines Rückzugs aufs Altenteil gelingt ihm zumindest an diesem 27. September 1998 nahezu in Perfektion.

Doch ein erstes Indiz dafür, wie wenig der christdemokratische Berufspolitiker an die vollständige Preisgabe seines angestammten Terrains denkt, liefert schon bald eine für die Bonner Usancen ungewöhnliche Übereinkunft: Weil Regierung und Parlament in absehbarer Zeit ohnehin nach Berlin umziehen werden, bietet ihm der in Stilfragen unkonventionelle Gerhard Schröder an, einstweilen im Kanzlerbungalow wohnen zu bleiben, und der sichtlich erfreute Vorgänger lässt sich tatsächlich darauf ein. Als «Untermieter», wie sich die erstaunte Presse mokiert, darf er bis auf weiteres in der ihm vertrauten Umgebung überwintern.

Zerronnen ist für Kohl nun zwar der Traum, das wiedervereinigte Vaterland noch in Amt und Würden ins dritte Millennium zu führen, aber er kann sich trotzdem nicht beklagen. Einige Wochen nach seiner Abwahl küren ihn die in Wien versammelten Staats- und Regierungschefs der EU zum «Ehrenbürger Europas», ein vorher allein an den legendären Franzosen Jean Monnet vergebener Lorbeer.

Rascher als ursprünglich erwartet verflüchtigt sich auch in der Bundesrepublik der Überdruss an seiner «ewigen Herrschaft». Je größer der Wust an Problemen, in den sich das rot-grüne Bündnis verstrickt, desto stärker erholen sich die demoskopischen Werte für den umtriebigen Ex-Kanzler – und das gilt noch deutlicher im innerparteilichen Vergleich. Erhebliche Stimmengewinne, die die konservative Opposition im Lauf des Jahres 1999 auf Länderebene erzielt, werden sehr viel weniger dem neuen Chef Wolfgang Schäuble oder dessen Generalsekretärin Angela Merkel gutgeschrieben als dem alten agilen «Kampfelefanten», wie er sich selbst mit Wohlbehagen nennt.

Schließlich erweist sich Kohl nicht nur bei Wahlschlachten in der Provinz als Publikumsmagnet – von seinem Berliner Abgeordnetenbüro aus, das ihm auf dem Prachtboulevard «Unter den Linden» zur Verfügung steht, pflegt er mit der gleichen Hingabe sein noch bestens funktionierendes Netzwerk. Die an Ratschläge und Streicheleinheiten gewöhnte christdemokratische «Familie» lässt sich umso lieber von ihm becircen, als er in der Zwischenzeit zum Ehrenvorsitzenden aufgestiegen ist und in den Spitzengremien der CDU wie eh und je den Ton angibt.

In diesem ersten Nach-Kanzler-Jahr, das zu den unbeschwertesten Phasen seiner Karriere zählt, hat es bisweilen den Anschein, als fühle sich der Oldie vor allem in deutschlandpolitischen Fragen als die richtungweisende und letzte Instanz. In Interviews, die er damals noch reichlich gewährt, teilt er die Kollegen jedweder Couleur kategorisch in Freunde und Feinde der Wiedervereinigung ein, und besonders den «Wendehälsen» wirft er hohntriefend vor, sie verbuddelten jetzt «jede Menge Akten», um sich eilfertig den veränderten Verhältnissen anzubiedern.

Dass er sich im Gegensatz zu solchen in Ost und West anzutreffenden «schwankenden Gestalten» bloß in unwesentlichen Details korrigieren müsse, wird Kohl in der vermutlich weihevollsten Stunde seines Lebens von den denkbar glaubwürdigsten Zeugen bestätigt. Am 8. November 1999, dem Vorabend der Feierlichkeiten zum 10. Jahrestag des Mauerfalls, rühmen ihn die Chefarchitekten der Einheit, Michail Gorbatschow und George Bush, als praktisch gleichbedeutende historische Figur.

Auf einem vom Axel-Springer-Verlag organisierten «Erinnerungsgipfel» ist der Ritterschlag bei den Klängen des russischen Cellisten Mstislav Rostropovich womöglich das Highlight seiner Laufbahn – wie er bereits seit Beginn dieser Woche weiß, zugleich aber auch der Schlusspunkt eines über Monate hinweg anhaltenden Revivals. «Tief bestürzt» steht der «Mann im Licht» («FAZ») bald im Zentrum des Spendenskandals.

Dass Bonner Staatsanwälte gegen einen ehemaligen Kanzler wegen des dringenden Verdachts der Untreue ermitteln, hat es in der im Großen und Ganzen affärenarmen Bundesrepublik noch nie gegeben – und schon gar nicht die in einem atemberaubenden Tempo vollzogene Entscheidung der fassungslosen CDU-Führung, mit ihrem eben noch in den Himmel gehobenen Superstar zu brechen.

Statt zur Aufklärung des Sachverhalts beizutragen, entschließt sich der Delinquent wie beschrieben zu einer desaströsen Verteidigungsstrategie, die ihm einen niederschmetternden Imageverlust beschert. Der «Machtversessenheits-Kohl», kommentiert die Hamburger «Zeit», erdrücke den «Wiedervereinigungs-Helden», und um die Jahrtausendwende vergeht kaum ein Tag, an dem nicht vornehmlich aus den Reihen der CDU bittere Vorwürfe auf ihn einprasseln. Nach Wolfgang Schäuble und Angela Merkel fällt von Rainer Barzel über Norbert Blüm und Heiner

Geißler bis hin zu Rita Süssmuth fast die gesamte erste Garde über den mittlerweile vom Ehrenvorsitz zurückgetretenen Patriarchen her.

Ein Ex-Kanzler, wie der Jurist und christdemokratische Bundestagsabgeordnete Horst Eylmann analysiert, im «Zustand des permanenten Verfassungsbruchs» – das mögen ihm selbst die empörten Oggersheimer nicht nachsehen. So schmäht ihn die vorher stets auf Harmonie bedachte «Rheinpfalz» in einer Karikatur als Kaiser Nero, der das antike Rom abgefackelt und dabei der Sage nach elegische Lieder angestimmt hat, während der Brandstifter Kohl mit verklebtem Mund vor seiner Harfe hockt. «Sing' wenigstens!», fordert der Zeichner in einer erfrischend frechen Textzeile.

Pikiert betrachten die meisten Ludwigshafener ihren berühmten Lokalmatador plötzlich aus einer anderen Warte. Dass er laut Eintrag im Handelsregister des heimischen Amtsgerichts seit Februar 1999 als Alleingesellschafter einer Firma «Politik- und Strategieberatung P&S GmbH» vorsteht, deren Management in den Händen seines Sohnes Walter liegt, kriegt nun unvermittelt einen gewissen Beigeschmack. Die von ihm in finanziellen Angelegenheiten ständig angemahnte «äußerste Pingeligkeit», vermuten sogar viele seiner Fans, indem sie deutlich verunsichert auf eine Mitgliedschaft ihres prominenten Vorbilds im internationalen Beirat der Schweizer Großbank «Credit Suisse» reagieren, habe für ihn selbst vielleicht nicht in allen Fällen gegolten.

Und mit ähnlich nagenden Zweifeln wird in seinem Umfeld auch über einen offenkundig aus den schwarzen Kassen gespeisten Transfer von 100 000 Mark debattiert, die der Bundestagsabgeordnete Helmut Kohl 1998 per Boten bei der Kreisgeschäftsstelle seiner CDU in Ludwigshafen abliefern ließ. Die Nonchalance, eine von ihm so bezeichnete «Sonderzuwendung» ungeniert an die eigene Adresse zu schicken, um sich aus diesem Topf für die

Wahlkampagne 1998 zu bedienen, hält man zumindest für leicht anrüchig.

Soll der große Zampano also ruhig ein bisschen vom hohen Ross heruntergeholt werden. Eine persönliche Bereicherung ist das zwar noch nicht, aber der in Oggersheim herrschende nüchterne Bürgersinn geht zu solchen Methoden couragiert auf Distanz, und der gekränkte Altkanzler zieht daraus die Konsequenzen. In Lokalen wie dem «Goldenen Stern», die er früher gerne aufgesucht und wo er noch kurz vor der Spendenaffäre eine gewaltige Schlachtplatte verzehrt hat, bleibt er monatelang verschollen. Kehrt er von Berlin aus nach Hause zurück, steuert der Chauffeur seine nur einige Minuten vom Autobahnkreuz entfernt liegende Betonburg unter Umgehung des Ortskerns an.

In den Wochen rund um den 3. April 2000, seinem 70. Geburtstag, fühlt sich der Jubilar «wie Freiwild» gehetzt. Weil ihn Scharen von Fotoreportern sowohl vor seinem Hauptstadtbüro als auch daheim bis in die tiefen Nachtstunden hinein verfolgen, lässt er eine ursprünglich geplante Fete kurzerhand stornieren. Mit kleinster Entourage setzt er sich dafür auf verschlungenen Pfaden ins Elsass ab, wo er bei einer ausgedehnten Waldwanderung seinen abrupten Sturz ins Elend reflektiert.

Viel anzulasten hat er sich aber nicht, sondern wertet die Ächtung, der er sich ausgesetzt sieht, als das Resultat von blankem Hass. «Ist Helmut Kohl ein Jude?», fragt derweilen in der «Stuttgarter Zeitung» einer der wenigen ihm verbliebenen Getreuen, der Ludwigshafener Dekan Erich Ramstetter, und erinnert sich aufgebracht an die Exzesse der Nazis.

Die vermeintliche Niedertracht, ihn – eine «Figur der Zeitgeschichte» – systematisch als «Unperson» zu verunglimpfen, tut dem empfindsamen Kanzler a. D. an diesem Ehrentag besonders weh. Sofern man späteren Veröffentlichungen glauben darf, phantasiert er sich da verbittert in die Qualen eines waidwund geschossenen «Löwen» hinein, dem die widerwärtigen Häscher noch «einen letzten Tritt» verpassen. Man wolle, so der verfemte Kohl in seiner schäumend-larmoyanten Metaphorik, dabei nur dem «Leichengeruch» nicht zu nahe kommen.

Aber solche triefenden Bilder verflüchtigen sich dann auch wieder. Wer wisse, zu welcher Kampfkraft er gerade in «angeschlagenem Zustand» fähig sei, warnt der in Wahrheit immer noch höchst vitale «Oldtimer», möge sich hüten – und diese Abwehrbereitschaft stellt er bald unter Beweis. Als der Sonderermittler der amtierenden Koalition, der einstige FDP-Abgeordnete Burkhard Hirsch, im Sommer den Vorwurf erhebt, kurz vor dem Machtwechsel seien in der Regierungszentrale massenhaft Akten verschwunden, geht er auf gewohnte Art zum Gegenangriff über.

Der mit dem Befund verknüpfte schwerwiegende Verdacht, der Strippenzieher Kohl könne etwa bei der Veräußerung von Spürpanzern an Saudi-Arabien oder dem Verkauf der Leuna-Werke bestechlich gewesen sein – weshalb er am Ende seiner Ära die Vernichtung entsprechender Datensätze angeordnet habe –, treibt ihn wutentbrannt auf die Barrikaden. Vor einem vom Parlament eingesetzten Untersuchungsausschuss, der den gesamten Komplex möglicher Verfehlungen zu durchleuchten versucht, stilisiert sich der mutmaßliche Täter mit breiter Brust zum Ankläger.

Wohin sein Auge blickt, sieht er sich in einer «hysterischen Mediengesellschaft» von «rot-grünen Verleumdern» umstellt und willkürlich «zum Kriminellen gestempelt».

Zugleich macht er aber auch vor den eigenen Leuten nicht halt. Ehemalige Weggefährten wie Heiner Geißler, Norbert Blüm oder Richard von Weizsäcker, die in Anlehnung an Angela Merkel ihre Partei zur Emanzipation vom patriarchalischen «System K.» auffordern, nennt er feindselig «Putschisten». Seine besondere Verachtung gilt dem mittlerweile in Sachsen regierenden und von ihm ironisch als «scharfsinniger Analytiker» verspotteten Kurt Biedenkopf, der bereits in den Siebzigern gegen ihn konspiriert habe.

Dass Undank der Welten Lohn ist – «die Hand, die segnet, wird gebissen», hat dem kleinen Helle einst schon die Mutter beigebracht –, verdichtet sich für den alten Kohl in diesem denkwürdigen Jahr 2000 zur alles überragenden Erkenntnis. Sind nicht jene, die ihn jetzt lustvoll ans Kreuz schlagen möchten, allesamt von ihm gefördert worden?

So tief ihn das alles trifft, was die vormaligen Freunde gegen ihn ins Feld führen, so eindrucksvoll fühlt er sich in seiner prinzipiellen Einschätzung bestätigt: Politik, weiß er von Kindesbeinen an, ist im Kern auch ein Synonym für Kampf, und den will er nun entschlossen aufnehmen. Das Geständnis, mit der Einrichtung schwarzer Kassen einen «bedauerlichen Fehler» begangen zu haben, soll ihn nicht daran hindern, einer «Kampagne» energisch die Stirn zu bieten. Wer sich zum Ziel setze, «dass ich aus der Geschichte verschwinde», tönt er im Untersuchungsausschuss siegesgewiss, werde sich gründlich verheben.

Denn schließlich gibt es zu seinem Glück ja noch immer die vielen Leute «draußen im Lande», die seine Mannhaftigkeit, wie er stolz registriert, mit einer wahren Flut an ermutigenden Briefen honorieren – und dann vor allem die Großen seiner Zunft! Bei Berlin-Besuchen bestehen sowohl die Staatspräsidenten Russlands und Frankreichs, Wladimir Putin und Jacques Chirac, als auch Chinas Regierungschef Zhu Rongji darauf, den berühmten Kollegen zur Erörterung der internationalen Lage zu treffen. Was daheim gegen ihn eingewendet werden mag, schert sie nicht.

Und in der Tat: Dieses Gefälle zwischen fortdauernder Weltgeltung und zunehmender Ausgrenzung in Deutschland lässt die «Causa Kohl» fast ein bisschen unwirklich erscheinen. Während zu Hause die höchsten politischen Repräsentanten darin übereinstimmen, dass der von den Ermittlungsbehörden verfolgte

Christdemokrat zum 10. Jahrestag der Einheit unmöglich als Festredner auftreten könne, preisen ihn etwa die Ungarn als «zweiten Staatsgründer» seiner Republik. Weil er für sie in einer Reihe mit Bismarck und Adenauer steht, wird ihm in Budapest feierlich eine sogenannte «Millenniums-Medaille» um den Hals gehängt.

Bei so viel Anerkennung ist es kaum verwunderlich, wenn der gesalbte Altkanzler seinen Prestigeverlust im eigenen Lande vornehmlich finsteren Mächten und einer bewussten Desinformationsstrategie zuschreibt. Um diesen «Aufklärern», wie er sie herablassend tituliert, mit einer historisch seriösen Darstellung das Deutungsmonopol streitig zu machen, geht er unverzüglich in die Offensive. Memoiren hat der schriftstellerisch wenig interessierte Pensionär eigentlich nie verfassen wollen – aber nun, da ihm Vertraute zutragen, der ebenfalls an der Spendenaffäre gescheiterte Wolfgang Schäuble sitze selbst über einem Manuskript, gilt der Schwur nicht mehr.

In einem Schnellschuss kommt im November 2000 zunächst jenes «Tagebuch» auf den Markt, das die Ereignisse seit seiner Abwahl im Herbst 1998 in Form eines Journals erzählt – ein in erster Linie der Verteidigung dienender literarischer Kunstgriff. In Wirklichkeit nämlich ist, was Kohl unter dem jeweiligen Datum als angeblich spontan zu Papier gebrachte Gefühle und Reflexionen offeriert, von vornherein auf einen Sinnzusammenhang ausgerichtet, der sein Verhalten plausibel erscheinen lassen soll. Die Motive anderer werden dagegen nahezu ausnahmslos als unlauter entlarvt.

«Selbstgerechtigkeit», teilt er gleich im Vorwort mit, sei nicht seine Sache, aber dann langt er doch mit besonderem Eifer hin. Neben den akribisch aufgelisteten Ordensverleihungen zieht sich der Hass auf missliebige Parteifreunde wie ein roter Faden durch das Werk. Dass er dabei nicht davor zurückschreckt, dem vormaligen Bundespräsidenten Richard von Weizsäcker einmal mehr rüde an den Karren zu fahren – der schalte «sein Gedächtnis völlig aus», wenn er sich unter Bezug auf ihn über Abhängigkeiten und Seilschaften verbreite –, zeigt den Grad seiner Erregung an.

Im Grunde ist das Opus, das Kohl dem fleißigen «Mittun» mehrerer «Mitarbeiter und Mitarbeiterinnen» und vorweg seinem Sohn Walter verdankt, eine einzige Rechtfertigungssuada. In der leidigen Spendengeschichte, erfährt der Leser eher beiläufig, habe er natürlich nicht alles richtig gemacht, aber das eigentliche Problem werde davon kaum berührt – und das sei nun mal die Frage der «Ehre». Darf man einen Menschen, der bei anderen im Wort steht, forscht der Altkanzler, zur Preisgabe seiner verfassungsrechtlich geschützten «Würde» zwingen?

Die Antwort ergibt sich für Kohl von selbst, und die von ihm daraus abgeleitete Maxime, die Wahrung seiner Integrität auch den «Mitbürgern» schuldig zu sein, stößt im Volk keineswegs nur auf Ablehnung. Bereits bei der Präsentation seines Elaborats, das die «Neue Zürcher Zeitung» als «Apologie eines Gekränkten» rezensiert, umringen ihn 400 Journalisten. Das Buch wird binnen kurzem zum Bestseller, und der Autor ist wieder ein Star. Zum Tag der Einheit hat er zwar nicht reden dürfen, aber als er am 19. Dezember 2000, elf Jahre nach seinem ersten Auftritt, vor der Dresdener Frauenkirche an die Stunde des Durchbruchs zur Wiedervereinigung erinnert, feiern ihn Tausende mit Sprechchören.

DER SCHICKSALSSCHLAG

Ein zweites weites Feld, das der konfliktfreudige Veteran schon seit Sommer beackert, ist der Umgang mit den Stasi-Akten. Vor allem eine Frage treibt ihn um: Wie weit darf ein Gesetz, das während der konservativ-liberalen Regentschaft zur Bewältigung des DDR-Unrechts verabschiedet wurde (und damit auch Kohls Unterschrift trägt), in seinem eigenen Fall angewendet werden? Als Praxis gilt bis dahin, dass die in der Gauck-Behörde verwahrten Unterlagen prominenter «Personen der Zeitgeschichte» – sofern sie nicht deren Privatsphäre verletzen – nach Einsicht durch die Betroffenen von Journalisten und Wissenschaftlern genutzt werden können.

Der Ex-Kanzler hat von Anfang an schwere Bedenken, und die verstärken sich, als er im September erstmals einen Teil jener Tonbandmitschnitte und Spitzelpapiere, die im Lauf seiner Regierungsjahre von Erich Mielkes Staatssicherheitsdienst fabriziert worden sind, in Händen hält. Wie er danach selbst erzählt, stößt er unter anderem auf ein Konvolut über zwei private Reisen in die DDR, eine vom «IM Sekretär» Manfred Stolpe angefertigte «Charakterstudie» und einige aus den frühen Achtzigern stammende «herablassende» Bemerkungen Richard von Weizsäckers.

Besonders ertragreich sind diese Notizen offenbar nicht; sie geben, wie Kohl lässig zugesteht, «die üblichen Quatschereien aus den Reihen von Parteigrößen der CDU über mich» wieder. Und dennoch legt er sich nun entschieden quer. Vor allem die auf Lauschangriffen basierenden und normalerweise unverfälschten Niederschriften seiner Telefonate, die einen Einblick in seinen Führungsstil und Umgang mit Menschen bieten könnten, sollen um keinen Preis in die Öffentlichkeit gelangen.

Immerhin gehört zu den Funden auch ein «Zielkontrollauftrag», in dessen Rahmen der damalige christdemokratische Schatzmeister Walther Leisler Kiep unter dem Aspekt «finanzieller Zuwendungen von Firmen für die CDU» ins Visier der Schnüffler geriet – und mehr: Dass seine Behörde tatsächlich «das eine oder andere pikante Detail» erfahren habe, hat der langjährige Leiter der Funkaufklärung in der Stasi-Hauptabteilung III, Horst Männchen, bereits bei seiner Vernehmung bestätigt. Kohl hält es deshalb aus solchen, aber auch aus grundsätzlichen Erwägungen für «völlig inakzeptabel», die Ergüsse einer «verbrecherischen Institution» auf den Markt zu bringen, und droht, «wenn nötig, bis zum Bundesverfassungsgericht» zu gehen.

Obwohl er in seiner Regierungszeit die Anwendung des Gesetzes nie problematisierte, sondern erst als Kläger auftrat, als der Untersuchungsausschuss vorübergehend erwog, auch Stasi-Material als Beweismittel heranzuziehen, folgt das Berliner Verwaltungsgericht am 4. Juli 2001 seinen Argumenten. Opferschutz geht von nun an vor; die Herausgabe rechtswidrig angelegter Akten ist mit sofortiger Wirkung verboten.

Helmut Kohl zeigt sich darüber so erfreut, dass er den Sieg nicht allein genießen will. Am Abend sitzt er in einem Berliner Restaurant lange mit seinen Anwälten beim Essen und ruft am folgenden Morgen schon früh den ehemaligen Medienberater Eduard Ackermann an. Was denn die Zeitungen so schrieben, möchte er aufgekratzt wissen, um dann ahnungslos ins Bundestagsplenum zu entschwinden – wo ihn kurz darauf eine Schreckensnachricht erreicht.

Seine Frau hat sich in dieser Nacht, in der der wiedererstarkte Staatsmann a. D. einen Urteilsspruch mit weitreichenden Konsequenzen feiert, im heimischen Oggersheim das Leben genommen. Abschiedsbriefe belegen, dass es sich um einen sorgfältig geplanten Suizid durch eine Überdosis Tabletten handelt, eine Verzweiflungstat nach jahrelang tapfer erduldeten Qualen.

Der Freitod der Diplom-Dolmetscherin Hannelore Kohl, die damit den Kampf gegen eine sich ständig verschlimmernde Lichtallergie verlor, wächst sich unversehens zum Drama aus. Vermeintliche Enthüllungsstorys erwecken den Eindruck, der egomanisch auf die eigenen Interessen fixierte Ehemann trage aufgrund seiner ständigen Abwesenheit eine gehörige Portion Mitschuld an ihrem Ende – und noch Jahre später versteigt sich sogar der Bundestagsvizepräsident Wolfgang Thierse zu einem Vorwurf, der die Öffentlichkeit erregt: Der Altkanzler, rügt der Sozialdemokrat, habe seine Frau daheim «im Dunkeln» sitzenlassen.

Genährt werden solche «bösartigen Parolen», wie es der mit den Kohls befreundete Historiker Theo Schwarzmüller ausdrückt, zum Teil von der Verstorbenen selbst. Mehrere Interviews stützen die Annahme, dass sie über die Krankheit hinaus auch an den Lebensumständen einer First Lady litt, die den Karrieresprüngen ihres in die Macht verliebten Partners kaum etwas abzugewinnen vermochte. Ihre Klagen, sich häufig «mutterseelenallein» gefühlt und vor Einsamkeit «in die Kissen gebissen» zu haben, sind bei allen Übertreibungen keine Medienerfindung.

Denn sosehr die Wertewelt der Familie gerade in der Programmatik des Christdemokraten Helmut Kohl zum Kernbestand seiner Botschaften gehört, so unerfüllt bleiben die Träume der Gefährtin. Schon mit dem Wechsel des Jungparlamentariers nach Mainz führt man in Oggersheim bestenfalls eine Wochenendehe, und je weiter der Politprofi vorankommt, desto auffälliger sind die Defizite im Privaten. Mit sechsunddreißig bereits «Landesmutter», sieht sich die stets loyale Ehefrau des jüngsten deutschen Ministerpräsidenten im Wesentlichen auf die Erziehung ihrer beiden Söhne Walter und Peter reduziert – eine Aufgabe, die ihr wichtiger ist als alles andere. In den «ewigen Zeiten» seiner Kanzlerschaft, die sie so wenig wie die Ämter davor gewollt hat, hält sie sich fügsam in seinem Schatten.

Während er im Zuge der Einheit zum Riesenstaatsmann aufsteigt, klammert sie sich an ihre Stiftung, die Unfallopfern mit Schäden des zentralen Nervensystems hilft, und dient im Übrigen – wie die britische Publizistin Patricia Clough in einer Biographie schreibt – diszipliniert seinen «Zwecken». Ihre Bereitschaft und ihr Talent, sich schwierigen Verhältnissen anzuverwandeln, geht dabei so weit, dass sie selbst die angebliche

«Symbiose» zwischen ihrem Mann und dessen Büroleiterin Juliane Weber auf die denkbar entsagungsvollste Art begleitet: Sie erklärt die mit einem Anwalt verheiratete Chefsekretärin zur «liebsten Freundin».

Die Lichtallergie der Hannelore Kohl, eine Penizillin-Unverträglichkeit, macht sich zum ersten Mal 1968 bemerkbar, um dann fünfundzwanzig Jahre später mit voller Wucht aufzubrechen. Von da ab wehrt sich ihr Körper auch gegen Wärme – eine Funktionsstörung, deren Folgen grausam sind. In der ohnehin schon von Sicherheitsbeamten umstellten Villa müssen ständig die Rollos heruntergelassen werden, und im Inneren des Hauses sorgt eine Klimaanlage rund um die Uhr für die nötige Kühle. Ein Aufenthalt im Freien ist bald nur noch bei Dunkelheit möglich.

Ihre letzten Monate fallen in eine Zeit, in der sich der Ehemann aus seiner misslichen Lage peu à peu befreit. Insbesondere der Beschluss des Bonner Landgerichts, einer Einstellung des Ermittlungsverfahrens zuzustimmen und ihm damit eine Vorstrafe zu ersparen, stabilisiert seine Psyche. Dass im Frühling 2001 nicht er, sondern der Sozialdemokrat Gerhard Schröder in das neue und von ihm, Kohl, praktisch im Alleingang konzipierte Kanzleramt am Berliner Spreebogen einzieht, lässt sich so leichter verkraften.

Darüber hinaus ist es zunächst einmal ein familiäres Ereignis, das den Altkanzler ersichtlich beflügelt. Ende Mai heiratet in Istanbul sein jüngerer Sohn Peter die türkische Industriellen-Tochter Elif Sözen, und da die Mutter des Bräutigams ihrer Krankheit wegen nicht reisen kann, konzentrieren sich die Medien ganz auf den anwesenden Vater. Nach der langen Kette ausnahmslos negativer Schlagzeilen kommt die christlich-muslimische Liaison, die mit einer Sondergenehmigung der katholischen Kirche und dem Segen von Hausfreund Monsignore Erich Ramstetter vollzogen wird, seinem Image durchaus zustatten.

Aus der Warte Kohls scheinen sich die tristen Zeiten der Ächtung jedenfalls zu verflüchtigen – und wenn sie denn irgendwann auf ihn überhaupt Eindruck gemacht haben sollten, ist davon spätestens im Juni nichts mehr zu spüren. Als in Berlin der konservative Regierende Bürgermeister Eberhard Diepgen einem Bankenskandal zum Opfer fällt und nach einem rotgrünen Übergangssenat der wiedervereinigten Hauptstadt eine SPD-PDS-Herrschaft droht, reicht es dem wütenden «Kampf-Elefanten»: Um diese «zutiefst beschämende» Entwicklung zu stoppen, kündigt er auf einer Pressekonferenz kurzerhand sein Comeback an.

In dem für ihn nun unvermeidlichen Feldzug «gegen die rotlackierten Faschisten» will er an vorderster Front Flagge zeigen – aber damit hat es sich noch nicht. Da er weiß, dass die Parteichefin Angela Merkel seinen ehemaligen Kompagnon Wolfgang Schäuble in das prestigeträchtige Amt hieven möchte, bringt er als Spitzenkandidaten demonstrativ einen selbst vor Ort weitgehend unbekannten jungen Kollegen namens Frank Steffel ins Spiel, und die Chuzpe macht sich bezahlt: Der Mann im Rollstuhl, der im Verhältnis zu seinem früheren Herrn einen schwer begreifbaren Minderwertigkeitskomplex nicht abzulegen vermag, beugt sich dem Kalkül des rachsüchtigen Patriarchen.

Von Ruhestand keine Spur. Souverän, als sei die CDU in Anbetracht seines Führungsstils nie an ihm verzweifelt, zieht der 71-jährige «Oldtimer», wie er sich gerne nennt, von seinem Abgeordnetenbüro aus die Fäden. Dass er sich dabei immer noch als Dreh- und Angelpunkt empfindet, beweist allein schon die schwarz-rot-goldene Fahne, die er hinter dem Schreibtisch aufgepflanzt hat. Sein zunehmend heroisches Selbstbild verlangt nach solcher Zurschaustellung. Ein erster Schritt auf dem Wege, sich wieder verstärkt mit richtungweisender, praller Symbolpolitik unentbehrlich zu machen, ist für ihn das enorme öffentliche

Echo auf seinen Entschluss, das gefährdete Berlin vor den Kommunisten retten zu wollen.

Und wenige Wochen später verschafft ihm das Urteil in Sachen Stasi nicht nur persönliche Genugtuung – es wird mit Bedacht in seinen Freiheitskampf gegen die fortwirkenden Mechanismen der Knechtschaft einbezogen. Der Vorwurf seiner Kritiker, der Justiz ein im Wesentlichen auf den eigenen Nutzen zugeschnittenes Sonderrecht abgepresst zu haben – eine Interpretation, die er bezeichnenderweise nahezu ausschließlich im linken Spektrum angesiedelt sieht –, trifft ihn deshalb kaum. Die Hochstimmung, in der er noch anderntags im Parlament erscheint, ähnelt jener nach gewonnenen Wahlschlachten.

Aber in diesem Augenblick kommt der niederschmetternde Telefonanruf aus Ludwigshafen.

Wie aus einigen Passagen ihrer Abschiedsbriefe hervorgeht, mit deren Freigabe der plötzlich zum Witwer gewordene Helmut Kohl «unwürdigen Spekulationen» entgegentritt, ist seine 68-jährige Frau in einem bewundernswert klaren Bewusstsein ihrer «Perspektivlosigkeit» gestorben. Noch in den einsamsten Stunden bringt sie die Disziplin auf, die Akzeptanz der unheilbaren Krankheit mit einem Trost für ihre Familie zu verbinden. «Ich danke Dir für ein Leben mit Dir und an Deiner Seite – voller Ereignisse, Liebe, Glück und Zufriedenheit», versichert sie ihrem Mann, um dann allem voran seine «Kraft» zu rühmen: «Möge sie Dir erhalten bleiben. Du hast noch viel zu tun.»

Und er gibt ihr nach 53 Jahren Gemeinsamkeit auf seine Art die Ehre. Obwohl sie nie einen Hehl daraus gemacht hat, eine überzeugte Protestantin zu sein, wird sie im Anschluss an eine Trauerfeier in Kohls Speyerer Lieblingsdom wie selbstverständlich nach katholischem Ritus begraben – eine dreiste Vereinnahmung, die abermals die Gemüter erregt. «Nicht mal im Tod», klagt im Hamburger «Stern» mit der Leserbriefschreiberin Barbara Scheel sogar die Frau eines früheren Bundespräsidenten, «durfte sie aus dem Schatten des Macht- und Ich-Menschen heraustreten».

Immerhin scheint ihr Ableben den Drang des Altkanzlers, eine politische Renaissance vorzubereiten, deutlich zu bremsen, und zumindest, was das Berlin-Engagement anbelangt, bleibt ihm mit seinem vom Schicksal diktierten Verzicht eine deftige Blamage erspart. Bei den Wahlen zum Abgeordnetenhaus erleidet im Oktober nicht nur sein Favorit Frank Steffel eine verheerende Niederlage – unter der Regie des neuen sozialdemokratischen Stars Klaus Wowereit, der mit der Nachfolgepartei der ehemaligen SED einen Senat bildet, wird die Hauptstadt auch tiefrot.

Helmut Kohl, der sich als Opfer einer aus seiner Sicht widerwärtigen Kampagne fühlt, schränkt seine Kontakte zur Außenwelt nun immer stärker ein. Selbst als er im Juni 2002 in dem mehr als tausend Seiten umfassenden Abschlussbericht des Parlamentarischen Untersuchungsausschusses – vor allem aus Mangel an handfesten Beweisen – praktisch ungeschoren davonkommt, ist ihm dieses Ergebnis keinen Auftritt mehr wert.

«Krankhaft selbstverliebt», so der Gießener Psychoanalytiker Horst-Eberhard Richter, trägt er sein Los fortan in einer stillen, für den Rest seiner Abgeordnetentätigkeit manchmal etwas gespreizt wirkenden Würde und hüllt sich auch dann eisern in Schweigen, als er im September zum letzten Mal im Berliner Reichstag den Plenarsaal betritt. Die vorangegangenen Regierungschefs Willy Brandt und Helmut Schmidt haben aus diesem Anlass große und entsprechend bejubelte Reden gehalten – der Pfälzer stiehlt sich durch einen Hinterausgang davon.

Aber lange dauert es nicht, bis er ein weiteres Mal in Erklärungsnöte gerät. Im Zusammenhang mit einem seit April laufenden Insolvenzverfahren im Hause des Medienmoguls Leo Kirch wird bekannt, dass der publizistisch eher unbedarfte Politiker bestens dotiert auf dessen Payroll steht. Für seine Dienste als

Berater sollen ihm ab 1999 per annum 600 000 Mark an seine Oggersheimer Firma überwiesen worden sein – ein pikanter Nebenerwerb, den der Ex-Kanzler widerwillig bestätigt. Sein Berliner Büro legt allerdings Wert auf die Feststellung, dass er den Job erst nach seiner Kanzlerzeit angenommen und das Honorar im Übrigen ordnungsgemäß versteuert habe.

Mehr ist aus Kohl, der am Rande einer Benefizgala in Bonn die Fassung verliert, als ihn Journalisten in die Mangel zu nehmen versuchen, nicht herauszuholen. Der Kontrakt sei für ihn wichtig gewesen, um mit dem Geld den «Vaterlandsverrat» linker TV-Magazine zu bekämpfen, raunzt der Staatsmann a. D. vor laufenden Kameras und beharrt wie im Spendenfall auf der «unbedingten Wahrung von Vertraulichkeit».

Danach zieht sich der Witwer über längere Zeit fast wie ein Einsiedler zurück. Im einstigen Kinderzimmer seiner Söhne, das im Souterrain des Ludwigshafener Bungalows liegt, beginnt er bei Kunstlicht unter Mithilfe des pfälzischen Geschichtswissenschaftlers Theo Schwarzmüller und einiger Ghostwriter seine «Erinnerungen» zu diktieren. Zwischen 2003 und 2007 erzeugt das Team, das reichlich vorhandene Archivalien auswertet, einen gewaltigen, auf drei dicke Bände verteilten Output von mehr als 2500 Seiten. Und dennoch ist Kohl am Ende dieses Marathons erst beim zwölften seiner insgesamt sechzehn Regierungsjahre angelangt. Ein vierter Teil soll deshalb folgen.

Im Besitz der Vorabdruckrechte, dürfen ihm die «Bild»-Zeitung und die «Frankfurter Allgemeine» vor dem Erscheinen des ersten Buches einen Augenblick über die Schulter schauen, um ihre Leser danach mit dem einzigen zur Veröffentlichung freigegebenen Foto von der schlichten Dichterklause zu bedienen. Was man hier sehe, schreibt dazu der «FAZ»-Herausgeber Frank Schirrmacher, sei ein literargeschichtlich bedeutsames Dokument, das die «Inszenierungsverweigerung» des unprätentiösen Autors unterstreiche. Er nennt die Aufnahme emphatisch eine «erstaunliche Weitererzählung von Dürers Kupferstich ‹Hieronymus im Gehäus›, dem Urbild des abendländischen Intellektuellen».

Aber der Text löst den hohen Ton nur selten ein. Im Bewusstsein, eines der größten Ereignisse im zwanzigsten Jahrhundert mit seinem Namen verbinden zu können, liefert der Verfasser in den meisten Kapiteln eine von Selbstzweifeln freie Leistungsbilanz ab. Der von ihm gerne bezeugte Hang zur Demut schrumpft so häufig zur reinen Routine, und wer immer sich ihm im Lauf seines atemberaubenden Aufstiegs in den Weg gestellt hat, wird mit harten Bandagen bekämpft. Ihn, den Kanzler – wie es im Frühherbst 89 die Fronde um Heiner Geißler wagte –, «gerade nach den spektakulären Staatsbesuchen von George Bush und Michail Gorbatschow aus dem Amt jagen zu wollen», zürnt er noch siebzehn Jahre später in Band II, Seite 899, sei in dieser Blindwütigkeit einer «politischen Perversion» gleichgekommen.

Und noch schärfer geht er mit denen ins Gericht, die nach seinem Empfinden Legenden in die Welt setzen. Dass die SPD für sich in Anspruch nimmt, sie habe mit ihrer Entspannungsstrategie an der Wiedervereinigung Deutschlands kaum einen geringeren Anteil als er, bringt ihn ein über das andere Mal in Rage. Für ganz so unterbelichtet hält er sich nun doch nicht, um sich als angeblich «tumber Tor aus Oggersheim» von einer Partei, die er seinerseits locker bezichtigt, vor einem Zwangsregime zu Kreuze gekrochen zu sein, die eigenen Verdienste bestreiten zu lassen. Solange ihm der liebe Gott die Kraft dazu gibt, möchte er diesen «Geschichtsfälschern» energisch das Handwerk legen.

Als vorteilhaft erweist sich dabei, dass er die Biographie eines unbeugsamen Christdemokraten, der bereits von klein auf die Überwindung der Spaltung seines Vaterlands zum höchsten aller Ziele ernannt haben will, von ihrem Happy End her erzählen kann. In Zeiten, in denen er und «auch die Mafia der Journalisten in Hamburg» längst verblichen seien, gibt der Autor bei der Präsentation seiner Regierungsbilanz 1982 bis 1990 in Berlin behaglich zum Besten, werde irgendein Professor seinen Studenten auffordern, in einem Seminar zur deutschen Einheit zu arbeiten. Dann steige der junge Mann die Leiter zu den Bücherregalen hoch – «und dieses Bild erfreut mich».

Nein, dass ihm seine Erfolgsstory letztlich von niemandem kaputt gemacht werden kann, weiß er natürlich. Bei allem Entsetzen über die rechtswidrigen schwarzen Kassen und die verbiesterte Verweigerung, seine Spender zu enttarnen, darf sich Kohl kaum noch beklagen. In der Bevölkerung regt sich eine Bereitschaft, die historischen Meriten des Altkanzlers von den menschlichen Schwächen zu trennen, und zu seinem 75. Geburtstag, den er im April 2005 im engsten Familienkreis feiert, mag sich die CDU-Chefin Angela Merkel diesem Trend nicht verschließen: Ihrem einstigen Protektor, einem «der bedeutendsten Staatsmänner unseres Jahrhunderts», zollt sie in einer Grußbotschaft Respekt.

Während über den Finanzskandal nun immer seltener gesprochen wird, häufen sich in den folgenden Monaten die positiven Signale. Seine Heimatstadt Ludwigshafen traut sich, ihrem geächteten Sohn die Ehrenbürgerschaft anzutragen, und in der Partei gehört zu den Ersten, die sich seiner Qualitäten als Wahlkämpfer entsinnen, der Hamburger Bürgermeister Ole von Beust. «Kohl ist Kult», meldet die ortsansässige Wochenzeitung «Die Zeit» und berichtet erstaunt darüber, wie ihn insbesondere die Junge Union mit langanhaltenden «Ovationen» bedacht habe. Derweilen stößt Niedersachsens Ministerpräsident Christian Wulff eine Debatte darüber an, den «Architekten Europas» sogar für den Friedensnobelpreis vorzuschlagen.

Der Elder Statesman reagiert auf solche und ähnliche Initiativen, ihn Zug um Zug wieder in den christdemokratischen Familienverbund einzugliedern, mit äußerster Vorsicht. Da er nicht im Traum daran denkt, klein beizugeben, verlässt er seinen

Oggersheimer Kyffhäuser lediglich zu sorgsam ausgewählten und meistens privaten Terminen. Die letzte größere Kohl-Story, die in dieser Phase öffentliche Aufmerksamkeit erregt, datiert bereits von Weihnachten 2004, als er sich zu einer Ayurveda-Kur in Sri Lanka aufhält. Beim Frühstück kommt der Tsunami; der berühmte deutsche Patient und seine Begleitung entgehen der Katastrophe nur deshalb, weil sie mit einem Militärhubschrauber gerade noch rechtzeitig nach Colombo ausgeflogen werden.

Er habe sich an den Krieg erinnert gefühlt – «es sah aus wie nach einem schweren Bombenangriff» –, berichtet der aufgewühlte Veteran anschließend exklusiv und im Stil eines Reporters in der «Bild»-Zeitung. Springers Massenblatt, das ihm schon vorher wie kein zweites Publikationsorgan in der Bundesrepublik gewogen gewesen ist, wird von da an zur praktisch einzigen Quelle für alles, was Kohl der Öffentlichkeit mitteilen möchte. Schließlich sitzt dort mit dem Herausgeber und Chefredakteur Kai Diekmann ein Journalist an den Schalthebeln, dem er als einem der wenigen in dieser Branche Vertrauen schenkt.

Zu seiner Begleitung in Sri Lanka zählt neben dem Anwalt Stephan Holthoff-Pförtner und seinem langjährigen Chauffeur Eckard («Eki») Seeber auch eine Frau namens Maike Richter. Der Politrentner kennt die aus dem Siegerland stammende, um mehr als dreißig Jahre jüngere Ökonomin, die nach ihrer Dissertation im Bonner Wirtschaftsministerium arbeitet und danach ins Kanzleramt versetzt wird, bereits aus seiner aktiven Zeit. Im Verlauf der Spendenaffäre ergreift sie Partei für ihn und unterstützt den Witwer später bei der Niederschrift seiner Memoiren.

Ein paar Wochen nach dem glücklich überstandenen Seebeben outen sie sich als Paar. Helmut Kohl beruft sich dabei auf den Abschiedsbrief seiner verstorbenen Frau, die ihm dringend ans Herz gelegt habe, seine Tage nicht in Einsamkeit zu verbringen. Die neue Partnerin, segnet Monsignore Erich Ramstetter die Liaison gleichsam im Namen der Kirche ab, sei eine «kluge, charmante Gefährtin», die dem Freund in vielerlei Hinsicht behilflich sein könne, «wenn er allein in sein dunkles, kaltes Haus kommt».

Von da an bewegen sich die beiden so ungezwungen in der Öffentlichkeit, dass der nach Fotos gierenden Presse kaum noch für möglich gehaltene Schnappschüsse gelingen. In sich ruhend, wie lange nicht, sieht man den christdemokratischen Oldie etwa auf dem Frankfurter Opernball oder anderen Festivitäten, die er nun mehr als früher genießt, in der Manier eines Partylöwen mit Smoking und Fliege. «Gott sei Dank», bestätigt er den Tischnachbarn, sei ihm seine Lebensfreude wiedergeschenkt worden.

Die bedrückenden Zeiten, in denen er sich bestenfalls mal zu Spaziergängen im Maudacher Bruch oder Fahrten ins Elsass aus dem Haus traute, scheint er da endgültig hinter sich gelassen zu haben. Zwischen 2005 und 2007 darf sich der Ex-Kanzler vom «Innovationspreis der deutschen Wirtschaft» bis zum «Preis für Verständigung und Toleranz», den ihm das Jüdische Museum überreicht, die Ehrungen aussuchen, und auch sonst ist er meistens ein gerngesehener Gast. Auf einem Jugendkongress suggeriert er den Teilnehmern im Leipziger Gewandhaus, sie seien die «seit langem glücklichste Generation», und im Berliner Bendlerblock ergreift er das Wort, um beim Gelöbnis von Bundeswehrrekruten die Widerständler vom 20. Juni zu würdigen.

Dazwischen arbeitet Kohl unermüdlich am dritten Teil seiner Memoiren. Der umfasst die Jahre von 1990 bis 1994, das Kernstück seiner Regierungstätigkeit, und als er das Werk vollendet hat, umlagern ihn wieder Scharen von Journalisten. Der immer noch stark übergewichtige und zunehmend kurzatmige Autobiograph, der außerdem unter den Folgen einer Implantation künstlicher Kniegelenke leidet, zieht auf die gewohnte Art alle Register. Die üblichen Spitzen gegen Sozialdemokraten und ungeliebte eigene Parteifreunde fehlen dabei ebenso wenig wie unter dem Oberbegriff «Bedenkenträger und Miesmacher» die obligatorischen lästerlichen Bemerkungen über die Medien.

Und dennoch hört es sich zugleich ein bisschen so an, als sei ihm eine bis dahin unbekannte innere Gelassenheit zugewachsen. Ob die Geschichtsschreiber seine Retrospektive auf die ersten Jahre des wiedervereinigten Landes gelungen fänden, sagt Kohl überraschend versöhnlich, liege allein in deren Ermessen. Was aber die Menschen anbetreffe, schiebt er dann umso selbstbewusster hinterher, sei die Entscheidung längst gefallen: «Sie brauchen ja nur mit mir durch die Straßen zu gehen.»

DER ALTE STEUERMANN

Soll sich, wer unbedingt möchte, also das Maul über ihn zerreißen. Bei aller Bereitschaft zum Eingeständnis, dass auch ihm in Anbetracht eines fehlenden Masterplans für die deutsche Einheit da und dort einiges danebengegangen sei, sieht er zur schamhaften politischen Enthaltsamkeit keinen Grund, sondern meldet sich zielbewusst wieder zurück. Nachdem er zuvor bereits seinen Freund, den ehemaligen EU-Kommissionspräsidenten Romano Prodi, offiziell im italienischen Parlamentswahlkampf unterstützt hat, springt er im Januar 2008 dem hessischen Regierungschef Roland Koch bei, der sich in eine unselige Debatte über die Kriminalität jugendlicher Ausländer verstrickt hat.

Doch schon wenige Wochen später wirft ihn ein schwerer Unfall aus der Bahn. Der mit seinen lädierten Knien gehbehinderte Helmut Kohl stürzt daheim so unglücklich, dass er ein kompliziertes Schädel-Hirn-Trauma erleidet und über Stunden hinweg allein auf dem Boden liegen bleibt. Obgleich er noch in derselben Nacht in der Uni-Klinik Heidelberg operiert wird, schwebt er bei zeitweiligem Sprachverlust anfangs in akuter Lebensgefahr.

Ein knappes Vierteljahr lang plagt sich die CDU mit der

Frage einer angemessenen Reaktion für den äußersten Ernstfall, und die Gerüchte über den schlechten Gesundheitszustand des alten Steuermanns wollen selbst dann nicht verstummen, als die «Bild»-Zeitung mit einem neuen, aufsehenerregenden Scoop die Schlagzeilen bestimmt: In der Kapelle eines Reha-Zentrums hat der Witwer Kohl seine Maike Richter geheiratet – das Blatt weiß es deshalb so genau, weil neben dem greisen Spezi Leo Kirch der Chefredakteur Kai Diekmann als Trauzeuge aufgetreten ist.

Das karge Zeremoniell, das wiederum von Erich Ramstetter gemanagt wird, findet im denkbar kleinsten Kreis statt. Die Söhne sind nicht eingeladen worden – eine Entscheidung, über die später der ältere Walter in einem Interview mit der «Bunten» sein «Befremden» zum Ausdruck bringt –, und auch sonst scheint sich der nun im Rollstuhl sitzende Patriarch ganz der veränderten Lage anzupassen. In seiner Nähe werden weder Juliane Weber noch Eki Seeber, sein «Majordomus für alles», oder der eigentlich unverzichtbare Medienberater Eduard Ackermann gesichtet.

Stattdessen kommen aus dem Hause des ehemaligen Regierungschefs nur noch wenig spektakuläre Nachrichten. Mal erbost sich der Staatsmann a. D., dass er angeblich ungefragt in ein Berliner Wachsfigurenkabinett geraten sei, mal kritisiert er den Vorstand der Stiftung seiner verstorbenen Frau Hannelore, um danach die Aufsicht über deren Lebenswerk an seine Söhne abzutreten.

Andererseits berufen sich Springer-Blätter auf Kohls «Umgebung», der zufolge der Rekonvaleszent gute Genesungsfortschritte mache. Er lese regelmäßig Zeitungen, verfolge im Fernsehen vor allem Nachrichtensendungen und hänge wie eh und je ausgiebig am Telefon. Internationale Entwicklungen interessierten ihn mehr als «Kleinigkeiten der Innenpolitik»; seine Artikulationsprobleme seien «fast verschwunden», und er wirke «hochkonzentriert».

Darüber hinaus zeigt er sich auch wieder zur Denkmalspflege

bereit. Wie seine wichtigsten Partner auf dem Wege zur deutschen Einheit, George Bush sen. und Michail Gorbatschow, wird der Altkanzler mit dem «Bild-Osgar» dekoriert – eine Trophäe, die er aus den Händen des Trauzeugen Kai Diekmann in seiner Privatwohnung in Oggersheim entgegennimmt. Am Vorabend seines 79. Geburtstags kündigte er sogar mutig an, dass er im November 2009 bei den Jubiläumsveranstaltungen zum Fall der Mauer «in die Öffentlichkeit» zurückkehrt.

Für eine zunehmende Bunkermentalität gibt es jedenfalls kaum Indizien. Vielmehr darf Kohls Verlautbarungsorgan den Lesern berichten, dass der Patient in seinem Refugium «ausgewählte Freunde» empfängt – etwa mit dem Verteidigungsminister Franz-Josef Jung oder Jürgen Rüttgers zwei in der CDU nicht ganz unwichtige Figuren. Erwünscht sind aber auch «Ehemalige» wie Bernhard Vogel oder von der FDP sein früherer Außenamtschef Klaus Kinkel. Besondere Aufmerksamkeit widmet der Gastgeber dem Vorsitzenden der Jungen Union, Philipp Missfelder, der unter den Christdemokraten bereits als «Enkel» gehandelt wird.

Deshalb von einem Revival des «ewigen Kanzlers» zu sprechen, wäre wohl übertrieben, aber die Wahrscheinlichkeit, dass sich allmählich ein veränderter Blick auf ihn durchsetzen könnte, findet nun immer öfter Nahrung. So lobt ihn von den ehedem schärfsten Gegnern zum Beispiel der Grüne Jürgen Trittin in der «Osnabrücker Zeitung»: Möglich sei die Einheit nur geworden, weil Kohl «das Machtvakuum nach dem Zusammenbruch des DDR-Regimes für seine Gestaltung der Wiedervereinigung genutzt» habe, um anschließend das neue Deutschland «unverbrüchlich» in Europa einzubinden. «Ohne den Pfälzer», erkennt selbst Oskar Lafontaine an, «hätte es den Euro nicht gegeben.»

Kritischer sieht man ihn dagegen erstaunlicherweise in Kreisen der Union. Über die Spendenaffäre, monieren auch ehemalige Vertraute, seien beim Elder Statesman Helmut Kohl die von

Anfang an deutlichen «intellektuellen Defizite» in Vergessenheit geraten. Zu den «großen Fragen der Zeit» habe er – anders als seine Vorgänger von der SPD – nie etwas zu sagen gehabt, sondern sich ausschließlich damit begnügt, seinen persönlichen Ruhm zu mehren.

Es werde immer einsamer um ihn – er tue ihm «im Grunde jetzt fast leid», verrät in diesem Zusammenhang der einzige frei gewählte Regierungschef der DDR und Antipode des Einheitskanzlers, Lothar de Maizière, in einem Interview mit «Cicero». Die Ära Kohls, bekräftigt der Historiker, CDU-Insider und vormalige RCDS-Vorsitzende Gerd Langguth, wirke «aus heutiger Sicht schon seltsam historisch … von der Aura der Kraft, die ihn einstmals umgab, ist nicht mal ein blasser Abglanz erhalten».

In die meisten – und in der Mehrzahl ambivalenten – Gefühle, die die christdemokratischen Parteigänger für ihre einstige Lichtgestalt aufbringen, fließt sein erster öffentlicher Termin nach dem Unfall ein. Im Mai 2009 wird er im Stuttgarter Stadtschloss mit dem «Hanns-Martin-Schleyer-Preis» ausgezeichnet, und als er da hinfällig, maskenhaft starr und zeitweise leicht entrückt in seinem Rollstuhl kauert, schlägt die Neugier auf ihn in Betroffenheit um. Dass er dem vor gut dreißig Jahren ermordeten Mitstreiter und prominentesten Opfer des RAF-Terrors aus Gründen der Staatsräson damals die Hilfe verweigern musste, scheint ihn immer noch zu beschweren. Freundschaft, sagt er in seiner fünfminütigen Dankesrede, erfülle sich nur dann, «wenn sie bis ins Innerste unserer Seelen und Herzen funktioniert».

Der Laudator, Luxemburgs Premier Jean-Claude Juncker, vergleicht den früheren Kollegen mit Konrad Adenauer und Winston Churchill – und die «Welt» nennt den bewegenden Auftritt pathetisch «Kohls Rückkehr in das Gedächtnis der Deutschen». Es sei schon «gespenstisch», tadelt der augenscheinlich äußerst beeindruckte Berichterstatter andererseits, «dass seine

Abwesenheit bisher offenbar kaum vermisst» worden sei, während der Vorgänger Helmut Schmidt heute «fast kultisch verehrt» werde.

Aber in dieser eindeutigen Form lässt sich das gar nicht behaupten. Bereits seit Februar weiß man, dass der Kanzler der Einheit zumindest in puncto «Wichtigkeit» keine Konkurrenz zu fürchten hat. Unter den «prägenden Köpfen der Nation» steht er, wie sich aus einer im Auftrag der Zeitschrift «Spiegel Geschichte» ermittelten und als repräsentativ geltenden Umfrage ergibt, an erster Stelle.

Grund genug für die CDU und Angela Merkel, zum Auftakt des Bundestagswahlkampfs im Sommer nach Oggersheim zu fahren, um den «Alten» bei Kaffee und Schnittchen zu begöschen. Man unterhält sich dort immerhin zwei Stunden lang über die schönen Tage der Wende und das herannahende Mauer-Jubiläum. Wie zum Abschluss eines hochpolitischen Gipfels spricht das Presse- und Informationsamt der Bundesregierung danach im behutsamen Diplomaten-Sound von einem Treffen «in harmonischer Atmosphäre». Journalistische Beobachter werten die sanfte Tour der Kanzlerin als «klugen Schachzug», mit dem sie in ihrer Partei insbesondere auf den konservativen Stamm gezielt habe.

Wie weit damit aber die Wiederannäherung zwischen dem «Mädchen» und ihrem vormaligen Ziehvater eingeleitet worden ist, bleibt auch danach im Dunkeln. Nichts deutet darauf hin, dass er ihr den Sturz aus dem Olymp der CDU verziehen hat, noch sie ihm sein borniertes Ehrenwort. Helmut Kohl, heißt es, sei an allem, was nach einem Kompromiss aussehen könne, schon deshalb nicht interessiert, weil er sich selbstverständlich unschuldig fühle.

Unter diesen Umständen soll zumindest das Volk mit gutem Beispiel vorangehen: In einer Betrachtung über den erfolgreichsten Kanzler der Republik – und das Verhältnis der Bürger zu

CDU-Kanzler unter sich: Angela Merkel mit Amtsvorgänger Helmut Kohl in dessen Haus in Oggersheim 2009.

ihm – mahnt die «Welt» eine von den Deutschen zu erbringende «zivilisatorische Differenzierungsleistung» an, «wie sie einst in der Unterscheidung zwischen dem Körper des Königs und dem König als Verkörperung einer höheren Würde zum Ausdruck kam».

Man müsse ihn vielleicht nicht als «Menschen und Machtpolitiker» lieben, für seine Leistung habe er indessen Bewunderung und Dankbarkeit verdient.

Personenregister

Bildnachweis

ullstein bild: 14 (Sven Simon), 46 (dpa), 74 (Meller Marcovicz), 89 (Meller Marcovicz), 96 (dpa), 125 (dpa), 139 (Reuters), 145 (Poly-Press), 180 (Sven Simon), 186 (BPA), 199 (AP), 205 (Weychardt), 212 (BPA), 253 (Meldepress).

SZ Photo: 31 (Sven Simon), 52 (AP), 120 (AP), 133 (AP), 160 (Werek), 183 (AP), 189 (AP), 223 (photothek.net / Imo, Thomas).

picture-alliance: 59 (dpa), 66 (dpa), 83 (Sven Simon), 113 (dpa), 228 (dpa), 233 (dpa), 293 (dpa).